DIGITALE ELITE

Geoffrey James

Digitale Elite

---

34 Management-Strategien
für das 21. Jahrhundert

Midas Management Verlag
St. Gallen • Zürich

Digitale Elite – 34 Management-Strategien für das 21. Jahrhundert

Titel der amerikanischen Originalausgabe: Business Wisdom of the Electronic Elite
Published by arrangement with Times Books, a division of Random House Inc.

Für Anthony J. Robbins, der mich lehrte,
mein Leben mit Leidenschaft und Mut zu leben.

Die Deutsche Bibliothek – CIP-Einheitsaufnahme:

Geoffrey James.
Digitale Elite – 34 Management-Strategien für das 21. Jahrhundert.
Übersetzung von Maria Bühler. – St. Gallen / Zürich: Midas Management Verlag, 1997.
Einheitssacht.: Digitale Elite ‹dt.›
ISBN 3-907100-01-8

Deutsche Übersetzung: Maria Bühler

Lektorat: Elisabeth Schüßlbauer, Gregory C. Zäch
Satz: Simone Pedersen, St. Gallen
Cover: Agentur 21, Zürich

Druck- und Bindearbeiten: Fuldaer Verlagsanstalt
Printed in Germany

ISBN 3-907100-01-8
1. Auflage 1997

Verlagsanschrift:
Midas Management Verlag AG, Ankerstrasse 3, CH-8004 Zürich

Inhaltsverzeichnis

Einleitung

Noch vor fünfzehn Jahren war das modernste Gerät auf dem Schreibtisch eines durchschnittlichen Berufstätigen das Telefon – eine Erfindung, die schon hundert Jahre alt ist. Heute hat fast jeder Beschäftigte in einem typischen Büro mit PCs, Faxgeräten, Voice Mail-Systemen, Mobiltelefonen, Netzwerken, elektronischer Post, tragbaren PCs, dem Internet und all den anderen Offenbarungen der modernen Computertechnologie zu tun. Es wäre eine glatte Untertreibung zu behaupten, daß der Einfluß dieser Technologie die Wirtschaftswelt verändert hat. Überall dort, wo Informationen und Ideen im «verdrahteten» Unternehmen mit Lichtgeschwindigkeit kreisen, ist die Arbeit hektischer und schneller geworden.

Der Zweck dieses Buches besteht nun darin, Sie und Ihr Unternehmen auf die schöne neue Welt vorzubereiten, die uns die Technologie gebracht hat. Dazu lernen Sie die hart erkämpften Erfahrungen einer neuen Generation von Unternehmensführern kennen. Es handelt sich dabei gerade um diejenigen Menschen, die den Anstoß zu der technologischen Revolution gegeben haben, die unser Arbeitsleben in allen Aspekten verändert. Diese Management-Pioniere – ich nenne sie die «Digitale Elite» – zeichnen für den Aufbau und den dauerhaften Erfolg einiger der wachstumsstärksten Unternehmen in der heutigen Geschäftswelt verantwortlich.

Zu diesen Unternehmen gehören der Softwareriese Microsoft, der führende PC-Hersteller Compaq und das schnell expandierende Unternehmen Hewlett-Packard. Auch weniger bekannte Firmen spielen eine wichtige Rolle wie etwa Silicon Graphics, das hochleistungsfähige Workstations produziert; Intuit, dessen Finanzsoftware Quicken die private Finanzverwaltung zum letzten Schrei machte; Dell Computer, dessen Chef innerhalb von zehn Jahren vom Hobbybastler zum CEO eines milliardenschweren Unternehmens avancierte, oder auch die japanische Firma SOFTBANK, die sich zum weltgrößten Ausrüster für Technologiemessen entwickelte.

All diesen unterschiedlichen Unternehmen ist eines gemeinsam: Sie haben es geschafft, in einer Branche zu wachsen und zu expandieren, in der ein gnadenloser Wettbewerb herrscht. Um in der heutigen Computerindustrie zu bestehen, müssen Unternehmen flexibel und leistungsstark gleichermaßen sein. Sie müssen langfristige Ziele setzen, aber gleichzeitig behende genug sein, um die Richtung sofort ändern zu können, sobald die Situation es erfordert. Sollte der Wettbewerb auch in Ihrer Branche immer härter werden, werden Sie davon profitieren zu erfahren, wie die Digitale Elite es geschafft hat, in der am höchsten automatisierten Branche der Welt dauerhaften Erfolg zu haben.

Nach Meinung der Digitalen Elite besteht der Schlüssel für die Führerschaft in schnellebigen Branchen darin, eine neue Art der Firmenkultur zu schaffen. Und wenn Sie sich die Unternehmen der Digitalen Elite einmal näher ansehen, entdecken Sie, daß sie den Industriegiganten der Vergangenheit in keiner Weise ähneln. Die Welt des «Big Business» ruft bei den meisten Menschen immer noch Assoziationen hervor wie konservatives Denken, Nadelstreifenanzüge, lange Arbeitsessen und Manager, die schlechtbezahlte Befehlsempfänger herumkommandieren. Ein solches Szenarium mag im Zeitalter vor dem Computer funktioniert haben, aber heute ist alles anders geworden.

Die Mitglieder der Digitalen Elite unterscheiden sich in vielerlei Hinsicht von den Wirtschaftslenkern der Vergangenheit. Man findet bei ihnen extrem wenig von dem Gehabe, der Paranoia und dem besessenen Kontrollverhalten, das für viele Manager des Industriezeitalters so typisch ist. Damit meine ich folgende Einstellungen:

Traditionelle Führungskräfte	Führungskräfte der Digitalen Elite
Je größer, desto besser – am größten ist am besten	Schlanke Strukturen, voller Einsatz, enorme Beweglichkeit
Märkte sind Terrain, das es zu erobern gilt	Kunden werden wie Geschäftspartner behandelt
Die Konkurrenz zerschlagen, bis nichts mehr übrig geblieben ist	Heute konkurrieren und morgen zusammenarbeiten
Fehler nach Möglichkeit vertuschen	Das Unternehmen soll aus Ihren Fehlern lernen
Den Mitarbeitern Predigten über die Firmenloyalität halten	Ein Betriebsfest auf dem Parkplatz veranstalten
Computer kaufen, um Personal einzusparen	Die Mitarbeiter kaufen die Computer, die sie brauchen
Die Blödmänner in der Firma über Ihre Pläne im Dunkeln lassen	Stets erklären, warum Sie eine Entscheidung so und nicht anders treffen
Niemandem vertrauen, und schon gar nicht den Mitarbeitern	Wenn man den Mitarbeitern genügend Freiraum läßt, dann werden sie schon das Richtige tun
Erfolg bedeutet, viele Mitarbeiter und ein fettes Budget zu haben	Erfolg bedeutet, sich bei dem, was man tut, gut zu fühlen

Die Digitale Elite ist ein sehr lebendiges Beispiel dafür, daß der Erfolg im Informationszeitalter nicht nur mit modernen Managementmethoden vereinbar ist – diese sind vielmehr Voraussetzung dafür. Die inhumanen alten Regeln der traditionellen Unternehmensführung sind einfach veraltet.

Die Unternehmenskulturen der Digitalen Elite basieren auf dem Respekt für den Einzelnen. Die Mitarbeiter werden ermutigt, Entscheidungen zu treffen; das Streben nach persönlichen Spitzenleistungen und engagierte Teamarbeit sind an der Tagesordnung; und die Ansicht ist allgemein verbreitet, daß Mitarbeiter die Chance haben sollten, Millionäre zu werden. In einer solchen Unternehmenskultur geht es sehr informell zu, der Unterschied zwischen «Arbeit» und «Spaß» verwischt sich oft, und die Produktivität wird als logisches Ergebnis der Integrität des einzelnen und des gegenseitigen Respekts betrachtet. Kurz gesagt: Es ist eine völlig andere Kultur als die, die man heute in den meisten Unternehmen vorfindet.

In den neuen Unternehmenskulturen ist die Computertechnologie allgegenwärtig. Die Mechanismen einer Weisungskultur – basierend auf der Erteilung von Befehlen und der Kontrolle ihrer Ausführung –, die vor dem Computerzeitalter funktionierten, laufen zwangsläufig ins Leere, wenn die Mitarbeiter auf allen Ebenen plötzlich innerhalb von Sekunden weltweit kommunizieren können. Echte Produktivität ist nur dann möglich, wenn die Computertechnologie dazu eingesetzt wird, die schlummernde Kreativität freizusetzen, die mit der «Big Business»-Mentalität nach alter Schule stets unterdrückt wurde.

Voraussetzung dafür ist es, daß man die grundlegenden Einstellungen im Geschäftsleben verändert, etwa darüber, was es bedeutet, Führungskraft zu sein, was es bedeutet, Mitarbeiter zu sein, und was es bedeutet, Geschäfte zu machen. Der Digitalen Elite sind zentrale Auffassungen gemeinsam, die von denen der meisten anderen Unternehmenschefs Lichtjahre entfernt sind.

Was eine Führungskraft in ihrem Innersten glaubt, drückt sich auch in ihrem Verhalten aus. Ein Manager, der in den Beschäftigten lediglich einen Haufen unmündiger Befehlsempfänger sieht, wird unweigerlich eine starre, kontrollierende und hierarchische Organisation hervorbringen. Dagegen schafft eine Führungskraft, die in ihren Mitarbeitern und Mitarbeiterinnen intelligente, vertrauenswürdige Erwachsene sieht, ein flexibles Unternehmen mit flachen Hierarchien. Da ein moderner, von der Technologie dominierter Arbeitsplatz an sich schon die Flexibilität eines Unternehmens begünstigt, kann man allen Führungskräften, die effektiv bleiben möchten, nur den Rat geben, diese Art der Beweglichkeit auch aus eigener Initiative heraus aktiv zu fördern.

Im vorliegenden Buch haben Sie die Chance, die zentralen Auffassungen der erfolgreichsten Führungskräfte der High-Tech-Welt aus erster Hand kennenzulernen. Die ersten sieben Kapitel zeigen Ihnen, wie Sie diese neuen Grundhaltungen in Ihr Umfeld übernehmen können. Mit Hilfe von Fallstudien, Übungen sowie zahlreichen Zitaten der Mitglieder

der Digitalen Elite erfahren Sie, wie Sie sich von veralteten Einstellungen befreien und sie durch relevantere Einstellungen ersetzen können.

In diesem Buch werden Sie auch mit einer Methode bekannt gemacht, die Ihnen zeigt, wie Sie eine flexible Kultur aufbauen. In den Kapiteln 8 bis 11 wird dazu ein Vorgehen beschrieben, um neue Einflüsse innerhalb des Unternehmens zu verbreiten.

Im gesamten Buch sind zahlreiche Zitate von einigen der erfolgreichsten Vertreter der Digitalen Elite enthalten. Diese Zitate, die zum besseren Verständnis leicht bearbeitet wurden, bieten Ihnen die Chance, direkt von den besten und klügsten Köpfen in der High-Tech-Branche zu lernen.

Beginnend mit Kapitel 2 werden in jedem weiteren Kapitel spezifische Führungsstrategien vorgestellt, insgesamt 34, die in den Unternehmen der Digitalen Elite angewandt werden. Diese Strategien befinden sich in völligem Einklang mit der neuen Unternehmenskultur. Sie funktionieren auch nur deshalb so gut, weil die neue Kultur einen geistigen und emotionalen Rahmen bietet, in dem sie unterstützt und gefördert werden. Ich möchte in diesem Zusammenhang auch ein Wort der Warnung aussprechen: Wenn Sie nicht bereit sind, sich mit der Gedankenwelt der Digitalen Elite anzufreunden, dann können Sie sich auch jeden Versuch schenken, die 34 Strategien umzusetzen. Ohne neue Einstellungen können diese neuen Führungsmethoden niemals verankert werden.

Die Aufgabe, vor die ich Sie also stelle – falls Sie dazu bereit sind – besteht darin, eine Kulturrevolution anzuzetteln. Erfolgreiche Unternehmenskulturen entstehen aus den Denkweisen, den Absichten und den Kräften jedes Unternehmensmitglieds. Während Führungskräfte naturgemäß mehr Einfluß auf diesen Prozeß haben, gibt es in jedem Unternehmen weitere Mitarbeiter und Mitarbeiterinnen, die maßgeblich daran beteiligt sind, es zu formen. Häufig haben diese Menschen letztlich sogar mehr Einfluß auf den Unternehmenserfolg als die Manager, die offiziell mit der Führung beauftragt sind. Dieses Buch wird Ihnen helfen, ein Katalysator für den Wandel und die Verbesserung Ihres Arbeitsplatzes zu werden.

Dieses Buch kann aber noch etwas anderes bewirken. Auch wenn Sie das Gefühl haben, daß Sie weder über die Energie noch den Einfluß verfügen, um in Ihrem derzeitigen Unternehmen etwas zu verändern, können Sie lernen, wie Sie überleben und im «verdrahteten» Unternehmen obenauf bleiben. Ihr derzeitiges Unternehmen mag hoffnungslos veraltet sein, doch dieses Buch zeigt Ihnen den Weg in eine bessere Zukunft in einer moderneren Organisation.

Die vorliegenden Erkenntnisse können einzelnen sowie Unternehmen helfen, im Sturm des technologischen Wandels nicht unterzugehen, der die Geschäftswelt so nachhaltig verändert. Denken Sie darüber nach! Möchten Sie nicht auch die Spannung spüren, die die Digitale Elite antreibt, und den Erfolg erleben, den sie genießt?

Wenn Sie meinen, daß das gut klingt, dann lesen Sie weiter...

Digitale Elite

1 *Wer gehört zur Digitalen Elite?*

Im vorliegenden Buch möchte ich Ihnen einige interessante Menschen vorstellen, die ebenso außergewöhnliche wie erfolgreiche Unternehmen führen. Manche dieser Firmen sind Ihnen zweifellos bekannt, während Sie von anderen vielleicht noch nichts gehört haben. Sie sind jedoch alle Teil einer ungewöhnlichen Revolution, die sich nicht nur in der Technologieentwicklung abspielt, sondern auch und vor allem im Management. Ich halte es für wichtig, daß Sie etwas über die Menschen erfahren, die diese Unternehmen führen, denn sie haben neue Erfolgsregeln aufgestellt, die auf den heutigen schnellebigen Märkten wirklich funktionieren. Ich nenne diese Menschen die *Digitale Elite*.

Es handelt sich dabei um eine bunte Mischung unterschiedlichster Menschen. Einige wie etwa Bill Gates (Chef von Microsoft) und Mitchell Kertzman (CEO des Softwareunternehmens Sybase) haben das College ohne Abschluß verlassen. Andere wie Stan Shih (Chef der Acer Group) und Eckhard Pfeiffer (CEO von Compaq, des weltweit größten PC-Herstellers) stammen aus nicht-amerikanischen Ländern. Wieder andere wie Sally Narodick (ehemalige CEO von Edmark, einem Unternehmen, das Lernsoftware für Kinder entwickelt) kommen aus dem traditionellen Management. Viele Mitglieder der Digitalen Elite haben intensive religiöse Erfahrungen gemacht. So hatte sich Mitch Kapor, der Gründer von Lotus (berühmt geworden durch ihr Tabellenkalkulationsprogramm), als Meditationslehrer betätigt. Apple-Mitbegründer Steve Jobs soll, so erzählt man sich, nach einem Intermezzo mit einem indischen Guru ins Geschäftsleben eingestiegen sein. Im allgemeinen sind die Mitglieder der Digitalen Elite jünger als die meisten anderen amerikanischen Topmanager. Michael Dell (Gründer von Dell Computer) ist 30 Jahre alt, während

Lew Platt von Hewlett-Packard mit seinen 54 Jahren schon zum ältesten Vertreter gehört.

Trotz ihrer unterschiedlichen Vergangenheit haben diese Menschen aber auch zahlreiche Gemeinsamkeiten. Was sie vereint, ist eine neue Sichtweise des Geschäftslebens, die sich ganz entscheidend von den traditionellen, für das Industriezeitalter typischen Einstellungen unterscheidet. Wenn Sie genau hinhören, werden Sie feststellen, daß diese neuen Führungspersönlichkeiten eine andere Sprache als die typischen Nadelstreifenmanager haben: Sie verwenden ein anderes Vokabular, ziehen andere Vergleiche und illustrieren ihre Botschaften mit anderen Bildern. Sie strahlen eine lebendige Dynamik aus, der man sich nur schwer entziehen kann. Sie plustern sich nicht ständig auf (höchstens manchmal). Sie reagieren nicht mit Paranoia, wenn sie mit neuen Ideen konfrontiert werden. Kurz: Sie legen ihrer Arbeit ein ganz anderes Weltbild zugrunde als die Führungskräfte der Vergangenheit.

Im Gegensatz zu den «Good Ole Boys», die die Vorstandsetagen der traditionellen Computerkonzerne wie IBM, Digital oder Unisys bevölkern, verkörpern die Vertreter und Vertreterinnen dieser neuen Führungsgeneration einen ausgeprägten Unternehmergeist, gepaart mit ungewöhnlicher Kreativität. Diese Menschen haben die moderne Computerindustrie aufgebaut. Sie bereichern die Geschäftswelt um neue Führungsqualitäten. Sie haben Firmen gegründet, die unglaublich produktiv sind und in denen die Mitarbeiter und Mitarbeiterinnen trotzdem human behandelt werden. In diesen Unternehmen herrscht ein völlig ungewohntes Klima. Es gibt praktisch keine Bürokratie. Die Pförtner unterhalten sich unbefangen mit den Topmanagern. Dieses Gefühl der Gleichheit setzt Energien frei, die dazu verwendet werden, ein für die Digitale Elite typisches Ziel zu erreichen – die Welt zu verändern. Die Mitglieder der Digitalen Elite haben das Geheimnis der Kreativität und Flexibilität entdeckt. Sie sind echte Rollenmodelle für die Führungskräfte der Zukunft – nicht nur in der Computerindustrie, sondern auch in anderen Branchen.

Es ist schon ein Gemeinplatz zu sagen, daß der Computer die Welt verändert hat. Die Auswirkungen auf fast jeden Aspekt unseres Alltags sind so allumfassend, daß man sich die moderne Welt ohne Computer kaum noch vorstellen kann. Unsere Wirtschaftssysteme hängen völlig von Rechnersystemen ab, die Finanzgeschäfte abwickeln und kontrollieren. Das globale Telekommunikationsnetz, das uns Informationen aus der ganzen Welt ins Wohnzimmer und in den Konferenzraum bringt, ist eine weitere Folge dieser enormen technologischen Explosion. Computerchips sind praktisch allgegenwärtig, ob in unseren Autos, Fernsehern oder Mikrowellengeräten. Der PC ist mittlerweile auf den Schreibtischen der amerikanischen Beschäftigten fast so normal wie das Telefon.

Die Computerisierung des Wirtschaftslebens hatte enorme Auswirkungen auf die einzelnen Unternehmen. Viele Konzerne, die den Nimbus des Unantastbaren hatten, stehen heute unter einem enormen Druck. Sie kämpfen – in vielen Fällen erfolglos – darum, die Herausforderungen des Computerzeitalters zu meistern. Entlassungen sind so häufig geworden, daß man kaum noch ein Wort darüber verliert. Mittlere Manager, die in ihrer Karriere auf der Stelle treten, schicken eine Bewerbung nach der anderen ab und hoffen wider jede Vernunft, daß es sich nur um ein vorübergehendes Problem handelt. Wohin Sie auch blicken, vollziehen sich umwälzende Veränderungen in der Wirtschaftswelt.

Keine Branche wurde davon härter betroffen als die Computerindustrie selbst. Die angesehensten Konzerne der Welt – traditionelle Computerhersteller wie IBM, Digital und Wang – gerieten ins Stolpern und konnten sich nicht wieder fangen. Sie wurden in ihrer Rolle als Branchenführer durch damals unbekannte Neulinge abgelöst – Firmen wie Compaq, Microsoft und Intel. Diese Revolution ist um so erstaunlicher als die traditionellen Anbieter alle Trümpfe in der Hand hielten: Sie verfügten über viel Geld, über Erfahrung, über einen Kundenstamm und über hervorragende Technologien. Aber trotz dieser enormen Vorteile gelang es ihnen nicht, ihre Marktposition zu behaupten und ihre Ertragslage langfristig zu sichern.

Der Niedergang der traditionellen Computerhersteller und der Aufstieg der Digitalen Elite verdeutlichen beispielhaft, welchen Veränderungen die Unternehmen derzeit weltweit ausgesetzt sind. In vielen Branchen sehen sich die einstigen Topunternehmen (so wie die traditionellen Computerhersteller) von Neulingen bedroht, die völlig unerwartetet auftauchen. Die Märkte selbst verändern sich so grundlegend, daß neue Denkweisen und Fähigkeiten erforderlich sind, um neue Chancen nutzen zu können. Welche besseren Rollenmodelle als die der Digitalen Elite könnte es da geben? Denn die Digitale Elite hat im Laufe eines harten Prozesses gelernt, was man tun muß (und was man lassen sollte), wenn man sich im Geschäftsleben der Zukunft dauerhaft behaupten will.

Im vorliegenden Buch werden Sie noch viel über die Digitale Elite, über ihre Unternehmen und ihre Siegerstrategien erfahren. Sie werden die Geheimnisse ihres beispiellosen Erfolgs kennenlernen und mit ihrer neuen Unternehmenskultur vertraut werden. Aber zuvor sollten Sie den Blick noch einmal in die Vergangenheit richten, um die Marktbedingungen zu verstehen, die den Aufstieg der Digitalen Elite überhaupt ermöglichten.

Eine kurze Geschichtslektion

Die siebziger Jahre waren glorreiche Jahre für die Computerindustrie. Überall herrschten Optimismus und Goldgräberstimmung. Die Erfindung des integrierten Schaltkreises ermöglichte es, Computer zu bauen, die schneller und leistungsfähiger als je zuvor waren. Die Nachfrage nach Computern explodierte, und die Gewinnspannen waren für heutige Begriffe traumhaft. Eine Karriere in dieser Branche schien praktisch garantiert. Wer das Glück hatte, von einer Computerfirma eingestellt zu werden, konnte in eine leuchtende Zukunft blicken.

Unangefochtener Branchenprimus war damals IBM, das höhere Jahresumsätze auswies als sämtliche anderen Anbieter zusammen. Die Konkurrenz von IBM bestand aus einigen Großrechnerherstellern, die schon so lange wie IBM selbst im Geschäft waren. Im Branchenjargon wurden sie einfach unter der Abkürzung BUNCH zusammengefaßt, die für Burroughs, Univac, NCR, Control Data und Honeywell stand. Neben den BUNCH-Unternehmen gab es noch einen kleinen Kreis von Anbietern, die sogenannte Minicomputer – mittlere Rechner, die unterhalb der Gruppe der Großrechner rangierten – verkauften. Zu ihnen gehörten Digital, Data General, Prime, Wang und viele andere mehr.

Bis in die achtziger Jahre sah es so aus, als könnte das Wachstum der Computerindustrie von nichts und niemandem gebremst werden. Satte Gewinne galten als Selbstverständlichkeit. Die traditionellen Großrechner- und Minicomputerhersteller schienen eine glorreiche Zukunft vor sich zu haben. Kaum jemand hätte damals die Prognose zu äußern gewagt, daß all dies in fünf Jahren nur noch Erinnerung sein könnte.

Für die darauffolgenden Veränderungen in der Computerindustrie war der Mikroprozessor verantwortlich – der «Computer auf einem Chip». Schlagartig konnte damit einzelnen Anwendern Rechenleistung zu weit niedrigeren Preisen zur Verfügung gestellt werden. Der radikale Preisverfall führte dazu, daß die Herstellung, der Vertrieb und der Einsatz von Computern auf völlig neue Grundlagen gestellt wurden. In den siebziger Jahren waren Computer noch so große und komplizierte Geräte, daß die Kunden gar keine andere Wahl hatten, als ihre Ausrüstung von einem einzigen Anbieter zu kaufen. Der mit der Installation und dem Betrieb verbundene Aufwand war so erheblich, daß der Computerhersteller und der Kunde eine sehr enge Beziehung pflegen mußten. Einige Verkäufer von IBM hatten sich sogar Büros in den Kundenfirmen eingerichtet!

Dieses Gefüge wurde durch die Erfindung des Mikroprozessors völlig auf den Kopf gestellt. Während es sich bei den alten Minicomputern und Großrechnern um klotzige Geräte handelte, die bestimmte Umgebungsbedingungen erforderten, brachte der Mikroprozessor die Rechenleistung eines Großrechners mühelos auf einem Schreibtisch unter. Infolge der rasanten technologischen Entwicklung wurden die Prozessoren bald so billig, daß man Rechenleistung, die 1970 noch eine Million Dollar gekostet hätte, im Jahr 1995 für etwa 100 Dollar kaufen konnte. Anders ausgedrückt: Wenn Computer Autos wären, würden Sie heute für einen Toyota aus dem Jahr 1970 etwa einen Dollar bezahlen!

Der Mikroprozessor bewirkte noch eine weitere einschneidende Veränderung: Computer konnten nun wie Stereoanlagen aus dem Regal verkauft werden. Es erwies sich als ebenso überflüssig wie unrentabel, teure Verkäufer beim Kunden aufmarschieren zu lassen. Viele Anwendungen ließen sich völlig problemlos auf einem PC ausführen, den der Kunde im Computerladen um die Ecke erstand. Während die Anschaffung eines

Computers in der Vergangenheit in den meisten Firmen eine Angelegenheit gewesen war, die praktisch von allen außer von Gott selbst genehmigt und unterzeichnet werden mußte, konnte sich nun beinahe jeder einen eigenen PC leisten. Untere Linienmanager mit mikroskopisch kleinen Budgets verfügten plötzlich über dieselbe Rechenleistung wie die oberen Chargen mit ihren Großrechnern. Dies führte zu einer echten Nachfrageexplosion, da die Beschäftigten auf der ganzen Welt anfingen, die Kontrolle über ihre eigenen Rechenressourcen zu fordern – und ihre Wünsche wurden erfüllt.

Der Mikroprozessor löste auch einen erstaunlichen Kreativitätsschub im Bereich der Software aus. Die Programmierer stürzten sich auf die Aufgabe, neue Produkte zu entwickeln, die auf die neuen preiswerten Rechner zugeschnitten waren. Hervorragende Textverarbeitungsprogramme, Tabellenkalkulationen und Datenbankanwendungen überfluteten den Markt.

Der Mikroprozessor und die daraus resultierende Softwarerevolution schufen eine enorme Nachfrage nach Computerprodukten. Und wo Nachfrage besteht, läßt sich Geld verdienen. Wer hätte damals bessere Voraussetzungen dafür gehabt, sich diese Gewinne zu sichern, als die traditionellen Computerfirmen, die ähnliche Produkte schon seit fast 20 Jahren entwickelten und verkauften?

Denken Sie einmal darüber nach! Die traditionellen Minicomputer- und Großrechneranbieter hatten alle Vorteile auf ihrer Seite. Sie verfügten über enorme Geldreserven, weit mehr als genug, um neue Herstellungs- und Marketingmethoden einzuführen. Außerdem verfügten sie über hervorragende Technologien. Immerhin stammte der Standard-PC, der heute so verbreitet ist, aus dem Hause IBM. In ähnlicher Weise besaß der Minicomputer-Anbieter Digital schon in den siebziger Jahren Softwareprogramme – etwa für die elektronische Post und elektronische Konferenzen –, die erst jetzt auf den PCs und Netzwerken weite Verbreitung finden. Aber ein noch wichtigerer Aspekt ist der, daß die traditionellen Anbieter im Ruf standen, ein hervorragendes Management zu haben. IBM beispielsweise wurde in *Fortune* ständig als das angesehenste Unternehmen der ganzen Welt aufgeführt. Der Gründer von Digital, Ken

Olsen, wurde noch 1988 in der Wirtschaftspresse als der «ultimative Unternehmer» gepriesen. Übervolle Kassen, großartige Technologien, legendäres Management – ein todsicheres Erfolgsrezept, sollte man meinen. Aber es sollte alles ganz anders kommen.

1995 waren die BUNCH-Unternehmen, nach einer Reihe wilder Fusionen und Downsizing-Maßnahmen, untergegangen oder nicht mehr wiederzuerkennen. Univac und Burroughs hatten fusioniert und dann Personal abgebaut, bis kaum noch etwas übriggeblieben war. Honeywell hatte seinen Computerbereich nach Frankreich verlegt, wo er am Tropf der Regierung hing. NCR war von AT&T aufgekauft worden und machte nur noch durch Entlassungswellen Schlagzeilen. Control Data schließlich war fast völlig von der Bildfläche verschwunden.

Den Minicomputeranbietern erging es kaum besser. Wang meldete Konkurs an. Prime und Data General schrumpften gegen Null. Digital, einstiger Liebling der Wall Street, sah seine Aktien von einem Höchststand von 199 Dollar auf wacklige 28 Dollar in den Keller fallen, als das Unternehmen das Kunststück fertigbrachte, in einem einzigen Quartal einen Verlust von 1,75 Milliarden Dollar einzufahren. Dies ist eine unglaubliche Summe, wenn man bedenkt, daß der Umsatz von Digital 1988 die Rekordmarke von 1,3 Milliarden Dollar erreichte. Von den etwa zehn Minicomputeranbietern, die sich 1980 in der Gewinnzone bewegten, blieb nur Hewlett-Packard auch 15 Jahre später noch eine wichtige Kraft in der Branche, nachdem es eine erfolgreiche Diversifizierungspolitik mit PC-Druckern und Workstations betrieben hatte.

Von den traditionellen Großrechneranbietern ist heute nur noch IBM halbwegs intakt. Allerdings mußte IBM in jüngster Zeit fast die Hälfte der über 400 000 Beschäftigten entlassen, um sich zu behaupten. Der Konzern hatte jahrelang zugesehen, wie sein Vorsprung im PC-Bereich schrumpfte und Neulinge ihm Marktanteile wegschnappten. Zwar steht IBM zum Zeitpunkt der Erstellung dieses Buches finanziell auf stabilen Beinen, doch ist unklar, ob dies auch so bleibt, wenn es dem Konzern nicht gelingt, wieder an vorderster Front mitzumischen.

Trotz der Schwierigkeiten der traditionellen Computerhersteller ist die Computerindustrie insgesamt weitergewachsen. Aber dieses Wachstum wurde von einem völlig neuen Kreis von Unternehmen erzielt. Einige dieser Neulinge entwickeln Software, wie etwa Microsoft (Betriebssysteme und Anwendersoftware), WordPerfect (Textverarbeitung), Lotus (Tabellenkalkulation), Novell (Netzwerke) und Oracle (Datenbanken). Andere, darunter Compaq und Dell, bauen PCs, und wieder andere, wie Sun und Silicon Graphics, stellen spezielle Workstations im Hochpreissegment her. Auch wenn viele der traditionellen Computeranbieter noch im Geschäft sind – nachdem sie eine Menge Federn lassen mußten –, ist den Laien wie den Insidern der Computerbranche klar, daß eine «Wachablösung» stattgefunden hat.

Das Widersinnige an der ganzen Entwicklung ist, daß die großen, etablierten Anbieter nach den Regeln des Marktes eigentlich keine Probleme haben durften, sich auf die neuen Produkte einzustellen. Es hätte ihnen mit links gelingen müssen, Neulinge wie Microsoft und Apple abzuschütteln. Trotzdem wurden einige der angesehensten Konzerne der Welt zur Bedeutungslosigkeit verurteilt und in den finanziellen Ruin getrieben – von einem kunterbunten Haufen neugegründeter Firmen, die aus dem Nichts zu kommen schienen. Überflüssig zu sagen, daß diese gewaltige Marktveränderung viele überraschte – insbesondere die Beschäftigten, von denen sich etwa eine halbe Million auf der Straße wiederfand, auf der Suche nach neuen Jobs. Und die meisten dieser Menschen stellten sich nur eine Frage: «Was ist eigentlich passiert?»

Weniger überrascht, sondern höchst erfreut waren dagegen die Gründer der «Neulinge», die den traditionellen Anbietern das Wasser abgruben. Ihre Unternehmen – die Unternehmen der Digitalen Elite – waren schnell gewachsen und hatten dabei Gründern, Beschäftigten und Aktionären gleichermaßen Wohlstand beschert. Nicht alle sind in den Vereinigten Staaten beheimatet. In den vergangenen Jahren stiegen internationale Wettbewerber auf, die ihre Managementmethoden denen der erfolgreichsten amerikanischen High-Tech-Firmen angeglichen haben. Nun konkurrieren sie nicht nur in ihren Heimatregionen erfolgreich, sondern sogar auf dem amerikanischen Markt, dem Mekka der High-Tech-Anbieter. Dabei ist es gar nicht die nackte Tatsache einer Wachablösung, die für uns von so großer Bedeutung ist. Die interessante Frage lautet vielmehr: Wie war es diesen Neulingen möglich, sich in so umkämpften Märkten gegen so mächtige Wettbewerber so erfolgreich durchzusetzen? Weder verfügten sie über mehr Geld, noch über mehr Grips noch über einen entscheidenden technologischen Vorsprung. Wo steckte also ihr Wettbewerbsvorteil?

Die Suche nach den Geheimnissen

In den vergangenen zehn Jahren habe ich mit aller Kraft und Energie daran gearbeitet, eine Antwort auf diese Fragen zu finden. Die Verbissenheit, mit der ich mich an diese Aufgabe machte, hat ihre Wurzeln in meiner persönlichen Erfahrung. Im Lauf der etwa zwanzig Jahre, die ich in der Computerbranche gearbeitet habe, war ich Zeuge vieler Dramen, die sich abspielten. Ich habe miterlebt, welche schmerzhaften Formen der Niedergang der etablierten Unternehmen vielerorts annahm. Aber ich hatte auch das Privileg, von Anfang an mit den neuen Marktteilnehmern zusammenzuarbeiten und ihren Aufstieg zu Macht und Prestige mitzuverfolgen. Dabei beobachtete ich so offensichtliche Gegensätze, daß sich mir die Frage immer drängender stellte, was man *wirklich* braucht, um sich im scharfen Wettbewerb dieser Märkte erfolgreich zu behaupten.

Es war eine lange und schwierige Suche. Ich habe mich unter Bergen von Büchern über Management, Reengineering und Umstrukturierung begraben. Ich habe Millionen Dollar teure Marktforschungsprojekte koordiniert, um herauszufinden, wie die Computerindustrie funktioniert. Ich habe mit Hunderten von Insidern gesprochen, von den Topmanagern der Konzerne bis hin zu den Computergenies in den modernsten Testlabors. Ich habe Konferenzen besucht, Vorträge gehalten und zugehört, was die anderen Auguren zu sagen hatten. Schließlich habe ich die Mitglieder der Digitalen Elite selbst interviewt, um herauszufinden, was ihrer Meinung nach das wahre Geheimnis ihres Erfolgs sei.

In diesen Gesprächen mit den Mitgliedern der Digitalen Elite fiel mir schon frühzeitig auf, daß sie der Ansicht sind, eine neue Unternehmenskultur zu verkörpern. Sie glauben, daß sie eine radikale Abkehr vom Führungsstil und den Gepflogenheiten der Vergangenheit vollzogen haben. Als erster wies mich darauf Mitchell Kertzman hin, CEO des Softwareunternehmens Sybase.

Mitchell ist ein hochinteressanter Mensch. Als junger Mann verdiente er sich seinen Lebensunterhalt als Vermittlungsagent für Rock'n'Roll-Bands, er verkaufte Biorhythmustabellen per Katalog und arbeitete sogar einmal eine Zeitlang als Discjockey. Obwohl er das College nie abgeschlossen hatte, ist Mitchell ein großartiger Unternehmensführer. Er gründete seine Firma Powersoft im Alleingang und baute sie dann so erfolgreich aus, daß er sie vor kurzem für fast eine Milliarde Dollar an das Softwarehaus Sybase verkaufen konnte. Ich fragte Mitchell, warum IBM seine Führungsposition in der Computerbranche verlor. Er antwortete mir, daß der große Unterschied in der Unternehmenskultur liege:

> *IBM war einfach zu bürokratisch, um noch auf technologische Veränderungen reagieren zu können. Heute verändert sich die Technologie so schnell, daß Sie eine flexible, agile, bewegliche Kultur und ein ebensolches Management brauchen. Mit einer bürokratischen Kultur werden Sie im High-Tech-Bereich keinen Erfolg haben – Punkt. Sie erwischen nie die richtige Welle. Es ist, als würde sich ein Ozeandampfer im Surfen versuchen – die Wellen bringen ihn nicht voran, er erkennt die Strömungen nicht, er wird es einfach nicht schaffen. Zum Surfen muß man ganz leicht und beweglich sein. IBM hatte zwar eine starke Firmenkultur, aber sie erwies sich als sehr kontraproduktiv, sobald der Markt sich veränderte.*

Die Digitale Elite glaubt also, daß ihr Erfolg auf ihre Unternehmenskultur zurückzuführen ist. Da sie diesem Aspekt einen so hohen Stellenwert einräumt, soll er im folgenden eingehend untersucht werden.

Welche Art von Unternehmenskultur führt zum Erfolg? In der Vergangenheit waren die mächtigsten und erfolgreichsten Unternehmen zentralisiert und autokratisch – das Paradebeispiel dafür war IBM. Bis etwa 1990 hatte sich das gründlich geändert. Firmen mit eher dezentralen Strukturen, darunter auch Microsoft und Hewlett-Packard, hatten ihre zentral organisierten Wettbewerber überholt. Es mußten sich also Veränderungen innerhalb dieser Unternehmen vollzogen haben, denn sonst hätten die dezentralisierten Unternehmen nicht einen solchen Effektivitätsvorsprung gewinnen können.

Der Unterschied lag darin, daß mittlerweile der Computer in die Büros eingezogen war. 1970 wurden die meisten Rechner noch für spezialisierte Funktionen eingesetzt, wie in der Buchhaltung oder in der Konstruktion. Viele Unternehmen kauften zwar schon Textverarbeitungssysteme, doch sie wurden eher als moderne Schreibmaschinen für Sekretärinnen denn als Instrumente zur Produktivitätssteigerung verwendet. Personalcomputer dagegen waren kaum oder gar nicht vorhanden. Wie schon erwähnt: Im Jahr 1980 war das modernste Gerät auf den meisten Schreibtischen das Telefon – das es schon seit über hundert Jahren gab!

1990 jedoch waren die Computer allgegenwärtig. An vielen Arbeitsplätzen hatten die Beschäftigten unmittelbaren Zugriff auf eine immense Rechenleistung. Neue, leichter bedienbare Textverarbeitungs- und Tabellenkalkulationsprogramme ermöglichten es, daß ein durchschnittlicher Anwender den Personalcomputer ohne lange Einarbeitungszeit nutzen konnte. Viele Beschäftigte konnten sich bald ein Leben ohne die neue Technologie gar nicht mehr vorstellen. Darüber hinaus wurden viele PCs vernetzt, so daß elektronische Nachrichten mit Lichtgeschwindigkeit ausgetauscht werden konnten. Seit der industriellen Revolution im 19. Jahrhundert hatte sich keine neue Technologie mehr so explosionsartig ausgebreitet wie die Computertechnologie. Und all dies geschah innerhalb eines einzigen Jahrzehnts!

Während der industriellen Revolution vollzog sich die «Explosion» der Technologie im Verlauf eines mindestens zehn Mal längeren Zeitraums. Auch damals waren die gesellschaftlichen Veränderungen – insbesondere in der Lebens- und Arbeitsweise der Menschen – massiv und einschneidend. So hatte in der landwirtschaftlich geprägten Kultur, die vor der industriellen Revolution vorgeherrscht hatte, kaum jemand regelmäßige und feste Arbeitszeiten. Viele Arbeiter verdienten sich den Großteil ihres Einkommens als Aushilfen in der Ernte- und Pflanzzeit. Andere übten ein Handwerk wie Weben oder Schmieden aus, das ihnen erlaubte, ihr Arbeitstempo selbst zu bestimmen. Die Menschen richteten sich also entweder nach dem Rhythmus der Jahreszeiten, oder sie waren extrem mobil und gingen dorthin, wo ihre Dienstleistungen gerade gefragt waren.

Die daraus resultierende Unregelmäßigkeit der Arbeitszeiten entsprach zwar den Bedingungen einer Agrargesellschaft, aber für die florierenden Fabriken im Industriezeitalter galten völlig andere Voraussetzungen. Die Fabrikarbeiter mußten während vorgegebener Arbeitszeiten anwesend sein, damit der Betrieb reibungslos funktionierte. In den ersten Jahren der industriellen Revolution hatten die Fabrikbesitzer ihre liebe Not mit Arbeitern, die sich immer noch wie Tagelöhner benahmen. Die Arbeiter kamen und gingen, wie es ihnen gefiel, sie verschwanden nach dem Zahltag und tauchten wieder auf, wenn sie kein Geld mehr hatten. Dies war ein so gravierendes Problem, daß schließlich Gesetze erlassen wurden, in denen die Pflicht zum regelmäßigen Erscheinen in den Fabriken verankert wurde. Im Lauf der Zeit entstand aus dem Bedarf an sofort verfügbaren und zuverlässigen Arbeitern die moderne industrialisierte Stadt. Die ganze Gesellschaft mußte sich den neuen Technologien anpassen.

Technologische Umwälzungen führen stets auch zu kulturellen Veränderungen. Letztlich hat immer die Kultur und nicht die Technologie darüber bestimmt, welche Nationen blühten und zu Wohlstand gelangten. Es mag zwar nicht allgemein bekannt sein, aber viele Technologien, die in der industriellen Revolution eine wichtige Rolle spielten, wurden in China erfunden – etwa das Schießpulver, die Drucktypen oder exakte Uhrwerke, um nur einige wenige zu nennen. Aber diese Innovationen fielen auf den unfruchtbaren Boden einer extrem traditionellen Agrargesellschaft, die weder fähig noch willens war, sich diese Durchbrüche zunutze zu machen. Sogar nachdem die industrielle Revolution ganze Kontinente verwandelt hatte, hinkte China noch weit hinterher. Versuche, die Industrialisierung der traditionellen Kultur von Staats wegen aufzupfropfen, erwiesen sich zuerst als katastrophal. Mao Tse Tungs «Großer Sprung nach vorn» beispielsweise zielte darauf ab, kleine Dörfer in Hinterhoffabriken zu verwandeln. Mit dieser Phase hektischer ökonomischer Aktivität wurde aber nicht nur das Ziel weit verfehlt, aus China eine Industriemacht zu machen, sondern sie ruinierte sogar die bestehenden Wirtschaftsstrukturen.

Die Lektionen der Geschichte sind klar: Manche Kulturen sind besser als andere dazu geeignet, neue Technologien zu nutzen. Diese Fähigkeit – oder Unfähigkeit – läßt sich oft schon daran erkennen, welche Führungsfiguren und welche politischen Strukturen eine Kultur hat. Es kann passieren, daß die Entwicklung einer ganzen Kultur zum Stillstand kommt, weil ihr die Fähigkeit zur Anpassung an neue Technologien fehlt und weil sie von konservativen Institutionen getragen wird, die reflexhaft alles Neue ablehnen – vor allem neue Technologien, die massive gesellschaftliche Veränderungen vorantreiben könnten.

Was während der industriellen Revolution zutraf, ist heute nicht weniger gültig. Jahrelang haben Zukunftsforscher wie Alvin Toffler eine «Informationsrevolution» prophezeit – eine Umwälzung, die so bedeutsam und grundsätzlich ist wie die industrielle Revolution im 19. Jahrhundert.

Nach dieser Theorie findet derzeit eine grundlegende Abkehr von der Wirtschaft des Industriezeitalters statt. Im Industriezeitalter nämlich ergab sich Wohlstand aus der Fähigkeit, das Finanzkapital zu kontrollieren. Die Märkte veränderten sich nur langsam und begünstigten damit große, stabile Unternehmen. Dagegen gilt heute die Information als eine «neue Form des Kapitals, die für die Zukunft der amerikanischen Wirtschaft zweifellos entscheidender ist als das finanzielle Kapital.» In einer Informationsgesellschaft ergibt sich Wohlstand aus der Fähigkeit, Informationen zu erlangen und zu kontrollieren. Die Märkte verändern sich sehr schnell und begünstigen folglich wendige, anpassungsfähige Unternehmen.

So wie die konservative chinesische Kultur nicht zur Anpassung an das Industriezeitalter in der Lage war, haben heutzutage viele Unternehmen eine Kultur, mit der sie für die schnellebigen Märkte des Informationszeitalters nur schlecht gerüstet sind. Ihre aufgeblähten Bürokratien und überbesetzten Führungsebenen besonders im mittleren Management hängen ihnen wie ein Klotz am Bein, so daß sie sich einfach nicht schnell genug bewegen können, um wettbewerbsfähig zu bleiben. Solange sich daran nichts ändert, schlagen auch alle verzweifelten Versuche der Umstrukturierung und des Personalabbaus, alle Outsourcingmaßnahmen, Reengineeringpläne und Qualitätsprogramme fehl, wie das *Wall Street Journal* bestätigte. Selbst Hammer und Champy, Autoren des Bestsellers *Business Reengineering* räumen ein, daß 70 Prozent aller Reengineering-

Programme fehlschlagen. Die oberen und mittleren Führungskräfte klammern sich mit aller Macht an ihre hart erkämpften Posten und Privilegien, während sich die Mitarbeiter verschanzen und alles torpedieren, was ihren Status quo zu bedrohen scheint. Das Ergebnis ist, daß die Unternehmen aus der Krise nicht herausfinden und befürchten müssen, im allgemeinen Chaos unterzugehen.

Im Grunde genommen sollte uns dies nicht überraschen. Immerhin haben sich die traditionellen Unternehmenskulturen in einer Zeit herausgebildet, in der Frauen nicht wählen durften, die Massenmedien eine einzelne große Zeitungsseite umfaßten und der Gipfel der modernen Kommunikationsmöglichkeiten darin bestand, Briefe per Segelschiff zu befördern. Die meisten Unternehmen schleppen also eine Kultur mit, die zu einem vergangenen Stadium der technologischen Entwicklung gehört.

An späterer Stelle in diesem Buch wird noch gezeigt, daß der Einzug des Computers in der Arbeitswelt ein Umfeld geschaffen hat, das Unternehmen mit dezentralen, flexiblen Kulturen (wie Hewlett-Packard und Microsoft) begünstigt und Unternehmen mit zentralisierten, unflexiblen Kulturen (wie Digital und IBM in den achtziger Jahren und Anfang der neunziger Jahre) deutlich benachteiligt. Und was für die Computerbranche gilt, dürfte auch auf andere Branchen zutreffen, wenn die Computerisierung des Büros weiter voranschreitet. Unternehmen, die in der Zukunft noch erfolgreich sein wollen, kann man daher nur raten, sich mit der Frage zu beschäftigen, wodurch sich die Kultur auszeichnet, die die Digitale Elite so unbesiegbar gemacht hat.

Was versteht man unter einer Unternehmenskultur?

Aber ich greife schon zu weit voraus. Ich habe über Unternehmenskulturen gesprochen, ohne zu erklären, was ich mit diesem Begriff meine. Ausgehend von der allgemein verbreiteten Definition werde ich versuchen, Ihnen meine eigene, leicht abgewandelte Definition zu präsentieren.

Im Jahr 1982 veröffentlichten Deal und Kennedy ein wichtiges Buch mit dem Titel *Corporate Cultures*. Darin wurde dargelegt, wie die Kultur eines Unternehmens das Verhalten der Mitarbeiter und Mitarbeiterinnen bestimmt. Die Autoren definierten Unternehmenskultur als ein «starkes System informeller Regeln, die vorschreiben, wie sich die Menschen meistens verhalten sollten». Ich stelle mir eine Unternehmenskultur gerne als ein Flußufer vor: Die Verhaltensweisen in einem Unternehmen werden durch den Fluß symbolisiert, der durch das Ufer begrenzt wird. Im Lauf der Zeit wird das Flußbett immer tiefer, weil das Wasser immer denselben Weg nimmt. Ebenso wird die Kultur immer weiter gefestigt, wenn die Verhaltensweisen fortgeschrieben werden, die in der Vergangenheit zum Erfolg führten (siehe Abbildung 1.1).

Abbildung 1.1. Die Kultur prägt das Verhalten

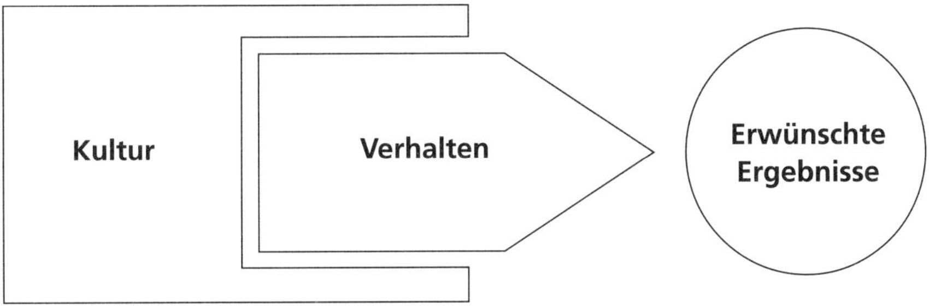

Die Autoren von *Corporate Cultures* betrachteteten «Werte» als das Hauptelement einer Unternehmenskultur. Die wichtigsten Werte einer Kultur wurden im Slogan eines Unternehmens festgehalten. So sollte der IBM-Slogan «IBM means Service» das Bemühen der IBM-Mitarbeiter um die Kunden fördern. Das Problematische an dieser Definition ist jedoch, daß sie nicht erklärt, warum ein Unternehmen sich überhaupt für ein bestimmtes Motto entscheidet. Das zentrale Motto eines Unternehmens mag zwar die Unternehmenskultur symbolisieren, aber sie sagt nicht mehr über ihre eigentlichen Grundlagen aus als das *E Pluribus Unum* – das Motto der Vereinigung der 13 Kolonien – über die Kultur der Vereinigten Staaten. Um die Unternehmenskultur wirklich zu verstehen, müssen wir also tiefer graben.

Nach meinen Erkenntnissen und Beobachtungen besteht jede Unternehmenskultur zum größten Teil aus den *kulturellen Paradigmen,* auf deren Basis die Angemessenheit des Verhaltens im Arbeitsleben bewertet wird. Unter den kulturellen Paradigmen versteht man die emotionalen und verstandesmäßigen Kriterien, mit deren Hilfe bestimmt wird, wie man «das Richtige tut». Um dieses Konzept der kulturellen Grundhaltungen besser zu verstehen, wollen wir für einen Augenblick die Wirtschaftswelt verlassen.

In den vergangenen 20 Jahren hat die US-Regierung einen sogenannten Krieg gegen Drogen geführt. In dem Begriff «Krieg gegen Drogen» zeigt sich ein kulturelles Paradigma, das unterstellt, daß soziales Handeln mit dem Führen eines Krieges vergleichbar sei. Das Paradigma Soziales Handeln = Kriegführen drückt sich auch in Begriffen wie «Krieg gegen Armut» oder «Krieg gegen den Analphabetismus» aus. Diese Anleihe beim Kriegsvokabular soll den Bürgern und Bürgerinnen vermitteln, daß die Regierung diese Themen als sehr dringlich betrachtet. Sie soll ihnen suggerieren, daß ihre gewählten Vertreter garantiert nichts unversucht lassen, um «den Krieg zu gewinnen».

Aber mit dem Paradigma Soziales Handeln = Kriegführen sind auch einige unbeabsichtigte Nebeneffekte verknüpft. Nehmen Sie den Krieg gegen die Drogen. Wer für die Antidrogenmaßnahmen der Regierung ein Vokabular verwendet, das dem Militär entlehnt wurde, gibt auch den Ton für die allgemeine Debatte des Problems vor. Die Gesellschaft wird nämlich gezwungen, auch militärische «Lösungen» in Betracht zu ziehen: die Finanzierung von Sondereinsatzkommandos der Polizei, aufwendige Manöver, um Schmuggler vor der Küste zu stellen, den Abwurf von Entlaubungsbomben auf südamerikanische Drogenanbaufelder, und so weiter. Außerdem stellt die Kriegsmetapher praktisch eine Garantie dafür dar, daß den weniger martialischen Maßnahmen – wie der Aufklärung und Therapie – weniger Aufmerksamkeit gewidmet wird. Folglich braucht sich die Regierung auch nicht ernsthaft mit Alternativen befassen, wie etwa der Entkriminalisierung des Drogenkonsums. Letzteres mag aus einer ganzen Reihe von Gründen eine sehr schlechte Idee sein, aber solange die Debatte von der Grundhaltung Soziales Handeln = Kriegführen bestimmt wird, ist diese Alternative so gut wie undenkbar. Die Entkriminalisierung würde wie eine «Kapitulation» wirken, ein Eingeständnis, daß der «Krieg» verloren wurde. Dies wäre selbst dann noch der Fall, wenn das eigentliche Ziel – die Verminderung des Schadens, den die Gesellschaft infolge des Drogenmißbrauchs erleidet – auf diese Weise erreicht werden könnte.

Analog dazu werden auch in einem Unternehmen die möglichen Handlungsstrategien durch die vorherrschenden Paradigmen eingegrenzt. Ein sehr verbreitetes kulturelles Paradigma in vielen traditionellen Unternehmen lautet beispielsweise, daß das Geschäftemachen mit dem Kriegführen vergleichbar sei: Geschäftsleben = Krieg. Dieses Paradigma erkennen Sie sofort, wenn Sie hören, daß «die Konkurrenten aus dem Feld geschlagen», «Armeen aufgestellt» oder «Entscheidungsschlachten geschlagen» werden sollen. Unternehmen, die das Paradigma Geschäftsleben = Krieg verinnerlicht haben, entwickeln unweigerlich schwerfällige und hierarchische Strukturen, wie sie auch für das Militär charakteristisch sind. Die Führungskräfte in solchen Unternehmen dürften nur in den seltensten Fällen Managementmethoden anwenden, die voraussetzen, daß auch die Mitarbeiter der unteren Ebenen mehr Entscheidungsspielräume erhalten. Auch wenn sie Sonntagsreden über das Prinzip des «Empowerment» schwingen, widersetzen sich die Manager in militaristischen Unternehmenskulturen jedem Ansatz, in den Mitarbeitern und Mitarbeiterinnen etwas anderes als «Truppen» zu sehen, deren Aufgabe es ist, «Befehle auszuführen».

Einmal saß ich in einer Besprechung, in deren Verlauf ein Unternehmensberater der Geschäftsleitung einen Reengineeringplan vorstellte. Es handelte sich um ein erzkonservatives, nach militärischem Vorbild durchstrukturiertes Unternehmen. Ein zentrales Thema der Präsentation dieses Beraters stellte das «Empowerment» der Mitarbeiter dar – also die Frage, warum und wie man den Beschäftigten mehr Entscheidungsspielräume einräumen sollte. Als der Berater zu diesem Punkt gelangte, begannen die Manager unruhig auf ihren Stühlen hin- und herzurutschen. Schließlich unterbrach ein Topmanager die Präsentation: «Was genau meinen Sie denn, wenn Sie von ‹Empowerment› sprechen?» fragte er. Der Berater, der merkte, daß er einen Fauxpas begangen hatte, reagierte blitzschnell. «Es bedeutet, daß das Reengineering dem *Management* neue Entscheidungsspielräume gewährt», erwiderte er gelassen. «Schließlich sind auch Manager nur Menschen.» Auf diese Auskunft hin lehnten sich seine Zuhörer wieder entspannt in ihre Stühle zurück und hörten sich den Rest der Präsentation offen und interessiert an, weil ihr Bild von den Mitarbeitern als Befehlsempfängern nun nicht mehr bedroht war.

Die traditionellen Paradigmen des Industriezeitalters

Der Zusammenhang Geschäftsleben = Krieg ist ein Beispiel für ein sogenanntes *traditionelles Paradigma.* Ich nenne das Paradigma deshalb «traditionell», weil es sich in einer Zeit entwickelte, in der die Fabrikbesitzer der industriellen Revolution einen Weg suchten, um das Zusammenwirken von einer großen Anzahl von Menschen zu koordinieren. Das effektivste Vorbild, das es dafür im 19. Jahrhundert gab, war die Armee Napoleons. Die napoleonischen Truppen wurden von einem Kreis übergeordneter Offiziere kommandiert, sie verfügten über streng geregelte Befehlshierarchien, ihre Soldaten wurden in Einheitsuniformen gesteckt, und sie unterteilten ihre Aufgaben sorgfältig in spezialisierte Funktionen. Die frühen Unternehmen ahmten diese Methoden nach, was erklärt, warum die meisten Firmen heute ebenfalls streng geregelte «Weisungshierarchien» haben, darauf bestehen, daß ihre «Truppen» Anzug und Krawatte tragen, und immer noch ganz versessen auf Titel und Funktionen sind.

Die Vorstellung Geschäftsleben = Krieg gehört zu den sechs zentralen kulturellen Paradigmen, die den Kern der traditionellen Kultur in einem typischen Unternehmen des Industriezeitalter ausmachen. Diese traditionelle Unternehmenskultur herrscht auch heute noch in den meisten Firmen vor. Jeder, der in den vergangenen 50 Jahren in einem Großunternehmen arbeitete oder anderweitig mit einem solchen zu tun hatte, ist mit ihr bestens vertraut. Äußerlich wird die traditionelle Unternehmenskultur durch den dreiteiligen Anzug, mit gediegener Eleganz ausgestattete Konferenzräume, komplizierte Organigramme und eine Vorliebe für das «management by numbers» symbolisiert. Diese Kultur basiert auf den im folgenden beschriebenen sechs zentralen Paradigmen:

1. *Geschäftsleben = Krieg.* Das Geschäftsleben besteht aus einer Reihe von Konflikten zwischen den Unternehmen innerhalb eines Markts, zwischen den Abteilungen innerhalb eines Unternehmens, zwischen den Gruppen innerhalb einer Organisation, zwischen den einzelnen in einer Gruppe und (folglich) auch zwischen Kunden und Anbietern. Daraus resultieren folgende Verhaltensweisen: Manager sichern sich ein möglichst großes Reich und «Armeen» von Mitarbeitern, um in den Krieg zu ziehen. Sie kommandieren die «Truppen» herum, während diese auf die «Marschbefehle» warten. Kunden werden zum Terrain, das es zu erobern gilt, statt zu potentiellen Partnern, und die Konkurrenz wird zum «Feind» dämonisiert. Frauen werden, da sie ja keine geborenen Soldaten sein können, als ungeeignet für verantwortungsvolle Positionen befunden.

2. *Unternehmen = Maschine.* Ein Unternehmen ist ein System, in dem die Mitarbeiter nur namenlose Rädchen im Getriebe sind. Niemand ist unentbehrlich, und jeder ist schnell und leicht ersetzbar. Die Initiativen, Ziele und Wünsche einzelner Beschäftigter haben gegenüber den Anforderungen der Unternehmensmaschine völlig untergeordnete Bedeutung. Daraus resultieren folgende Verhaltensweisen: Die Manager schaffen starre Organisationen mit starren Rollen und starren Funktionen. Manager und Mitarbeiter gelangen gleichermaßen zur Überzeugung, daß Veränderungen sehr schwierig sind, ähnlich wie die Umrüstung einer komplizierten Maschine. Die Manager werden ermutigt, sich selbst als «Kontrolleure» zu sehen, deren Aufgabe es ist zu gewährleisten, daß die Mitarbeiter sich an die Regeln des «Systems» halten. Die Mitarbeiter werden inhuman behandelt, während alle Kontroll- und Entscheidungsbefugnisse an der Unternehmensspitze konzentriert sind.

3. *Management = Kontrolle.* Die eigentliche Aufgabe des Managers besteht darin, das Verhalten der Mitarbeiter zu kontrollieren, damit sie genau das tun, was das Management von ihnen erwartet. Mitarbeiter, die ihren Vorgesetzten gegenüber eine andere Meinung vertreten oder sich gar Anweisungen widersetzen, sind «ungehorsam» und folglich gefährlich. Daraus resultieren folgende Verhaltensweisen: Die Mana-

ger schaffen unflexible Unternehmen, weil es widerstreitende Kräfte gibt, die versuchen, das Unternehmen zu «kontrollieren». Das Management gerät in eine angespannte politische Atmosphäre, in der es schwierig ist, produktive Arbeit zu leisten. Jede Eigeninitiative wird im Keim erstickt, bis sich die Mentalität breit gemacht hat: «Lieber abwarten, was der Boss sagt».

4. *Mitarbeiter = Kinder.* Mitarbeiter sind zu unreif und unwissend, um wirkliche Verantwortung übertragen zu bekommen, zumal man ihnen nicht trauen kann. Gibt man ihnen kein komplexes System von Regeln und Vorschriften vor, dann hintergehen sie das Unternehmen nach Strich und Faden. Aus dieser Einstellung resultieren folgende Verhaltensweisen: Die Mitarbeiter entwickeln eine tiefe und dauerhafte Abneigung gegen das Management. Sie tun nur dann etwas, wenn sie ganz sicher sein können, daß man ihnen im Fall einer Panne nicht die Schuld zuschiebt. Die Mitarbeiter verbringen mehr Zeit damit, sich ein Sicherheitsnetz zu knüpfen, als damit, produktiv zu arbeiten. Wenn überhaupt, dann arbeiten sie nur dann, wenn sie beobachtet werden.

5. *Motivation = Angst.* Mitarbeiter arbeiten letztlich nur deshalb, weil sie Angst haben, gefeuert zu werden. Folglich steht den Vorgesetzten nur das Mittel der Angst zur Verfügung, wenn sie motivieren wollen – Angst vor der Entlassung, Angst, lächerlich gemacht zu werden, Angst, Privilegien zu verlieren. Daraus resultieren folgende Verhaltensweisen: Mitarbeiter und Manager gleichermaßen werden gelähmt und unfähig, riskante Entscheidungen zu treffen oder mutige Maßnahmen zu ergreifen. Die Arbeit wird zum lästigen Übel, Kriecherei ist an der Tagesordnung, und die Energien aller Unternehmensangehörigen werden von Intrigen und Machenschaften verschlungen.

6. *Veränderung = Gefahr.* Jede Veränderung wird per se als kompliziert und schwierig betrachtet. Veränderungen kommen höchstens dann in Frage, wenn ein Unternehmen gar keine andere Wahl mehr hat. Daraus resultieren folgende Verhaltensweisen: Sämtliche Reengineering-Programme, Umstrukturierungspläne und Downsizing-Maßnahmen sind

zum Scheitern verurteilt, weil die Mitarbeiter auf allen Ebenen jede Veränderung sabotieren, um sich Ärger und Unannehmlichkeiten zu ersparen.

Diese sechs zentralen traditionellen Paradigmen sowie ihre Nachteile in einer vom Computer beherrschten Arbeitswelt werden an späterer Stelle noch näher beschrieben.

Die meisten Menschen gehen davon aus, daß diese traditionellen Grundhaltungen nur «die Art und Weise, wie die Dinge nun einmal sind» reflektieren. Dabei sind diese gewohnheitsmäßigen Denkmuster lediglich mentale Filter, durch die die Verhaltensweisen im Geschäftsleben interpretiert werden. So wie das Paradigma Soziales Handeln = Kriegführen die möglichen Drogenbekämpfungsstrategien der Regierung von vornherein eingrenzt, lenken die traditionellen Paradigmen im Wirtschaftsleben die Unternehmen auf ganz bestimmte Geschäftsstrategien hin, *selbst wenn diese Strategien unter den heutigen Marktbedingungen gar keinen Sinn mehr machen.*

Wenn Sie die Wirtschaftspresse in den vergangenen zehn Jahren verfolgt haben, dann zweifeln Sie wahrscheinlich nicht daran, daß zentralisierte, monolithische Organisationen schwächer und weniger wettbewerbsfähig sind als dezentral organisierte, teamorientierte Unternehmen. Trotz der überwältigenden Beweise, die es für die Richtigkeit dieser Behauptung gibt, schaffen die schwerfälligen Riesen es einfach nicht, sich in dezentrale, teamorientierte Unternehmen zu verwandeln. Da helfen auch allgemein anerkannte Veränderungsmethoden wie das Total Quality Management (TQM) nicht weiter. Einer 1994 in *Fortune* veröffentlichten Umfrage zufolge halten Führungskräfte knapp ein Drittel der TQM-Bemühungen für glatte «Flops». Die am häufigsten genannten Hindernisse seien der «Widerstand der Mitarbeiter und eine dysfunktionale Unternehmenskultur».

Das ständige Scheitern der Veränderungsversuche wird verständlicher, wenn man sich vor Augen hält, welch mächtigen Einfluß die sechs traditionellen kulturellen Grundhaltungen auf die unbewußten Einstellungen der Führungskräfte und der Beschäftigten haben. Jeder Versuch, so etwas wie eine TQM-Politik zu implementieren, ist zum Scheitern verurteilt, wenn das Management im Grunde seines Herzens glaubt, daß es die geistig unterlegenen und kindlichen Truppen durch Angst manipulieren müsse, um etwas erreichen zu können. Ein sinnvoller Unternehmenswandel wird noch unwahrscheinlicher, wenn die Mitarbeiter in einer dysfunktionalen Organisation in ihrem Innersten davon überzeugt sind, daß jeder Versuch einer Veränderung unglaublich schmerzhaft sei und einen Statusverlust, einen finanziellen Verlust und (vor allem anderen) einen Kontrollverlust bedeute. Somit festigt der unbewußte Einfluß der sechs kulturellen Paradigmen den Status quo.

Die Auswirkungen dieser zentralen traditionellen Paradigmen sind umso stärker, als sie sich gegenseitig unterstützen. Es ist schwierig, sich vom Glauben an eine Grundhaltung zu lösen, ohne gleichzeitig alle anderen aufzugeben. Ich habe dieses Problem häufig in meiner Arbeit als strategischer Berater beobachtet.

Einmal wurde ich von einem Unternehmen beauftragt, eine Organisationsform zu finden, die seine Wettbewerbsfähigkeit auf einem sich neu herausbildenden High-Tech-Markt garantieren könnte. Die höchst erfolgreiche Konkurrenz meines Klienten arbeitete in autonomen Teams, wobei jedes Team für ein einzelnes Produkt verantwortlich war. Auf diese Weise konnten Produkte sehr schnell auf den Markt gebracht werden. Im Gegensatz dazu war das Unternehmen meines Klienten nach Funktionen gegliedert, wobei die einzelnen Gruppen höchst ungenaue Zuständigkeiten hatten. In dieser bürokratischen Organisation war es schon extrem schwierig, ein Produkt überhaupt auf den Markt zu bringen – von Schnelligkeit gar nicht zu reden. Obwohl mein Klient bereits auf eine Reihe beeindruckender Fehlschläge zurückblicken konnte, biß ich auf Granit, als ich ihm empfahl, eine Umstrukturierung vorzunehmen, damit die Produktteams mehr Schlagkraft entwickeln konnten.

Der erste Einwand war der, daß «unser System so nicht funktioniert». Als ich darauf hinwies, daß das System durchaus veränderbar sei, kam der zweite Einwand: «Unsere Mitarbeiter brauchen die Anleitung und Überwachung durch das Management». Als ich darauf hinwies, daß es sich bei den Mitarbeitern größtenteils um hochqualifizierte Fachleute handelte, lautete der nächste Einwand: «Es würde uns zuviel Zeit kosten, umfangreichere Veränderungen vorzunehmen; wir müssen aber jetzt auf diesen Markt gehen!» Als ich konterte, daß mein Klient es mit der derzeitigen Struktur eben nicht geschafft hatte, ähnliche Märkte zu erobern, nannte man mir wieder den ersten Einwand: «Unser System funktioniert so einfach nicht.»

Beim Versuch, dieses Unternehmen zur Durchführung dringend notwendiger operativer Veränderungen zu bewegen, fühlte ich mich an Herakles erinnert, wie er die Köpfe der Hydra abschlug – jedes Mal, wenn ich einen Einwand beantwortet hatte, wurde ein neuer erhoben. Der Grund für den hartnäckigen Widerstand meines Klienten lag darin, daß sein Management vollständig von drei traditionellen Grundhaltungen dominiert wurde: Unternehmen = Maschine, Mitarbeiter = Kinder und Veränderung = Gefahr. Der daraus resultierende Scheuklappenblick lähmte das Unternehmen. Niemand konnte sich die notwendigen Veränderungen überhaupt vorstellen, geschweige denn implementieren. Das einzige, was man von diesem Unternehmen erwarten konnte, war ein Versuch, die aktuellen Strategien kosteneffektiver zu machen. Anstatt also das eigentliche Problem anzupacken, leitete das Unternehmen lediglich eine Reihe von unsinnigen Kostensenkungsmaßnahmen ein, die zu einem kurzfristigen Gewinnanstieg und zu langfristigem Marktversagen führten.

Die Paradigmen der digitalen Elite

Im Gegensatz dazu haben manche anderen Unternehmen kaum Schwierigkeiten, wenn es um die Anpassung an neue Marktgegebenheiten geht. Insbesondere die Unternehmen der Digitalen Elite erwiesen sich in dieser Hinsicht als extrem beweglich. Um den Grund dafür herauszufinden, hatte ich mich zwar eingehend mit ihren Organisationsstrukturen und Geschäftsmodellen beschäftigt, konnte aber immer noch nicht genau sagen, worin sie sich nun von anderen Firmen unterschieden. Ich wußte nur, daß es einen Unterschied geben mußte, weil diese Firmen nicht nur die traditionellen Computerhersteller das Fürchten lehrten, sondern mit ihren Wachstumsquoten und Geschäftsergebnissen auch alle Rekorde brachen.

Compaq beispielsweise lieferte im Jahr 1982 seinen ersten Computer aus und erzielte schon 1983 (dem Jahr des Börsengangs) einen Umsatz von 111 Millionen Dollar – ein noch nie dagewesenes Wachstum für einen Neuling. Compaq überschritt die zwei Milliarden-Marke dann innerhalb von sechs Jahren. Dell Computer machte unter den Fittichen des jungen Genies Michael Dell im Gründungsjahr 1984 bescheidene 30 000 Dollar Umsatz. Zehn Jahre später waren es 3 Milliarden Dollar, wodurch sich der Computerhersteller in die Riege der am schnellsten wachsenden Unternehmen der Fortune 500 katapultierte. Microsoft hat den Wohlstand seiner Investoren auf besonders spektakuläre Weise gemehrt. Seit der ersten Börsennotierung haben die Microsoft-Aktien durchschnittlich um 59 Prozent jährlich zugelegt. Das reichte aus, um eine Investition von 15 000 Dollar im Jahr 1986 in eine glatte Million im Jahr 1995 zu verwandeln. An all diesen Unternehmen war etwas Besonderes – und damit auch an den Menschen, die sie führten.

Ich habe schon erwähnt, daß die Mitglieder der Digitalen Elite den Erfolg ihrer Unternehmen ihren starken Unternehmenskulturen zuschreiben. Während meiner Gespräche mit der Digitalen Elite hörte ich immer genauer hin, um mögliche Hinweise dafür zu entdecken, wie man das spezifische Wesen dieser neuen Kultur identifizieren konnte. Bald bemerkte ich, daß sich das Vokabular der Digitalen Elite von dem der traditionellen Unternehmensführer unterschied. So hörte ich in den vielen Stunden, in denen wir über die Geschäfte sprachen, *niemals* die Formulierungen «jemanden fertigmachen», «die Konkurrenz zerschlagen», «eine Schlacht schlagen» oder ähnliche kernige Ausdrücke, die mir bei meinen Kontakten mit den Topmanagern anderer Unternehmen so vertraut geworden waren. Statt dessen verwendete die Digitale Elite andere Worte, benutzte andere Bilder und zog andere Vergleiche.

Als ich mich eingehend mit den Strategien und Einstellungen der Digitalen Elite befaßte, nahm ich Sprachmuster wahr, die auf Grundhaltungen hinwiesen, die sich erheblich von denen der Unternehmen der «alten Schule» unterschieden. Ich erkannte einen wichtigen Gegensatz zwischen den traditionellen Paradigmen (die ich so gut aus meinen bisherigen Erfahrungen kannte) und den Bildern, Vergleichen und Paradigmen der Digitalen Elite. Schließlich wurde mir klar, daß die Unternehmenskultur der Digitalen Elite eine komplette Abkehr von den miteinander verwobenen Grundhaltungen bedeutete, die in der Vergangenheit maßgeblich gewesen waren. Die neue Unternehmenskultur stellte eine revolutionäre Neuerung dar, entstanden als Reaktion auf die Informationsrevolution, so wie die traditionellen Grundhaltungen als Reaktion auf die industrielle Revolution entstanden waren. Diese sechs neuen Paradigmen werden nachstehend zusammengefaßt:

1. *Geschäftsleben = Ökosystem.* Die Geschäftswelt besteht aus symbiotischen Beziehungen, die geknüpft werden, um Marktnischen zu nutzen. Unternehmen, in denen eine große Vielfalt herrscht, werden auch mit hoher Wahrscheinlichkeit wachsen und gedeihen. Ergebnis: Diese Unternehmen passen sich schnell an neue Marktgegebenheiten an, sie stellen Mitarbeiter mit einem ganz unterschiedlichen Background und unterschiedlichen Einstellungen ein, und sie bilden interessante Partnerschaften mit anderen Firmen.

2. *Unternehmen = Gemeinschaft.* Ein Unternehmen besteht aus einzelnen Menschen mit individuellen Hoffnungen und Träumen, die sich den Unternehmenszielen verschrieben haben. Ergebnis: Die Mitarbeiter verfolgen die Ziele des Unternehmens und genießen es aufrichtig, zum eigenen Erfolg, zum Erfolg ihrer Kollegen und Kolleginnen und zum Erfolg der Gemeinschaft insgesamt beizutragen.

3. *Management = Service.* Die Aufgabe der Führungskräfte lautet, eine Richtung vorzugeben und die Ressourcen zu beschaffen, die ihre Mitarbeiter für ihre Arbeit benötigen. Das Management möchte das Unternehmen eher «führen» als «betreiben». Ergebnis: Die Entscheidungsfindung spielt sich auch auf der «niedrigsten» Unternehmensebene ab. Teams bilden ihre eigenen Regeln ohne Einmischung durch die Zentrale.

4. *Mitarbeiter = Partner.* Jeder Mitarbeiter wird – unabhängig von seiner Position – so behandelt, als wäre er die wichtigste Person im ganzen Unternehmen. Man erwartet überall Spitzenleistungen – von der Verladerampe bis zum Konferenzraum – und fördert diese, wo es nur geht. Ergebnis: Die Mitarbeiter auf allen Ebenen übernehmen ein hohes Maß an Eigenverantwortung. Sie wetteifern in einer Atmosphäre wohlgesonnener Konkurrenz darum, wer dem Unternehmen am besten dienen kann.

5. *Motivation = Vision.* Die Menschen wissen, wohin sie gehen, und sie werden reichlich belohnt, wenn sie ihre Ziele erreichen. Sie gehen ihrer Arbeit mit sehr viel Energie, Begeisterung und Humor nach. Ergebnis: Die Beschäftigten arbeiten hart, nicht aus Pflicht oder Angst, sondern weil sie an die Ziele des Unternehmens glauben, weil sie ihre Arbeit gerne tun und weil sie wissen, daß sie an den Gewinnen partizipieren.

6. *Veränderung = Wachstum.* Veränderungen sind wünschenswert, weil sie Teil des Anpassungsprozesses an neue Marktbedingungen sind. Ergebnis: Mitarbeiter und Unternehmen setzen immer wieder neue Ideen um, wenden neue Arbeitsmethoden an und schlagen neue Wege ein, um ihr Wachstum zu sichern.

Diese sechs Paradigmen schaffen einen kulturellen Rahmen für Unternehmen, die dezentral organisiert, optimistisch, vertrauensvoll, informell und flexibel sind – und nicht zentralisiert, bürokratisch, kontrollierend, formal und starr. So wie sich die traditionellen Grundhaltungen gegenseitig verstärken, sind auch die Grundhaltungen der Digitalen Elite miteinander verflochten. Das Paradigma Veränderung = Wachstum beispielsweise stellt eine perfekte Ergänzung des Paradigmas Geschäftsleben = Ökosystem dar. In ähnlicher Weise führt die Grundhaltung Mitarbeiter = Partner die Manager ganz automatisch weg von kontrollierenden Verhaltensweisen hin zu einer Einstellung, die besagt, daß sie dem Unternehmen dienen müssen (Management = Service).

Diese sechs zentralen Paradigmen der Digitalen Elite werden an späterer Stelle noch eingehend beschrieben, und Sie erfahren außerdem noch, mit welchen Strategien Sie daraus Wettbewerbsvorteile gewinnen können. Die sechs Paradigmen sowie die dazugehörigen Strategien bilden die Voraussetzungen für einen produktiven und trotzdem humanen Arbeitsplatz, an dem Freiheit, Eigeninitiative und Spaß eine wichtige Rolle spielen, nicht aber Gehorsam, Konformität und Angst. Meiner Meinung nach stellt diese neue Kultur in der Entwicklung des amerikanischen Unternehmens einen Riesensprung nach vorne dar.

Es ist kein Geheimnis, warum sich diese neue Kultur in den Vereinigten Staaten entwickelte. Anders als die Unternehmenskultur des Industriezeitalters, die ihre Wurzeln in der europäischen Klassenstruktur hat, ist die Kultur der Digitalen Elite fest in den allgemein anerkannten amerikanischen Werten und Idealen verankert. Die Digitale Elite sieht sich, genau wie die amerikanische Gesellschaft, als eine Meritokratie, in der Talent und harte Arbeit wichtiger sind als Positionen oder schöne Titel. Mit ihren abgeflachten Hierarchien, der freien Kommunikation, der Indifferenz gegenüber Rasse, Geschlecht und ethnischer Zugehörigkeit, der Liebe zur Vielfalt, den partizipativen Entscheidungsprozessen und dem Bestehen auf der Verantwortung des einzelnen bleibt diese Kultur zutiefst amerikanisch. So wie die Ideale der Vereinigten Staaten erkennt man auch die Prinzipien der Digitalen Elite manchmal deutlicher, wenn sie verletzt werden. Jedenfalls stellt ihre Unternehmenskultur eine demokratischere Alternative zu den autokratischen Organisationen der Vergangenheit dar.

Mittlerweile wird die Unternehmenskultur der Digitalen Elite auf der ganzen Welt imitiert, vor allem in Asien. Masayoshi Son ist Chairman von SOFTBANK, dem weltweit größten Herausgeber von Computerzeitschriften und -büchern, dem größten Veranstalter von Technologiemessen und dem größten Softwarehersteller Japans. Masayoshis Führungsstil wurde eindeutig von den Ideen beeinflußt, die die Digitale Elite in den USA entwickelte:

> *Es gibt viele aufregende Unternehmen in unserer Branche, vor allem in den Vereinigten Staaten. Ich persönlich habe sehr viele Anregungen in Gesprächen mit Bill Gates oder John Chambers (CEO von Cisco Systems) oder Larry Ellison (CEO von Oracle) gewonnen. Sie*

besitzen visionäre Gestaltungskraft und sind sehr unterschiedlich, aber eins ist ihnen allen gemeinsam: Sie alle sind überzeugt davon, daß wir uns in einer Informationsrevolution befinden, und sie glauben aufrichtig an die Zukunft unserer Branche.

Es handelt sich also um nicht weniger als um eine globale Revolution der Art und Weise, wie Unternehmen und Organisationen geführt werden.

Das soll nicht heißen, daß die Unternehmen der Digitalen Elite perfekt wären. Weit gefehlt. Die Arbeit in diesen Firmen kann auch frustrierend sein. Die Arbeitszeiten und die Arbeitsbelastung sind manchmal unerträglich, und häufig herrscht ein enormer interner Wettbewerb. Wie in allen menschlichen Institutionen klafft auch hier eine Lücke zwischen Wirklichkeit und Ideal.

Aber trotzdem sind die Mitarbeiter und Mitarbeiterinnen der Firmen der Digitalen Elite im großen und ganzen sehr fasziniert von ihrer Arbeit und den Aufstiegsmöglichkeiten, die sich ihnen bieten. Ich habe nie gezählt, wie oft ich in meinen Gesprächen hörte: «Ich arbeite wirklich sehr gerne hier», oder «Dies ist ein großartiger Arbeitsplatz». Und das sind nicht nur Aussagen der Führungskräfte, sondern auch der Mitarbeiter, die in der Telefonzentrale sitzen, den Programmcode schreiben, Paletten auf die Laderampe schieben oder Kundenanfragen beantworten.

Diese positive Einstellung spiegelt und verstärkt den phänomenalen Erfolg der Digitale Elite. Sowohl diese Einstellung wie auch der Erfolg sind, wie sich noch herausstellen wird, logische und unvermeidliche Ergebnisse der neuen kulturellen Paradigmen.

Aber die Unternehmenskultur alleine ist noch keine Erfolgsgarantie. Es gibt überhaupt keine Garantien. Zwar mag man mit einer Unternehmenskultur der Digitalen Elite einen großen Vorsprung vor einem Konkurrenten der alten Schule haben, doch wenn man es mit einem Konkurrenten aufnimmt, der ebenfalls zur Digitalen Elite gehört, ist noch etwas anderes notwendig. Es ist eine Sache, einen schwerfälligen Koloß wie IBM zu umschiffen, aber es ist etwas ganz anderes, es mit einem behenden Riesen wie Microsoft aufzunehmen.

Wie auch immer, eine der besten Methoden, die eigene Wettbewerbsfähigkeit zu sichern, besteht darin, die Einstellungen und Verhaltensweisen erfolgreicher Unternehmen kennenzulernen und sie nachzuahmen.

Deshalb soll in den nächsten sechs Kapiteln beschrieben werden, wie die Unternehmen der Digitalen Elite es auf der Basis ihrer sechs zentralen Paradigmen geschafft haben, sich auf auf einem der schnellsten und dynamischsten Märkte der Welt durchzusetzen und dauerhaft wettbewerbsfähig zu sein.

2 Das Geschäftsleben als Ökosystem

Das wichtigste Paradigma der Digitalen Elite lautet, daß die Vorgänge im Wirtschaftsleben denen ähnlich sind, die auch das Leben in der Natur steuern: Das Geschäftsleben ist ein Ökosystem.

Unter einem Ökosystem versteht man eine Gemeinschaft von Lebewesen, die komplizierte und fein ausbalancierte symbiotische Beziehungen zueinander haben. Die einzelnen Mitglieder der Gemeinschaft konkurrieren zwar oft um Ressourcen, müssen aber gleichzeitig auch darauf achten, stets das Gleichgewicht zu wahren. Der Tod einer Beutetierart beispielsweise könnte die Zerstörung des gesamten Ökosystems bewirken, weil die grasfressenden Arten überhand nehmen und alles bis auf den letzten Halm vernichtet werden könnte. Homogene Ökosysteme, in denen nur einige wenige Arten leben, sind sehr anfällig. Jedes ungewohnte Ereignis bedroht sofort das Gleichgewicht. Dagegen sind Ökosysteme, in denen eine große Artenvielfalt herrscht, widerstandsfähiger, und sie können sich mit einer größeren Wahrscheinlichkeit über lange Zeiträume hinweg in der Natur behaupten.

Der Digitalen Elite zufolge funktioniert das Wirtschaftsleben auf ungefähr dieselbe Weise. Ein Markt stellt ein kompliziertes Geflecht von Beziehungen zwischen Kunden, Anbietern, Lieferanten und Wettbewerbern dar. Diese Beziehungen müssen fein ausbalanciert werden, und die Branchenriesen – so wie Microsoft – gehören ebenso dazu wie der Computerladen um die Ecke. Auch die Unternehmen selbst können als Ökosysteme betrachtet werden. Diejenigen Firmen, in denen eine große «Artenvielfalt» herrscht, in denen also eine Vielzahl von Menschen verschiedene Produkte herstellt, werden mit größerer Wahrscheinlichkeit blühen und gedeihen als monolithische Unternehmen, die sich auf ein Produkt konzentrieren und deren Beschäftigte weitgehend nach gleichen Grundsätzen denken und handeln.

Die Gleichung Geschäftsleben = Ökosystem ist nicht gerade brandneu. Durch die Wirtschaftstheorie geisterten schon seit einigen Jahren Vergleiche zwischen Wirtschaftssystemen und biologischen Systemen, bevor Michael Rothschild diesen Gedanken in seinem Buch *Bionomics: Economy as Ecosystem* eingehend beleuchtete. Aber die Mitglieder der Digitalen Elite sind die ersten, die sich diese neue Grundhaltung wirklich zu Herzen nehmen und in die Praxis umsetzen.

Zu den High-Tech-Unternehmen, die eine ökologische Sichtweise des Geschäftslebens vertreten, gehört Novell. Bei der Firmengründung im Jahr 1980 war Novell noch ein winziges Unternehmen, das Platinen für die wenigen Hobbybastler herstellte, die damals ihre Personalcomputer selbst zusammenbauten. Novell begann sich bald auf die Software zur Vernetzung von PCs zu konzentrieren. Um wettbewerbsfähig zu bleiben und bei technologischen Innovation stets die Nase vorn zu haben, kaufte Novell andere Technologieunternehmen auf oder fusionierte mit ihnen.

Anstatt nun zu versuchen, aus diesen unterschiedlichen Firmen einen kompakten, monolithischen Giganten zu formen, ließ ihnen der ehemalige CEO von Novell, Ray Noorda, freie Hand, damit sie genau die Strategien und Taktiken verfolgen konnten, die für ihre Produkte sinnvoll waren. Damit gewann Novell eine Stabilität und gleichzeitig eine Vielfalt, die es möglich machten, sich schnell an Marktveränderungen anzupassen. Wenn ein Bereich bei Novell aufgrund wirtschaftlicher Bedingungen oder technologischer Entwicklungen einmal ins Hintertreffen geriet, profitierte eben ein anderer Bereich. Diese Strategie zahlte sich aus: Der Umsatz kletterte von praktisch Null im Jahr 1980 auf über eine Milliarde Dollar im Jahr 1994 und wird mittlerweile von über 4000 Beschäftigten erwirtschaftet.

Noordas Nachfolger als CEO war Bob Frankenberg. Er ist ein ernsthafter, hellhaariger Mann, trägt eine Nickelbrille und pflegt einen verschrobenen Humor mit einer Neigung zum Understatement, wenn er die neuesten Trends in der Computerbranche kommentiert. Bob Frankenberg war früher bei Hewlett-Packard und betrachtet die bei Novell herrschende Diversität als Hauptgrund dafür, daß das Unternehmen sich so gut behauptet. Während unserer Unterhaltung erklärte Bob:

> *Wenn ein Unternehmen zu homogen wird, besteht schnell die Gefahr der Nabelschau. Irgendwann fehlt ihm die Vielfalt, die für die Weiterentwicklung notwendig ist, wenn Märkte sich verändern oder neue Fähigkeiten gefragt sind. Alle Erkenntnisse in der Evolutionsforschung deuten darauf hin, daß die Diversität einer Population zu den wichtigsten Überlebensfaktoren gehört. Deshalb ist es sehr gefährlich, zu homogen zu werden. Unter dem Dach von Novell sind 23 verschiedene Unternehmen zusammengekommen. Wir haben unterschiedliche Entwicklungsmethoden... Wir haben eine breite Palette von Ansätzen. Ich denke, wenn wir das nicht weiterhin so handhaben, während sich die Bedingungen ändern (und in unserer Branche ändern sich die Bedingungen ständig), besteht die Gefahr, daß wir untergehen. Am wichtigsten aber ist wohl, daß uns viele große Chancen einfach entgehen würden.*

Wenn Bob sich so über die Evolution und die Notwendigkeit der Vielfalt äußert, wird der Einfluß überdeutlich, den das Paradigma Geschäftsleben = Ökosystem auf sein strategisches Denken ausübt. Diese Grundhaltung ermöglicht es Novell, Methoden anzuwenden, die den traditionellen Unternehmen völlig fremd sind, weil sie das Geschäftsleben als Kriegsschauplatz sehen.

Das traditionelle Paradigma: Geschäftsleben = Krieg

Im Gegensatz zur Digitalen Elite haben viele traditionelle Unternehmenslenker eine militaristische Sichtweise des Geschäftslebens. Ein Blick auf die Titel der populären Wirtschaftsbücher – *Guerilla Marketing, Marketing Warfare, Computerschlachten* oder auch *Attila-Management* – liefern genügend Beweise dafür, wie verbreitet dieser Standpunkt ist. In diesen Büchern wird suggeriert, daß Manager das Verhalten von Generälen und Kriegsherren nachahmen müssen, um erfolgreich zu sein. So verwundert es denn auch nicht, wenn viele Führungskräfte sich einer Wortwahl bedienen, als würden sie den nächsten Weltkrieg planen:

> *Dieses Produkt wird enormen Schaden auf dem Markt anrichten! Wir haben unsere Verkaufstruppen gerüstet. Wir haben den richtigen Kundenkreis im Visier! Die neue Werbekampagne wird wie eine Bombe einschlagen! Wir werden sie zur Kapitulation zwingen! Unsere Armee ist kampfbereit!*

Es gibt nicht wenige Menschen, die tatsächlich so reden. Man könnte ihre Äußerungen als reine Macho-Rhetorik abtun, wenn sie nicht eine weit verbreitete Einstellung reflektieren würden. Allerdings handelt es sich um eine Einstellung, die auf den heutigen schnellebigen Märkten nicht mehr viel Sinn macht. Letztlich sind diese traditionellen Führungskräfte nicht einmal verantwortlich für diese Denkweisen, weil ihre Einstellungen tief in ihrer Unternehmenskultur verankert sind. Im typischen Unternehmen ist die Macht an der Spitze konzentriert, wo der Oberkommandeur (Vorstandschef) von einem Generalstab umgeben ist (obere Führungsebene), der den nachgeordneten Offizieren (Direktoren etc.) Anweisungen erteilt, die wiederum den Linienkräften (z.B. den Abteilungs- oder Gruppenleitern) Anweisungen erteilen, welche ihrerseits die Truppen (Mitarbeiter) befehligen. Diese Befehle müssen befolgt werden, denn sollte es jemandem einfallen, sich zu weigern (Ungehorsam), landet er vor dem Kriegsgericht (Sanktionen, Abmahnungen etc.) oder muß gar mit dem Tod rechnen (Kündigung).

Obwohl die Parallelen zwischen Geschäftsleben und Krieg zeitlos zu sein scheinen, wurden die beiden Bereiche keineswegs immer miteinander in Verbindung gebracht. So widmeten sich im Mittelalter Herzöge und Prinzen der Kriegführung, während nur das gemeine Volk und die Diener sich die Hände mit dem Handel beschmutzten. Hätten Sie damals einem Ritter gesagt, daß Krieg und Handel in vielem vergleichbar seien, hätte er sich wahrscheinlich bemüßigt gefühlt, Sie sanft zu korrigieren, etwa durch das Abhacken Ihres Kopfes. Im 18. Jahrhundert dagegen war es genau umgekehrt. Die Kaufleute biederten sich bei Herzögen und Königen an, während das Kriegshandwerk ein schmutziges Geschäft war, das man am besten den Söldnertruppen, Taugenichtsen und Halsabschneidern überließ.

Heute jedenfalls sind viele Unternehmen mit sehr militaristisch angehauchten Einstellungen durchsetzt. Wenn die Einstellung allgegenwärtig ist, daß das Geschäft mit der Kriegführung gleichzusetzen sei, dann schlägt sich dies in allen Entscheidungen, Vorgängen und Abläufen nieder. Strategien, die nicht in dieses Dogma passen, werden – unabhängig von ihren Erfolgsaussichten – abgelehnt, weil sie im wahrsten Sinne des

Wortes «undenkbar» sind. So kann man davon ausgehen, daß die Manager solcher Unternehmen fest davon überzeugt sind, nur dann «Siege erringen» zu können, wenn sie die größte «Armee» haben. Folglich bauen sie große, komplexe Abteilungen auf und stopfen sie mit Menschen und Ressourcen voll. Selbst wenn ihre Kunden mit einem bescheideneren, aber dafür auf ihre Bedürfnisse abgestimmten Vorgehen besser bedient wären, trommeln sie eine «starke Armee» zusammen, die bereit ist zu «kämpfen». Wie ein ehemaliger Vice President berichtete, führte dieses Denken auch bei IBM zu Problemen:

> *Die meisten großen Konzerne brauchen dringend dezentralere Strukturen. Der beste Weg ist der, sich in viele kleinere Geschäftsbereiche oder Unternehmen aufzugliedern. Genau das aber fällt den großen Konzernen sehr schwer, weil die Führungskräfte keine Lust haben, sich mit Geschäften auseinanderzusetzen, die sich nicht gleich in der Größenordnung von 100 Millionen Dollar bewegen. Trotzdem haben Microsoft und Intel ihre Erfolge genau so erzielt – als kleine Unternehmen. Große Unternehmen gehen neue Märkte genau auf die verkehrte Weise an. Da sie nur an 100-Millionen-Dollar-Geschäften interessiert sind, pumpen sie genug Geld in die Infrastruktur, um daraus ein 100-Millionen-Dollar-Geschäft zu machen. Aber das ist ungefähr das letzte, was sie brauchen können, denn nun schlagen sie sich mit Kostenstrukturen herum, die ihre Rentabilität massiv bedrohen, und mit einer Bürokratie, die jeden Versuch zur Anpassung an den Markt im Keim erstickt.*

Militärisch orientierte Führungskräfte bauen nicht nur gerne große Unternehmensreiche auf, sondern haben auch ein extremes Kontrollbedürfnis. Weil sie sich als Generäle und Offiziere betrachten, *befehlen* sie ihren Mitarbeitern, was sie tun sollen. Sie glauben, gute Mitarbeiter daran zu erkennen, daß sie den Mund halten und Anweisungen ausführen. Dadurch wird aber jede Eigeninitiative zerstört, weil die Mitarbeiter herumsitzen und darauf warten, daß das Topmanagement Entscheidungen trifft. Leider ist das Topmanagement aber oft auch am weitesten vom Kunden entfernt. Folglich hat es kein Gespür für die Bedürfnisse des Marktes. Außerdem verhindert es die Einstellung Geschäftsleben = Krieg, den Entscheidungsfindungsprozess dorthin zu verlagern, wo er hingehört – auf die niedrigste Ebene des Unternehmens.

Das militaristische Denken schafft auch eine große Distanz zwischen den Mitarbeitern und den Kunden. Die Kunden werden bestenfalls als anonymes Terrain betrachtet, das man mit Marketing- und Verkaufs-«Kampagnen» «anpeilt» und «besetzt». Diese Denkweise verhindert, daß man die Kunden als Individuen mit eigenen Meinungen, Interessen und Sorgen behandelt.

Das kann zu ernsten Kränkungen und folgenreichen Verstimmungen bei den Kunden führen. Neulich saß ich im Flugzeug neben dem Vice President eines großen Medienunternehmens. Er erzählte mir von einem Verkäufer, der ihm ein neues Computersystem vorgestellt hatte. Der Verkäufer verwendete dabei ständig das Wort «abzielen»: Das Produkt «zielte» auf die Medienindustrie ab, die Werbekampagne «zielte» auf neue Kunden ab, Vertriebsressourcen «zielten» auf eine geographische Region ab, und so weiter. Schließlich konnte der Vice President es nicht mehr ertragen und warf den Verkäufer hinaus. «Ich hatte das Gefühl, als hielte er mir ständig einen Revolver an den Kopf», erinnerte sich der Vice President schaudernd. «Er hat sich nicht ein einziges Mal die Mühe gemacht, mir zu erklären, warum dieses Produkt mir helfen könnte, mehr Geld zu verdienen.»

Militärisch orientierte Unternehmen mißbrauchen die Kunden oft regelrecht in ihrem «Kampf um den Sieg». Da «im Krieg alle Mittel recht sind», fühlen sie sich auch befugt, alle Mittel – ob fair oder unfair – anzuwenden. Das begriff ich, als meine Mutter, eine Topverkäuferin für eine Kosmetikfirma, einen neuen Vorgesetzten bekam. Der Vertriebsleiter entpuppte sich als typischer Rambo, der die Verkäuferinnen in seinen Reden ständig dazu anstachelte, die Konkurrenz zu «hassen», sie «in die Luft zu jagen», oder auch «in Grund und Boden zu stampfen». Auf diese Weise brachte er die Verkäuferinnen dazu, Produkte zu bestellen, die sie nicht benötigten, damit er selbst mit einem «siegreichen» Quartalsbericht glänzen konnte. Natürlich bestellten sie beim nächsten Mal wieder weniger, was den Vertriebsleiter bis aufs Blut reizte. Er intensivierte seine Anfeuerungsreden nur noch weiter. Eines Tages schloß er mit der Anweisung: «Also, lassen Sie uns ausziehen, um zu vergewaltigen und zu plündern, und lassen Sie keine Verwundeten zurück!» Daraufhin meldete sich meine Mutter zu Wort: «Entschuldigen Sie, könnten Sie uns einen Punkt bitte näher erklären?» «Aber gewiß.» «Wen genau sollen wir denn vergewaltigen?» fragte sie mit honigsüßer Stimme. Einige Wochen später beendete sie ihre Tätigkeit freiwillig und vorzeitig.

Damit sind wir bei einem weiteren Aspekt des militaristischen Denkens angelangt. Der ganze Bereich des Militärs, mit seiner Kumpanei, den Bruderbanden und den kernigen Sprüchen erscheint vielen Frauen einfach nur albern. Sie haben ihre Kindheit nicht damit verbracht, Krieg im Sandkasten zu spielen und finden es daher ziemlich lächerlich, daß eine Meute erwachsener Männer so tut, als seien ihre langweiligen Meetings und staubtrockenen Ideen ein tolles Abenteuer.

Das militärisch ausgerichtete Unternehmen diskriminiert Frauen fast ausnahmslos. Schon immer war die Kriegführung ein männlicher Zeitvertreib, und obwohl viele Frauen in Kriegen gekämpft und ihr Leben gelassen haben, wurden sie immer als Soldaten zweiter Klasse betrachtet. Männer, die in einem Manager einen General in Nadelstreifen sehen, finden es extrem schwierig, sich eine Frau in einer hochrangigen Position vorzustellen. Das ist aber kurzsichtig, weil Frauen auf allen Ebenen des Wirtschaftslebens zu Spitzenleistungen fähig sind. Das militärische Denken, das Frauen davon abhält, ihren vollen Beitrag zu leisten, schwächt ein Unternehmen, weil viele neue Ideen und Einsichten nie eine Chance haben, auch nur geäußert zu werden.

Die Digitale Elite glaubt nicht an die Vergleichbarkeit des Geschäftslebens mit der Kriegführung. Sie weiß, daß auf den heutigen Märkten ganz andere Verhaltensweisen und Fähigkeiten gefordert sind. Dies machte Frank Ingari, President von Shiva, einer Firma in Massachusetts, die Software für tragbare Computer entwickelt, ganz deutlich. Frank war ehemals Marketingleiter bei Lotus und zu einem großen Teil für den Erfolg des Tabellenkalkulationsprogramms Lotus 1–2–3 verantwortlich. Er ist ein unaufdringlicher und nachdenklicher Mensch und verkörpert eher den ruhigen als den dynamischen Führungstyp. Aber damit Sie ihn nicht für einen Langweiler halten, will ich Ihnen die Information nicht vorenthalten, daß er auch in einer Rock'n'Roll-Band namens Look and Feel spielt, zu der die Chefs mehrerer lokaler Softwarefirmen gehören. In den eineinhalb Jahren, in denen er nun bei Shiva beschäftigt ist, begleitete er das Unternehmen bei seinem ersten Börsengang, und verfolgt einen konsequenten Wachstumskurs. Frank Ingari erklärte mir, daß er und viele andere das Paradigma Geschäftsleben = Krieg als dysfunktional betrachteten. Er meinte:

> *Ich dulde es einfach nicht, wenn man Menschen nicht respektiert. Das ist für mich ein Grundwert. Wenn die Menschen integer sind und ein Gefühl der Ganzheit haben, gibt es keine Entschuldigung dafür, andere nicht zu respektieren – Sexismus, Diskriminierung von älteren Leuten, jede Art von Diskriminierung und jede Art von militaristischem Verhalten nach dem Motto: «Ich bin der Boss, und ich befehle euch, die folgenden Dinge zu tun.» Mit so etwas habe ich nichts am Hut. Meine Abneigung gegenüber jedem Militarismus bedeutet aber nicht, daß ich meine Macht nicht einsetze. Ich habe schon oft gesagt: «Sie werden nun dies oder jenes tun.» Aber ich sage meinen Mitarbeitern nicht einfach nur, was sie zu tun haben und belasse es dann dabei. Ich rufe sie zusammen und erkläre ihnen die Gründe für meine Entscheidungen. Ich erzähle ihnen alles. Ich erkläre ihnen den finanziellen Hintergrund, erzähle, welche Bedenken ich habe, welche Argumente ich abgewogen habe, welche Entscheidung ich getroffen habe, wer für die Entscheidung zuständig ist – in der Regel ich –, und ob ich bereit bin, noch eine Diskussion darüber zu führen. Es geht also nicht darum, auf Führungsansprüche zu verzichten, sondern darum, die Mitarbeiter mit Respekt zu behandeln, während man führt. Mein Ziel dabei lautet nicht, mich nach allen Seiten abzusichern. Vielmehr versuche ich immer, zu erreichen, daß meine Mitarbeiter genau verstehen, warum ich etwas so und nicht anders haben möchte. Und wenn ich mir ein blaues Auge hole, dann ist es eben so. Ich bin auch nur ein Mensch, und Menschen machen nun einmal Fehler.*

Zu den wenigen Elementen des Paradigmas Geschäftsleben = Krieg, die auch in den Unternehmen der Digitalen Elite noch vorhanden sind, gehören die Positionsbezeichnungen (wie z.B. CEO, Chief Executive Officer). Wenn Ihnen jedoch jemand aus der Digitalen Elite sagt, daß er oder sie CEO sei, dann wird das stets mit einem leichten Augenzwinkern geschehen, damit Sie wissen, daß Sie diesen Titel nicht bierernst nehmen sollten. Man hat oft den Eindruck, daß der typische CEO der Digitalen Elite auch nichts dagegen hätte, als Obergärtner, Chefkoch und Faktotum bezeichnet zu werden. Aber zu ihrem Leidwesen wollen viele Geschäftspartner nur dann mit ihnen sprechen, wenn sie einen schönen Titel aus dem 19. Jahrhundert auf der Visitenkarte vorweisen können.

Die Digitale Elite zieht das Paradigma Geschäftsleben = Ökosystem vor, mit dem völlig andere Verhaltensweisen gefördert werden (siehe Tabelle 2.1).

Tabelle 2.1. Paradigmenvergleich

Geschäftsleben = Krieg	**Geschäftsleben = Ökosystem**
Uniformität. In einem starken Unternehmen ziehen sich alle gleich an, alle haben denselben Background, und alle orientieren sich an den Normen des Unternehmens.	*Diversität.* In einem starken Unternehmen herrscht eine große Vielfalt von Meinungen, Ideen, Produkten und Vertriebskanälen.
Cash Cows. Das Hauptziel eines jeden Unternehmens lautet, rentable Einnahmequellen defensiv zu schützen, auch wenn dies bedeutet, neue Chancen verstreichen zu lassen.	*Neues schaffen.* Jedes Unternehmen hat das Ziel, neue Produkte zu entwickeln, die derzeit noch rentable Produkte überflüssig machen.
Konflikt. Das Geschäftsleben ist im wesentlichen ein Gewinner-Verlierer-Spiel. Nur einer kann gewinnen, und Konkurrenten und sogar Kunden sind Feinde.	*Symbiose.* Das Geschäftsleben ist ein Geflecht aus Win-Win-Beziehungen, die nicht nur zwischen Kunden, Anbietern und Lieferanten bestehen, sondern sogar zwischen «Konkurrenten».

Diese Verhaltensweisen erscheinen den Verfechtern der traditionellen Grundhaltung völlig unverständlich und unvernünftig. In einer Armee führt jede Vielfalt zum Chaos; wer sich als Winzling dem Gegner stellt, muß damit rechnen, überrollt zu werden; und was ist schließlich ein Kampf ohne Sieger und Verlierer? Umgekehrt halten die Befürworter des Ökosystem-Paradigmas das militaristische Verhalten für genauso unvernünftig: Uniformität bedeutet, daß Organisationen sich nicht anpassen können; Märkte im Blitzkrieg zu erobern ist für sie gleichbedeutend damit, junge Pflanzen in die Länge zu ziehen, damit sie schneller wachsen; und in Konflikten sehen sie sinnlos verschwendete Energien.

Die vorherrschenden Grundhaltungen in einem Unternehmen beeinflussen zwangsläufig die Art und Weise, wie die Mitarbeiter und Mitarbeiterinnen versuchen, Probleme zu lösen oder Marktchancen zu nutzen. Die traditionelle Sichtweise Geschäftsleben = Krieg führt dazu, daß Unternehmen Strategien anwenden, die in der Vergangenheit sinnvoll waren, heute aber zum Scheitern verurteilt sind. Um dies zu illustrieren, sollen im folgenden die verschiedenen Methoden beschrieben werden, die ein Unternehmen der Digitalen Elite – Novell – und ein älterer, traditionellerer Minicomputeranbieter – Digital – anwandten. Beide verfolgten das Ziel, sich auf dem Markt für Computernetzwerke die Führung zu sichern.

Fallstudie: Novell und Digital wollen den Netzwerkmarkt erobern

Wir schreiben das Jahr 1980. Der Personalcomputer wurde mehr als Spielzeug für Hobbyelektroniker denn als lebensfähige Rechnerplattform betrachtet, doch es begannen sich schon aufregende Dinge in der Computerindustrie zu tun. Damals wußte es zwar noch niemand, aber das Zeitalter des zentralen Großrechners neigte sich seinem Ende zu, auch wenn die meisten Computer in jenem Jahr noch Großrechner waren, die in einem temperaturüberwachten Raum in der Unternehmenszentrale sicher untergebracht waren. Wer Zugang zu den wertvollen Rechenressourcen haben wollte, mußte die Unternehmensbürokraten um die Zuteilung einer Nutzungszeit bitten. Um dieses wachsende Bedürfnis nach Rechenleistung zu befriedigen, versuchten IBM und die anderen Großrechnerhersteller, größere und schnellere Rechner zu bauen, in der Hoffnung, daß sie von mehr Beschäftigten genutzt werden könnten.

Gleichzeitig baute eine andere Gruppe von Computerherstellern sogenannte Minirechner – abgespeckte Versionen der Großrechnerungetüme. Anders als die Großrechner, die eine spezielle Umgebung erforderten, konnten die Minicomputer praktisch überall aufgestellt werden. Das bedeutete, daß sich auch einzelne Abteilungen einen eigenen Computer kaufen konnten, so daß es nicht mehr notwendig war, sich auf den Weg zu den Computern in der Zentrale zu machen.

Unbestrittener Führer in der Minicomputertechnologie war die Digital Equipment Corporation (Digital). Das große Plus der Rechner von Digital bestand darin, daß sie leicht zu Netzwerken konfiguriert werden konnten. Damit war es nicht nur möglich, daß verschiedene Abteilungen gemeinsame Datenbestände nutzten, sondern die Rechner konnten auch untereinander zusammenarbeiten.

Es gab viele Gründe, die für die Netzwerkidee von Digital sprachen. Die Netzwerke ermöglichten es den Unternehmen, die Computer und die damit verbundene Macht aus den Unternehmenszentralen abzuziehen und zu verteilen. So konnten beispielsweise die Beschäftigten in der Produktion die Lagerhaltung verfolgen, indem sie einen Computer verwendeten, der in ihrem Bereich installiert war. Dieser Computer konnte wiederum an einen weiteren Rechner in der Buchhaltungsabteilung angeschlossen werden, der die Einkaufsabteilung unterstützte; dieser wiederum wurde an einen dritten Computer angeschlossen, auf dem die Ingenieure ihr nächstes Produkt entwarfen. Das Netzwerk enthob die Mitarbeiter in verschiedenen Teilen des Unternehmens des Zwangs, ihren eigenen «Abteilungs»-Computer zu haben, während sie gleichzeitig wichtige Daten gemeinsam mit anderen Abteilungen nutzen konnten.

Die Minicomputer im Netzwerk hatten viele Vorteile gegenüber den bisherigen Großrechnerungetümen. Wenn im Großrechnersystem ein Fehler auftrat, verloren alle Abteilungen, die ihn nutzten, den Zugriff. Ein Systemabsturz oder ein anderes Problem konnte leicht im gesamten Unternehmen einen Riesenschaden anrichten, weil alle Abläufe blockiert wurden. Wenn dagegen ein Rechner in einem Digital-Netzwerk ein Problem hatte, konnten die anderen immer noch munter weiterrechnen, und nur die Abteilung mit dem lahmgelegten Computer hatte das Nachsehen. Der betroffenen Abteilung war das natürlich nur ein schwacher Trost, aber das Wohl und Wehe des Gesamtunternehmens war nicht nun nicht mehr von einem einzigen Großrechner abhängig. Oft konnten die Beschäftigten in der betroffenen Abteilung sogar die Rechner der anderen Abteilungen mitnutzen, während ihr eigener Computer repariert wurde. Ein Netzwerk von Digital war daher sicherer und kostengünstiger.

Dann trat der Personalcomputer auf den Plan. Mit seinem eingebauten Mikroprozessor und seinen Kommunikationsfähigkeiten war er das perfekte Vehikel für die Schaffung neuer Computernetzwerke. Durch den Personalcomputer konnten nun noch preisgünstigere Netzwerke mit noch kleineren Bestandteilen eingerichtet werden. Auf diese Weise kam ein viel größerer Anwenderkreis in den Genuß der Vorteile von Netzwerken, wie Digital sie propagiert hatte, und das auch noch zu viel niedrigeren Kosten.

Hier eröffnete sich Digital eine Chance, auf die man, wenn überhaupt, höchstens einmal in einem Jahrzehnt hoffen kann. Digital hätte lediglich die Netzwerksoftware für die Personalcomputer umschreiben müssen, und der schnell wachsende Markt für PC-Netzwerke wäre dem Unternehmen aller Wahrscheinlichkeit nach praktisch zugeflogen. Digital war immerhin anerkannter Führer im Softwaregeschäft für Netzwerke. Andere Hersteller hatten zwar Konkurrenzprodukte, aber keines davon war so flexibel, nützlich, praktisch und zuverlässig wie die Digital-Produkte. Außerdem verfügte Digital über einen Stamm von Hunderttausenden von loyalen Kunden, die nur so herbeigeströmt wären, wenn Digital die neuen PC-Netzwerke angeboten hätte.

Doch Digital stellte sich der Herausforderung nicht. Statt den Personalcomputer zu akzeptieren und die Software umzuschreiben, klammerte sich Digital an seine Minicomputer. Zwar unternahmen die Verantwortlichen einige halbherzige Versuche, die Personalcomputer in die alten Minicomputer-Netzwerke zu integrieren, doch das war nicht das, was die Kunden wollten. Folglich hatte Novell – obwohl Digital zum damaligen Zeitpunkt den Netzwerkmarkt eindeutig dominierte – keine Schwierigkeiten, sich auf dem Markt so fest zu etablieren, daß das Unternehmen heute zwei Drittel des Netzwerkmarktes beherrscht. Digital, der einstige Marktführer, bewegt sich weit abgeschlagen irgendwo im einstelligen Prozentbereich.

Wie konnte Digital, das Unternehmen, das die Netzwerke praktisch erfand, so schnell in die Bedeutungslosigkeit versinken? Bei Licht betrachtet, hatte Digital eine fast klassische Serie grober Fehler begangen. Gleichzeitig konnte Novell auf Kosten des Marktführers wachsen, weil der Newcomer seine Geschäfte aus einer völlig anderen Perspektive heraus betrieb:

- *Geschäftsmodell.* Novell war ursprünglich wie Digital ein Hardwarehersteller gewesen. Novell konzentrierte sich allerdings auf die Software, sobald sich abzeichnete, daß dies ein viel gewinnträchtigeres Geschäftsfeld war, auch wenn dies wesentliche Veränderungen im Geschäftsmodell und im Management von Novell voraussetzte. Digital dagegen hielt an der Hardware fest und orientierte sich am gleichen Geschäftsmodell, auf das man sich schon in den vergangenen 20 Jahren gestützt hatte. Novell hatte eine flexible Kultur, Digital nicht.

- *Produktstrategie.* Obwohl sich der Verkauf der PC-Netzwerke zu Beginn noch sehr schleppend anließ, verharrte Novell in dieser Marktnische, weil die Verantwortlichen von ihrem Wachstumspotential fest überzeugt waren. Die Manager von Digital dagegen blieben bei einem Geschäftsfeld, das sie für den etablierten Netzwerkmarkt hielten. Dadurch wurde die Attraktivität der Digital-Netzwerke für alle diejenigen weiter eingeschränkt, die bereit waren, die proprietären Produkte von Digital zu kaufen. In der Kultur von Novell war man bestrebt, zukunftsträchtige Marktnischen zu suchen; bei Digital dagegen siechte man in einer untergehenden Nische dahin.
- *Vertriebsstrategie.* Digital verkaufte die Mehrzahl der Netzwerke direkt an die Kunden und lieferte ihnen Hardware, Software, Installation und technischen Support nach dem Prinzip «alles aus einer Hand». Novell dagegen konzentrierte sich auf die Software und vertrieb diese über Wiederverkäufer, die eigenständige lokale Firmen waren. Wo Digital versuchte, alle Gewinne in die eigenen Kassen zu leiten, überließ Novell auch den kleineren Partnern ein Gewinnpotential. Diese Art der symbiotischen Beziehung wurde durch die Kultur von Novell gefördert, während bei Digital Außenstehende zunächst einmal als potentielle «Feinde» betrachtet wurden.

Mit anderen Worten: Novell paßte sich an neue Marktbedingungen an, während Digital an den Produkten festhielt, die in der Vergangenheit zum Erfolg geführt, mittlerweile aber ausgedient hatten.

Die mangelnde Anpassungsfähigkeit von Digital war jedoch nicht das Ergebnis einer besonderen Unfähigkeit des Managements, denn immerhin arbeiteten bei Digital die besten Absolventen der führenden Managementfakultäten. Es lag auch ganz gewiß nicht an einem Mangel an technischem Know-how, denn bei Digital wimmelte es von exzellenten Ingenieuren wie etwa David Cutler, der heute bei Microsoft Architekt des Netzwerkbetriebssystems Windows NT ist.

Wenn nun nicht mangelndes Managementwissen und technisches Know-how für die folgenschweren Fehler bei Digital verantwortlich waren, wo lag dann der Knackpunkt? Die Antwort liegt auf der Hand: Digital war in den engen Grenzen einer Unternehmenskultur gefangen, die mit den schnell wachsenden Märkten des Informationszeitalters nicht Schritt halten konnte. Dadurch fehlte dem Management die Fähigkeit, jene klugen Schachzüge zu machen, die der Newcomer Novell so souverän zu beherrschen schien. Digital waren praktisch die Hände gebunden, weil es in der Kultur des Unternehmens undenkbar war, Netzwerke unter neuen Aspekten zu betrachten. Die Kultur von Digital lieferte keinerlei Anknüpfungspunkte für eine Strategie nach dem Vorbild von Novell. Vielmehr begrenzte sie die Alternativen von vornherein auf Strategien, die in der Vergangenheit funktioniert hatten, im Lauf der Zeit aber immer ineffektiver geworden waren. Selbst als die nackten Zahlen eine überdeutliche Sprache sprachen, setzte Digital den eingeschlagenen Weg fort und verfolgte blind die alten Strategien – wie eine Aufziehmaus, die man überdreht hat.

Im Grunde wurde Digital durch das Paradigma Geschäftsleben = Krieg blockiert. In den achtziger Jahren war es keineswegs ungewöhnlich, daß die Manager in ihren Präsentationen mit Bildern von Panzern, Schlachtschiffen und Kampfflugzeugen aufwarteten. Das militärische Vokabular durchdrang das gesamte Unternehmen. Die Manager entwarfen keine Marketingstrategien, sondern sie planten «Feldzüge», und sie gaben ihnen so martialische Namen wie «Rolling Thunder» (benannt nach einer Bombenoffensive im Vietnamkrieg) oder «Top Gun» (nach dem Tom Cruise-Film). Und nicht nur die Manager drückten sich so aus. Auch unter den «Truppen» (Beschäftigte waren immer Truppen) ging es recht kriegerisch zu: Wenn jemand in einem Meeting kritisiert wurde, dann hieß es, er sei «umgenietet», «massakriert» oder «in die Luft gejagt» worden. Auf den Fluren hörte man oft den Gruß: «Na, wie steht die Schlacht?» – und häufig wurde dazu mit den Fingern ein Revolver symbolisiert, mit dem man aufeinander zeigte.

Die militärische Bildersprache, das martialische Vokabular und die eindeutige Gestik waren Erscheinungen an der Oberfläche, die Hinweise auf die internen Prozesse gaben. In Anbetracht der engen Anlehnung an das Paradigma Geschäftsleben = Krieg erschien es unvermeidlich, daß Digital immer bürokratischere und starrere Organisationsstrukturen entwickelte und die Führungskräfte ihr Heil in einer ausgeprägten Weisungskultur suchten.

So geschah es dann auch. Das Management entschied sich in den achtziger Jahren für eine Organisationsstruktur, in der die Mitarbeiter streng nach Fachfunktionen zusammengestellt wurden. Also gab es eine große Entwicklungsabteilung, eine große Marketingabteilung und eine große Vertriebsabteilung, die jeweils für *sämtliche* Produkte und Dienstleistungen von Digital verantwortlich waren. In dieser Struktur hatten die Beschäftigten von Digital natürlich das Gefühl, daß ihre Loyalität in erster Linie ihrem jeweiligen Funktionsbereich gehörte. Produkte auf den Markt zu bringen, war dagegen von sekundärer Bedeutung, weil die Mitarbeiter zu sehr damit beschäftigt waren, die allgegenwärtigen Regeln und Vorschriften zu befolgen. Aber der Gerechtigkeit halber muß auch gesagt werden, daß Digital sich heute, Mitte der neunziger Jahre, von dem Unternehmen der Vergangenheit deutlich unterscheidet. Digital ist bei weitem nicht mehr so monolithisch wie früher, und vieles deutet auf die Bereitschaft hin, mit neuen Methoden und Strategien zu experimentieren.

Novell dagegen verfügte in den entscheidenden Jahren des Konkurrenzkampfs mit Digital über eine Organisationsstruktur, die auf dem Paradigma Geschäftsleben = Ökosystem basierte. Jede Produktgruppe besaß die notwendigen Ressourcen und Entscheidungskompetenzen, um sich auf dem betreffenden Markt zu behaupten. Das Topmanagement versteifte sich nicht auf die Kontrolle der Mitarbeiter, sondern auf die Koordination ihrer Aktivitäten, und es förderte einen höchst fruchtbaren Austausch zwischen den Produktgruppen (siehe Abbildung 2.1). Dadurch waren die Mitarbeiter von Novell wendig und flexibel, und sie konnten Chancen und Marktveränderungen rasch nutzen. Der frühere CEO von Novell, Bob Frankenberg, meinte dazu:

> *Wenn man sich einige der älteren Computerfirmen ansah, die den Übergang nicht vollzogen hatten, dann sprangen einem sofort die gigantischen Hierarchien ins Auge. Das war auch ein großes Problem von Digital. Digital hatte eine funktionale Organisationsstruktur.*

Die gesamte Entwicklung war also in einer Abteilung angesiedelt, das Marketing in einer anderen. Die schnelleren, wendigeren Wettbewerber, die in kleinere Geschäftsbereiche aufgliedert waren und dazu auf die richtigen Kommunikations- und Informationssysteme setzten, konnten Digital leicht überholen.

Y. S. Kim, der das PC-Geschäft von Samsung in Korea leitete und nun CEO von AST Research ist, unterstrich ebenfalls, wie wichtig es ist, Funktionsstrukturen abzuschaffen, in denen die einzelnen Bereiche keine Gewinnverantwortung haben. Y. S. drückte es so aus:

Man muß die Mauern niederreißen, die die Abteilungen voneinander trennen, damit die Leute zusammenarbeiten können. Wenn man den Mitarbeitern Gewinnverantwortung überträgt, können sie großartige Dinge vollbringen. Die Fäden der einzelnen Talente können gebündelt werden, so daß ein dickes Tau entsteht, an dem sich das Unternehmen nach oben zieht.

Abbildung 2.1. Organisationsstrukturen Kriegsschauplatz und Ökosystem

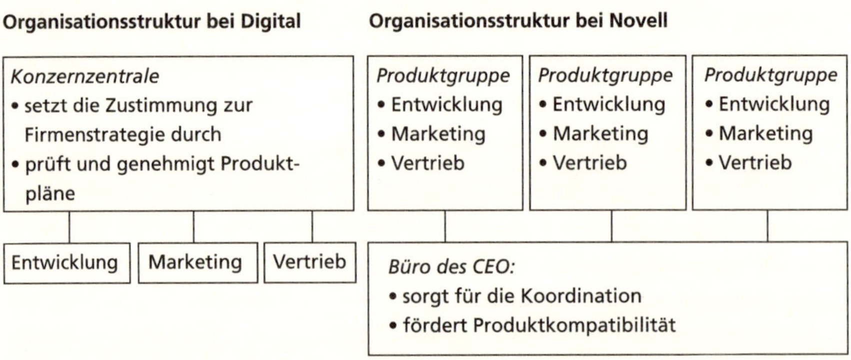

Das Paradigma Geschäftsleben = Ökosystem verlangt nicht nur neue Organisationsstrukturen, sondern es begünstigt auch die Umsetzung von drei wichtigen Unternehmensstrategien. Wenn Sie den Sinn und Zweck dieser Strategien verstehen und wissen, warum sie so effektiv sind, dann haben Sie den ersten wichtigen Schritt getan, um das Paradigma des Ökosystems in Ihre Organisation einzuführen. Es handelt sich um die folgenden Strategien:

- Förderung der Vielfalt
- Entwicklung neuer Produktgenerationen
- Aufbau symbiotischer Beziehungen.

Im folgenden wird beschrieben, wie sich die Digitale Elite diese Strategien zunutze gemacht hat.

Strategie 1: Förderung der Vielfalt

Es wurde schon an früherer Stelle in diesem Kapitel erwähnt, wie der ehemalige CEO von Novell, Bob Frankenberg, die in seinem Unternehmen herrschende Vielfalt beurteilt. Er sieht in den unterschiedlichen Geschäftsfeldern von Novell die Garanten für das zukünftige Überleben der Firma. Die vielfältigen Aktivitäten im Rahmen verschiedener Geschäftsmodelle stärken Novell, wie Bob meint. Die Gefahr, daß das Unternehmen durch Marktveränderungen ins Wanken gebracht wird, kann auf ein Minimum reduziert werden. Außerdem liefern die vielen unterschiedlichen Bereiche immer neue Ideen, die in klingende Münze umgesetzt werden können. Bob erklärte:

> *Ich glaube fest an eine Kombination aus strikten Vorgaben einerseits und Freiräumen andererseits. Einige wenige Dinge werden sehr strikt gehandhabt, aber die Mitarbeiter haben auch große Freiräume in ihrer Arbeit. Zu den festen Vorgaben gehört beispielsweise ein Zielekomplex, auf den wir uns geeinigt haben. Wir einigen uns darauf, was wir in jedem Geschäftsbereich erreichen wollen. Außerdem halten wir es für enorm wichtig, geeignete Kommunikationsmittel einzusetzen, damit die richtigen Leute zur richtigen Zeit die richtigen Informationen haben, um gute Entscheidungen treffen zu können. Wir behandeln unsere Mitarbeiter und Mitarbeiterinnen mit Respekt und wir stellen nur die Besten ein. Von diesen Vorgaben abgesehen, haben wir eine überaus breite Palette von Methoden.*

Die strategische Richtung von Novell wird also an dem «großen Bild» ausgerichtet, das Auskunft darüber gibt, wohin das Unternehmen gehen will. Die Details der Umsetzung, die Geschäftsmodelle und die jeweiligen Methoden dagegen werden von den Mitarbeitern festgelegt, die dafür verantwortlich sind, die Bestandteile des Gesamtplans auszuführen. Auf diese Weise bewahrt Novell die dem Unternehmen innewohnende Vielfalt und bleibt gleichzeitig auf die übergreifenden Ziele konzentriert. So wird die Gefahr gebannt, sich in aussichtslosen oder unrentablen Aktivitäten zu verzetteln.

Wie hoch die Mitglieder der Digitalen Elite das Prinzip der Vielfalt bewerten, zeigt sich auch in ihren Personalentscheidungen. Wer ein Unternehmen der Digitalen Elite besucht, bemerkt sofort, daß die Mitarbeiter und Mitarbeiterinnen zu ganz unterschiedlichen gesellschaftlichen, ethnischen und kulturellen Gruppen gehören. Außerdem sind mehr Frauen in Führungspositionen zu finden als in den meisten traditionellen Unternehmen. Das ist kein Zufall. Es ist auch nicht Ausdruck einer besonderen Form der Nächstenliebe oder eines besonders ausgeprägten sozialen Gewissens. Im Gegenteil: Die Mitglieder der Digitalen Elite beschäftigen absichtlich Mitarbeiter mit völlig unterschiedlichem Hintergrund, weil sie wissen, daß der wichtige Prozeß der Innovation nur so ständig aufrechterhalten werden kann.

Ein Unternehmen, das auf eine beeindruckende Reihe von Innovationen verweisen kann, ist die Lotus Development Corporation. Lotus stieg zu einem der größten Softwareunternehmen der Welt auf, indem es das bekannteste Programm zur Produktivitätssteigerung auf den Markt brachte, das es jemals gab – die Tabellenkalkulation Lotus 1–2–3. Während Lotus heute mit 1–2–3 immer noch viel Geld verdient, wendet das Unternehmen gleichzeitig große Energien für die Entwicklung von Groupware-Produkten wie Lotus Notes auf. Notes ermöglicht es, Dokumente, Dateien, Datenbanken und Anwendungen in einem Netzwerk gemeinsam zu nutzen. Es handelt sich um ein erstaunliches Instrument zur Steigerung der Effektivität, denn mit seiner Hilfe können Projekte durchgeführt werden, selbst wenn die beteiligten Mitarbeiter Tausende von Meilen voneinander entfernt sind. Notes war ein wichtiger Grund dafür, warum IBM jüngst Lotus (im Rahmen einer feindlichen Übernahme) für 3,5 Milliarden Dollar kaufte. Es war der höchste Betrag, der je für ein Softwareunternehmen gezahlt wurde.

Der CEO, der die Geschicke von Lotus im vergangenen Jahrzehnt gelenkt hat, war Jim Manzi. Jim verließ Lotus bald nach der Übernahme durch IBM, aber kaum jemand stellt in Frage, daß er zu denen gehörte, denen das schnelle Wachstum von Lotus in den achtziger Jahren und Anfang der neunziger Jahre zu verdanken war. Mit seiner direkten und unverblümten Art gehört er zu den Menschen, die man entweder sofort mag oder sofort ablehnt. Diejenigen, die ihn mögen, bezeichnen ihn als mitreißende Führungspersönlichkeit, die Lotus den Weg zu neuen Märkten geebnet hat. Diejenigen, die ihn ablehnen, halten ihn für überkritisch und ungeduldig. Unter anderem fragte ich Jim auch, welchen Stellenwert er der Frage der Diversität in einem Unternehmen einräume. Seine Antwort war meiner Meinung nach sehr repräsentativ für die Art und Weise, wie die Digitale Elite dieses wichtige Thema sieht:

> *Mir ist es egal, ob ich mich politisch korrekt verhalte oder nicht, wobei ich dieses Konzept eigentlich ohnehin für eine sehr anrüchige Sache halte. Jedenfalls herrscht bei Lotus die Ansicht vor, daß eine Kultur der Vielfalt – mit Mitarbeitern unterschiedlichster Herkunft und Ausbildung, und insbesondere unterschiedlichster Einstellungen und Fähigkeiten – eine bessere Unternehmenskultur, bessere Produkte und einen besseren Service hervorbringt. Es ist doch besser, wenn ein Problem aus vielen verschiedenen Perspektiven beleuchtet wird, und nicht allein aus der Perspektive weißer Männer, die schablonenhaft dasselbe Alter und denselben kulturellen Hintergrund haben. Eine Kultur der Vielfalt ist eine Bereicherung für alle, und das spiegelt sich auch in den Produkten, die entwickelt werden.*

Man kann sich kaum eine Perspektive vorstellen, die von der eines traditionellen Managers weiter entfernt wäre. In der Vergangenheit konnte die amerikanische Geschäftswelt im allgemeinen nur unter Druck dazu bewegt werden, Minderheiten und Frauen zu akzeptieren. Trotz der Jahre des scheinbaren Fortschritts bleibt die «Glasdecke» eine große Hürde für alle diejenigen, die dem Standard des männlichen Managers weißer Hautfarbe nicht entsprechen.

Die Mitglieder der Digitalen Elite halten diesen Zustand für absurd. Sie brauchen nicht erst mit Quoten und Druckmitteln überzeugt zu werden, Angehörige von Minderheiten einzustellen. Im Gegenteil, sie nehmen sie mit offenen Armen auf. Für die Digitale Elite ist die Frage der Vielfalt aber nicht vorrangig eine Frage der Fairneß oder anderer abstrakter Moralvorstellungen. Sie ist schlicht und einfach eine Überlebensfrage. Die Digitale Elite kann sich jene Uniformität des Denkens gar nicht leisten, die für die traditionellen Unternehmen so typisch ist, weil sie sich damit den Todesstoß auf den heutigen schnellebigen Märkten versetzen würde.

Im Informationszeitalter können nur die diejenigen Unternehmen erfolgreich sein, die kreativ genug sind, um schnell und effektiv aufregende neue Produkte zu entwickeln, innerhalb weniger Monate neue Vertriebswege aufzubauen und den Kunden zu zeigen, wie sie neue Produkte auf neue Weise einsetzen. So wie die widerstandsfähigsten Ökosysteme diejenigen mit der größten Artenvielfalt sind, sind auch die kreativsten Unternehmen diejenigen, in denen die größte Vielfalt von Standpunkten und Fähigkeiten herrscht.

Safi Qureshey, ehemaliger Chairman von AST Research Inc., gehört zur Digitalen Elite und kann dies uneingeschränkt bestätigen. Das Unternehmen wurde 1980 von drei aus Asien stammenden Ingenieuren gegründet, die in einer Garage in Kalifornien eine High-Tech-Beratungsfirma auf die Beine stellten. Heute gehört AST zu den Top Ten der PC-Hersteller weltweit. Safi ist ein dynamischer, ruheloser Mensch und bekannt für die Unermüdlichkeit, mit der er sich rund um die Uhr seinen Geschäften widmet. AST Research Inc. entwickelt und vertreibt Produkte in Niederlassungen auf der ganzen Welt. Safi äußerte sich folgendermaßen zur Frage der Diversität in seinem Konzern:

> *Wenn wir hauptsächlich einen Markt ansprechen würden – etwa Nordamerika – dann wäre es in Ordnung, dies mit einem ganz homogenen Unternehmen zu tun. Aber wir sind in Europa sehr stark, und ebenso im Fernen Osten, vor allem in China und Hong Kong, wo wir mit deutlichem Vorsprung Marktführer sind. Wir sind also in verschiedenen Kulturen und verschiedenen Weltregionen tätig, und weil wir das Talent und die Führungserfahrung haben und die kulturellen Unterschiede verstehen, sind wir auf diesen Märkten eben auch der bessere Partner und der bessere Lieferant. Wir haben demnach kein US-zentriertes Weltbild. Meine eigene Herkunft – ich stamme aus einem Entwicklungsland – macht mich sensibel für die kulturellen Unterschiede. Ob ich in China oder in Australien oder sonstwo sitze – ich kann mich immer in die Leute hineinversetzen, mit denen ich rede.*

Ein weiterer Hinweis auf die Abkehr von der traditionellen Homogenität ist der hohe Anteil von wichtigen Führungspositionen, die mit Frauen besetzt sind. Zwei der wichtigsten Softwareunternehmen der Branche (AutoDesk und Ask Computing) werden von Frauen geführt, oder sie wurden von Frauen gegründet. Es ist ganz normal, daß Frauen in den Unternehmen der Digitalen Elite in Top-Positionen aufsteigen und wichtige Geschäftsbereiche leiten. Außerdem gründen immer mehr Frauen ihre eigenen High-Tech-Firmen.

Ann Winblad gehörte zu den ersten Frauen, die ein Softwareunternehmen gründeten. Sie ist eine fast elfenhafte Erscheinung und war Mentorin für eine ganze Generation von Managern in der Softwarebranche. 1976 war Ann Mitbegründerin von Open System Inc., einem Unternehmen, das mit großem Erfolg Buchhaltungssoftware verkaufte. Mit einer Anfangsinvestition von 500 Dollar baute sie das Unternehmen auf, bis sie es 1983 für 15,1 Millionen Dollar verkaufte. Heute ist Ann Partnerin bei Hummer Winblad Venture Partners, einer Wagniskapitalgeberfirma für Softwareunternehmen mit einem Jahresumsatz von 95 Millionen Dollar, die sie 1989 mit John Hummer gründete. Ann wies darauf hin, daß drei der zwölf Unternehmen, die sie in ihrer neuesten Broschüre vorstellte, von weiblichen CEOs geführt oder von Frauen gegründet wurden. Aber sie betonte:

Die Tatsache, daß es Frauen waren, hatte mit der Entscheidung selbst nichts zu tun. Die Softwarebranche ist eine Meritokratie. Wir unterstützen einfach die Leute mit den besten Ideen.

Genau so sieht es auch der Rest der Digitalen Elite. Sie stellen die besten Leute ein, und die besten Mitarbeiter und Mitarbeiterinnen sind oft die, die neue Perspektiven einbringen.

Um auf Novell zurückzukommen: Novell traf die weise Entscheidung, die Herstellung der Netzwerk-Hardware aufzugeben und sich auf die Software zu konzentrieren, auch wenn das bedeutete, das ganze Unternehmen auf neue Beine zu stellen. Der Grund dafür lag nicht einmal nur darin, daß die Softwareentwicklung weniger Kostenaufwand erforderte und höhere Gewinne versprach. Die Software von Novell konnte nämlich auf den PCs der unterschiedlichsten Hardwarehersteller eingesetzt werden. Als die Kosten für die Hardware fielen, entstand eine riesige Nachfrage nach Softwareprogrammen für die neue Technik. Das Management von Novell war perfekt positioniert, um diese Chance zu nutzen und die Wende zur Softwareentwicklung zu vollziehen, weil die einzelnen Führungskräfte unterschiedlichste Sichtweisen aus den verschiedenen Unternehmensbereichen einbringen konnten. Novell hatte von Beginn an eine Kultur der Vielfalt gepflegt, und das zahlte sich nun aus.

Dagegen klammerten sich die Manager von Digital an ihr bekanntes und bewährtes Geschäftsmodell. Die meisten Manager von Digital waren dafür ausgebildet worden, Hardware zu entwickeln, herzustellen und zu verkaufen. Dem Management fehlte daher die Vielfalt an Meinungen und Erfahrungen, die es ihm ermöglicht hätten, die Zeichen der Zeit zu erkennen und mit neuen Methoden zu experimentieren. Durch seine Kultur wurde Digital in eine immer stärkere Reglementierung getrieben und dem militärischen Vorbild immer ähnlicher, das der Geschäftsführung letztlich auch zugrundelag.

So kompetent und fähig die Führungskräfte von Digital auch sein mochten, waren sie doch letztlich alle aus demselben Holz geschnitzt. Novell dagegen sah dank des flexibleren Paradigmas Geschäftsleben = Ökosystem auf eine Tradition der Diversität zurück. Diese erwies sich als unschätzbarer Vorteil, als das Geschäftsmodell verändert werden mußte, weil sich neue Chancen auftaten.

Bei der optimalen Nutzung von Chancen spielt noch ein weiterer Faktor eine wichtige Rolle: Man muß das richtige Produkt zur richtigen Zeit haben. Um dies zu gewährleisten, verwendet die Digitale Elite eine weitere typische Strategie. Mit ihrer Hilfe werden neue Produktgenerationen genau dann auf den Markt gebracht, wenn die Zeit dafür reif ist.

Strategie 2: Entwicklung neuer Produktgenerationen

In einem Ökosystem sichern die einzelnen Arten ihren Fortbestand durch die Fortpflanzung. Jede Generation bringt die nächste hervor und sorgt so dafür, daß die Art nicht ausstirbt. In einem kontinuierlichen Zyklus entstehen und vergehen die Generationen. Die Mitglieder der Digitalen Elite betrachten den Lebenszyklus ihrer Produkte auf ganz ähnliche Weise. Sie geben ihren Produkten von vornherein nur eine relativ kurze Lebenszeit, weil sie glauben, daß auch der erfolgreichste Kassenschlager unausweichlich durch das Produkt der nächsten Generation ersetzt werden muß.

Carol Bartz ist CEO von AutoDesk, einer sehr erfolgreichen kalifornischen Softwarefirma, die das weltweit bekannteste CAD-Programmpaket vertreibt. Als Chefin einer der größten PC-Software-Firmen der Welt ist Carol unbestritten die mächtigste Frau in der Computerbranche. Sie ist als Führungspersönlichkeit auch in der Öffentlichkeit anerkannt und stellt für viele Frauen in der Computerbranche ein Rollenmodell dar. Carol erläuterte den so wichtigen Begriff der Produktgenerationen im High-Tech-Bereich:

Man darf keine Angst davor haben, die aktuellen Produkte veralten zu lassen. Im Gegenteil: Man muß alles tun, um erfolgreiche Produkte für veraltet zu erklären, kaum, daß sie sich halbwegs durchgesetzt haben. Wenn man beispielsweise im Hardwaregeschäft ein Produkt einführt, muß man schon die preisreduzierte Version in der Schublade haben. Wenn Sie es nicht tun, wird Ihr Konkurrent es schon längst getan haben, bis Sie endlich die kostenreduzierte Version auf den Markt bringen! Die modernen Technologien sind so allgegenwärtig, daß kein Unternehmen sie alleine kontrollieren könnte. Sie können die Richtung der Entwicklung nicht bestimmen und deshalb auch Ihre Zukunft nicht kontrollieren. Diesen Wunsch können Sie getrost begraben. Statt dessen müssen Sie im Bewußtsein auf den Markt gehen, daß die technologischen Fortschritte anderer Unternehmen Ihnen den Weg vorgeben.

Die Digitale Elite weiß, daß ihre Produkte zwangsläufig ersetzt werden, entweder durch ein eigenes Produkt oder durch ein Konkurrenzprodukt. Außerdem weiß sie, daß das neue Produkt sich ganz erheblich vom alten Produkt unterscheiden kann. Vielleicht basiert es auf einer völlig anderen Technologie, oder es wird auf ganz neue Weise verkauft und vermarktet. Wenn die Digitale Elite erkennt, daß ein Markt sich verändert, scheut sie nicht davor zurück, die alten Produkte zugunsten von Neuentwicklungen zu «opfern». Im Gegenteil: Oft werden Produkte schon ersetzt, lange bevor der Markt eine neue Generation verlangt.

Diese Einstellung unterscheidet sich grundlegend von der Haltung der traditionellen Computerhersteller. Diesen stehen, wie vielen anderen Unternehmen auch, die Haare zu Berge bei dem Gedanken, ein noch rentables Produkt zugunsten einer Neuentwicklung aufzugeben. Auch Digital beging diesen Fehler in den achtziger Jahren. Digital war weit mehr damit beschäftigt, das schon eroberte Terrain zu schützen, als neue Geschäftsfelder zu erschließen – und schon gar nicht solche, die die aktuellen Einnahmequellen bedrohen konnten.

In den achtziger Jahren erkannte praktisch jeder, der etwas mit der Computerbranche zu tun hatte, daß der Personalcomputer irgendwann einmal in der Lage sein würde, die Aufgaben der Minicomputer und Großrechner zu übernehmen. Der Personalcomputer stellte eine neue Rechnergeneration dar. Novell hatte dies begriffen und daraus die Konsequenz gezogen, sich auf die Entwicklung von Netzwerken für diese neue Computergeneration zu konzentrieren.

Strategie 3: Aufbau symbiotischer Beziehungen

Die Symbiose ist ein Konzept, das die Digitale Elite aus der Ökologie entliehen hat. Es handelt sich um einen Prozeß, bei dem zwei oder mehr Organismen verschiedener Arten kooperieren, um ihre Überlebenschancen zu steigern. In einem Ökosystem entwickeln sich symbiotische Beziehungen häufig zwischen Arten, die normalerweise Feinde sein könnten. So gibt es in Florida Vogelarten, die im offenen Maul von Alligatoren nach Futter suchen. Die Alligatoren bekommen auf diese Weise ihre Zähne gereinigt und die Vögel erhalten eine Gratismahlzeit. Die beiden leben in einer Symbiose zum beiderseitigen Vorteil.

Die meisten traditionellen Organisationen betrachten ihre Geschäftsbeziehungen als Nullsummenspiel, bei dem es nur Gewinner und Verlierer gibt – so wie auch auf einem Schlachtfeld. Das Konzept der Gegenseitigkeit oder Symbiose wird nie auch nur in Betracht gezogen. Aus diesem Grund versuchen so viele traditionelle Unternehmen, jedes Gewinnpotential selbst auszuschöpfen. Das Motto der Manager des Industriezeitalters lautet: «Man darf niemals Geld auf dem Tisch liegenlassen.» In diesem Spiel gewinnt immer derjenige, der die höchsten Gewinne macht. Diese Einstellung schließt aber eine Zusammenarbeit zum beiderseitigen Nutzen aus, weil jeder Vorteil des einen Unternehmens per definitionem auf Kosten des anderen geht.

Das Konzept der Symbiose dagegen ermöglicht viel komplexere Beziehungen. Zu den wichtigsten Gründen für den Erfolg von Novell im Netzwerkgeschäft gehörte, daß die Firma symbiotische Beziehungen zu kleinen unabhängigen Händlern entwickelte, die die Software von Novell verkauften und installierten. So konnte sich Novell auf den Bereich konzentrieren, in dem seine größte Stärke lag – auf die Softwareentwicklung. Die unabhängigen Händler konzentrierten sich ebenfalls auf ihre Stärke – nämlich in enger Nähe zum Kunden die Dienstleistungen zu erbringen, die für ein reibungsloses Funktionieren der Netzwerke erforderlich waren. Novell und die unabhängigen Händler entwickelten eine Symbiose, die für beide Seiten lohnend ist.

Die Digitale Elite sucht immer nach symbiotischen Beziehungen, von denen beide Seiten profitieren. Diese Einstellung durchdringt ihre geschäftlichen Aktivitäten, ihr Verhalten gegenüber den Mitarbeitern und in gewissem Ausmaß sogar ihre Haltung gebenüber ihren Konkurrenten. Die Unternehmen der Digitalen Elite halten es oft für sinnvoll, mit denselben Firmen Partnerschaften einzugehen *und zu konkurrieren*. Dieses Phänomen hat sich so ausgebreitet, daß ein neues Wort dafür geprägt wurde: *Co-opetition*.

Das folgende Beispiel soll illustrieren, was damit gemeint ist. Microsoft verkauft das weit verbreitete Betriebssystem Windows, das auf IBM-kompatiblen Rechnern läuft. Der Hauptkonkurrent für die Kombination aus Windows und dem IBM-kompatiblen PC ist der Macintosh von Apple. Apple und Microsoft wetteifern in einem seit Jahren andauernden Konkurrenzkampf um Marktanteile. Aber Apple und Microsoft sind nicht nur Konkurrenten, sondern auch Geschäftspartner. Wie das? Microsoft verkauft die am häufigsten eingesetzten Textverarbeitungs- und Tabellenkalkulationsprogramme für den Macintosh. Ohne Microsoft würden folglich weniger Menschen einen Macintosh kaufen; und ohne Apple würde Microsoft einen Teil des höchst rentablen Anwendungssoftwaregeschäfts verlieren. Die beiden Firmen betreiben *Co-opetition* – sie konkurrieren in einem Bereich und arbeiten in einem anderen zusammen. Dies wäre unmöglich, wenn Microsoft und Apple einander als unerbittliche Feinde betrachten würden. Die Führungskräfte von

Apple und Microsoft können es sich jedoch gar nicht leisten, aus einer engen, militaristischen Sichtweise heraus zu handeln. Das Paradigma Geschäftsleben = Ökosystem ermöglicht ihnen statt dessen eine enorme Flexibilität.

Die Unternehmen der Digitalen Elite sind nicht von der Idee besessen, die Konkurrenz zu zerstören. Ihre Motivation läßt sich positiv ausdrücken: Sie möchten Wachstum erzielen und ihre Marktanteile steigern. Manchmal arbeiten sie sogar mit Unternehmen auf demselben Markt zusammen, um den Markt «anzuheizen» – damit *jeder* Geld verdienen kann.

Sally Narodick, ehemalige CEO von Edmark, einem Unternehmen in Seattle, das Lernsoftware für Kinder entwickelt, kann dies bestätigen. Das Unternehmen hat eine klare Mission. Dem vierseitigen Personalhandbuch zufolge lautet das Unternehmensziel, «qualitativ hochwertige Lernprodukte zu entwickeln, mit denen die Kinder ihr Potential entfalten können, indem die technologischen Möglichkeiten mit bewährtem pädagogischem Inhalt und Lehrformen kombiniert werden.» Sally gab eine einflußreiche Position in einer Bank auf, um ihren Traum zu verwirklichen und ein Softwareunternehmen zu gründen. Die ökologische Denkweise – sowie ein deutlicher Hang zum Spielerischen – waren unverkennbar, als Sally beschrieb, wie sie ihre Geschäfte betreibt:

> *Wir spielen ein Ballspiel, und im Augenblick befinden wir uns in einer Phase des schnellen Wachstums. Das Spiel funktioniert so: Wir bringen extrem gute Leistungen, sind allen anderen mit großem Abstand voraus, und wir feiern unsere Erfolge dann auch gebührend. Zu unserem Spiel gehört es auch, eine ganz andere Nische als unsere Konkurrenten zu finden und unsere Produkte ganz anders zu positionieren.*

Sally verwendete das Paradigma des Ökosystems, um eine Nische zu beschreiben, in der ihre Firma wachsen und gedeihen konnte, und sie befreite sich auf diese Weise von den Fesseln des Sieger-Verlierer-Denkens.

Die Digitale Elite verwendet das Paradigma des Ökosystems als Grundlage für symbiotische Beziehungen, um die Position ihrer Unternehmen zu stärken und die Nachfrage nach innovativen Produkten zu steigern. Verwundert es da noch, wenn es der Digitalen Elite so leichtfällt, die überreglementierten Kolosse der Vergangenheit auszumanövrieren, zu überholen und ihnen Marktanteile abzunehmen?

Die Digitale Elite gewinnt durch das Paradigma des Ökosystems wertvolle Einblicke in die wirklich entscheidenden Mechanismen im Informationszeitalter. Unternehmen, die für dieses Paradigma offen sind, können leichter flexibel bleiben, neue Geschäftsfelder entwickeln und positive Geschäftsbeziehungen aufbauen. Firmen, die im Paradigma Geschäftsleben = Krieg gefangen sind, halten zwangsläufig auch an Strategien fest, die den langsamen Marktzyklen des Industriezeitalters angemessen waren. Dieser Unterschied wird in Abbildung 2.2 illustriert.

Abbildung 2.2.
Unterschiedliche Unternehmenskulturen begünstigen unterschiedliche Geschäftsstrategien

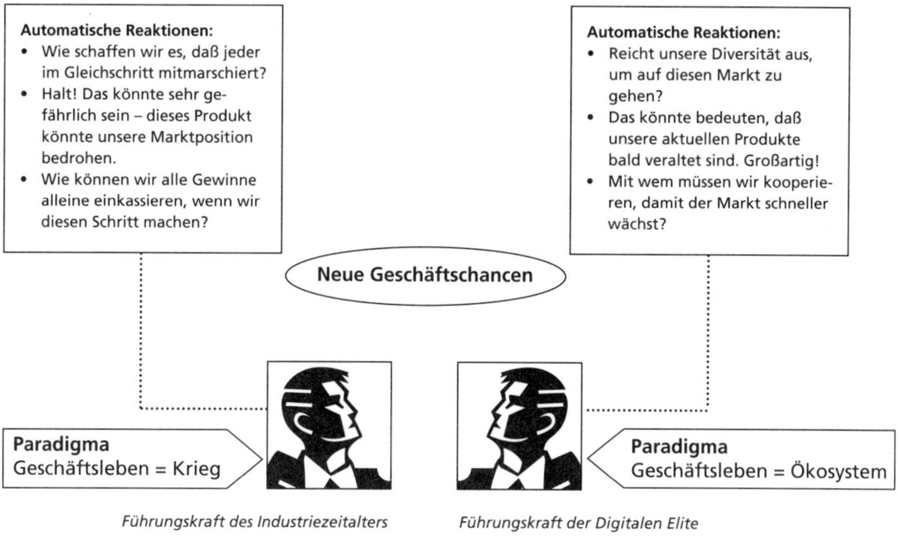

Denkanstöße

Denken Sie vor dem Hintergrund von Abbildung 2.2 über folgende Fragen nach, um die bisherigen Ausführungen auf Ihre individuelle Situation zu übertragen. Einige Fragen sind absichtlich als frei beantwortbare Fragen formuliert. Dies soll Sie dazu anregen, sich die Aufgaben vorzustellen, die Ihr Unternehmen in den kommenden aufregenden Jahren vermutlich bewältigen muß.

- Wird in Ihrem Unternehmen eine harte Machosprache gesprochen, die auf militärische Denkweisen hindeutet? Welches sind die Konsequenzen solcher Denkweisen? Haben sie sich als Hilfe oder als Hindernis auf Ihren aktuellen Märkten erwiesen?
- Herrscht im Topmanagement Ihres Unternehmens eine bunte Vielfalt unterschiedlicher Menschen und Perspektiven? Wie sieht es auf den anderen Führungsebenen aus? Braucht Ihr Unternehmen «frisches Blut» – und wenn ja, welcher Art –, um vielfältiger und damit anpassungsfähiger zu werden? Und wie könnten Sie solche Veränderungen ermöglichen?
- Wie würde Ihr Unternehmen reagieren, wenn Ihre aktuellen Produkte oder Dienstleistungen mit einem Schlag veraltet wären, weil es eine neue Technologie gibt? Wäre es in der Lage, neue Märkte zu erschließen? Wäre es bereit, die eigenen Produkte oder Dienstleistungen für überholt zu erklären?
- Welche Partner hat Ihr Unternehmen? Wer profitiert davon, wenn Ihre Geschäfte gutgehen, und umgekehrt? Versucht Ihr Unternehmen, alle Aktivitäten selbst durchzuführen? Könnten Sie mehr Geld verdienen, wenn Sie symbiotische Beziehungen mit Ihren Kunden aufbauen würden? Oder gar mit Ihren Wettbewerbern?

3 Das Unternehmen als Gemeinschaft

Es ist weithin bekannt, daß Hunderte von Mitarbeitern und Mitarbeiterinnen bei Microsoft Millionäre geworden sind. Weniger bekannt ist, daß viele dieser Millionäre auch weiterhin bei Microsoft arbeiten, obwohl sie finanziell völlig unabhängig geworden sind. Wenn Sie zu den Menschen gehören, die sagen: «Wenn ich im Lotto gewinne, schmeiße ich als erstes meinen Job hin», dann können Sie das wahrscheinlich nicht nachvollziehen. Für die meisten Menschen wäre plötzlicher Reichtum sicherlich ein Anlaß, ihre Arbeit aufzugeben. Aber offensichtlich sehen das einige Microsoft-Millionäre ganz anders.

Das Phänomen des bis auf die Knochen loyalen Microsoft-Mitarbeiters ist noch viel erstaunlicher, wenn man bedenkt, daß die Arbeitsbedingungen bei Microsoft alles andere als leicht sind. Eine 60-Stunden-Woche ist keine Seltenheit, und wenn eine wichtige Produkteinführung bevorsteht, bewegt sich die wöchentliche Arbeitszeit leicht im dreistelligen Bereich. Microsoft bezahlt auch nicht gerade großzügige Gehälter – im Gegenteil, das Unternehmen gilt als notorisch geizig. Der Chairman Bill Gates fuhr jahrelang eigenhändig zum Flughafen und flog zweiter Klasse, wie ein ehemaliger Vice President erzählte.

Was sollte also einen Haufen Millionäre (und ein, zwei Milliardäre) dazu veranlassen, so schwer zu arbeiten, obwohl sie es finanziell nicht nötig hätten? Die Antwort ist einfach: Was diese Mitarbeiter und Mitarbeiterinnen motiviert, ist der Gemeinschaftssinn – das Gefühl, zu einer Sache beizutragen, die von übergeordneter Bedeutung ist. Bei Microsoft herrscht ein sehr tief verwurzeltes Gemeinschaftsgefühl. Die Mitarbeiter und Mitarbeiterinnen haben das Gefühl, zu einem ganz besonderen Unternehmen zu gehören. Bill Gates sagte über die Kultur in seinem Konzern:

> *Unsere Unternehmenskultur begünstigt ein Klima, in dem kreatives Denken gefördert wird. So können die Mitarbeiter ihr Potential voll entfalten. Microsoft ist so organisiert, daß wir einerseits von den immensen Ressourcen eines Großunternehmens profitieren, uns aber andererseits die Dynamik kleiner Gruppen und kleiner Unternehmen bewahrt haben, in denen jeder einzelne etwas bewegen kann. Viele Mitarbeiter haben gute Ideen, und Microsoft sorgt dafür, daß sie verwirklicht werden. Unsere Strategie ist es immer gewesen, starke, kreative Mitarbeiter einzustellen und sie dann mit reichlich Verantwortung und Ressourcen auszustatten, damit sie ihre Arbeit tun können.*

Dieses Gemeinschaftsgefühl gibt es nicht nur bei Microsoft. Auch die anderen Unternehmen der Digitalen Elite tun sehr viel dafür, um ein ähnliches Zusammengehörigkeitsgefühl zu schaffen, durch das die Erfahrungen am Arbeitsplatz vertieft und bereichert werden. Ein überzeugter Befürworter des Paradigmas Unternehmen = Gemeinschaft ist Frank Ingari, CEO von Shiva. Ich fragte ihn, wie Firmen wie Shiva es schaffen, die Loyalität ihrer Mitarbeiter und Mitarbeiterinnen zu gewinnen. Frank sagte mir:

> *Um ein Produkt zu schaffen, muß man in der Gruppe zusammenarbeiten, und dies wiederum berührt ein Bedürfnis, das tief in der menschlichen Psyche verwurzelt ist. Es könnte etwas mit dem Auseinanderfallen der Familien zu tun haben. Heute ist man nicht mehr so sehr mit Familie und Gemeinde verbunden, wie das früher einmal war. Wir sind keine Pioniere mehr, die gemeinsam neues Land erschließen, und auch keine Bauern, die ihre Kinder gemeinsam auf den Feldern Siziliens aufziehen. All das haben wir nicht mehr. Wenn wir überhaupt noch in einer Familie leben, dann ist es meist eine Kernfamilie. Weil wir so alleine sind, steckt tief in uns das Verlangen, Erfahrungen zu machen, die man nur in einer Gemeinschaft erleben kann.*

Der Wunsch, zu einem Ganzen zu gehören, das die eigenen Grenzen übersteigt, ist in jedem Menschen inhärent angelegt. Am leichtesten erfüllt sich dieser Wunsch, wenn man sich mit Menschen zusammenschließt, die die eigenen Interessen teilen. Dies aber erweist sich in der heutigen fragmentierten Welt, in der viele Familien oft umziehen müssen, immer schwieriger. Weil die Mobilität in unserer Gesellschaft die Bindungen an einen Ort schwächt, ist es nur natürlich, daß die Menschen versuchen, dieses wichtige menschliche Bedürfnis am Arbeitsplatz zu befriedigen.

Nach meinem Gespräch mit Frank war ich allerdings etwas beunruhigt. Ich fragte mich, ob die Digitale Elite etwa die zunehmende Vereinsamung der Menschen geschickt ausnutzte, um ihre Mitarbeiter und Mitarbeiterinnen zu härterer Arbeit anzutreiben. Aber Frank sah das ganz anders: Er hält es für eine enorme Verbesserung gegenüber den inhumanen Arbeitsbedingungen des Industriezeitalters, wenn das menschliche Bedürfnis nach Zugehörigkeit am Arbeitsplatz befriedigt werden kann. Er erklärte:

Wir geben den Mitarbeitern und Mitarbeiterinnen die Gelegenheit, die positiven Seiten der Zusammenarbeit zu erfahren. Ich glaube aufrichtig daran, daß es in einem Unternehmen Vertrauen, Vielfalt und persönliche Freiräume geben muß, und ich weiß, wann man sich zurücknehmen und wann man die Dinge forcieren muß. Diese Fragen sind wirklich wichtig im Leben. Immerhin verbringen wir mit unseren Kollegen und Kolleginnen mehr Zeit als mit unseren Partnern und Partnerinnen.

Für Frank ist das Paradigma Unternehmen = Gemeinschaft eine Frage der *Befriedigung,* nicht aber der *Ausbeutung* eines menschlichen Grundbedürfnisses. Die Digitale Elite möchte, daß ihre Beschäftigten nicht nur aus wirtschaftlicher Notwendigkeit arbeiten, sondern daß sie noch andere Motive haben. Sie möchte, daß sie ihre Arbeit gerne tun.

Aber ich möchte keine Mißverständnisse aufkommen lassen: Die Digitale Elite fördert diesen Gemeinschaftssinn nicht aus einem puren Akt der Nächstenliebe heraus. Vielmehr hat sie sehr praktische Gründe dafür. Der scharfe Wettbewerb im Informationszeitalter verlangt, daß die Beschäftigten sehr viel Zeit am Arbeitsplatz verbringen. Sie würden sich längst nicht so engagieren, wenn die Arbeit ihnen keinen Spaß machen würde, und wenn sie keine persönliche und berufliche Befriedigung daraus ziehen würden. Wichtig ist, daß sie das Gefühl haben, in der Gesellschaft von Menschen zu sein, denen sie vertrauen können und die dieselben Ziele verfolgen. Mit anderen Worten: Dauerhafte Produktivität ist schwierig zu erreichen, wenn die Mitarbeiter und Mitarbeiterinnen nicht das Gefühl haben, Teil einer Gemeinschaft zu sein.

Aber nur wenige Unternehmen können als eine Gemeinschaft bezeichnet werden. Statt dessen sehen viele Menschen – Führungskräfte und

Mitarbeiter gleichermaßen – ihre Unternehmen eher als gigantische Maschinen. Das Paradigma Unternehmen = Maschine hat allerdings schwerwiegende Folgen.

Das traditionelle Paradigma: Unternehmen = Maschine

James Champy geht in seinem 1995 erschienenen Buch *Reengineering im Management* auf die Gründe für die mangelnde Wettbewerbsfähigkeit vieler Unternehmen ein. Er sieht einen der Hauptgründe für ihr Scheitern darin, daß das «moderne Führungsdenken» auf einem Konzept basiere, das Unternehmen mit Maschinen gleichsetze. Champy weist darauf hin, daß diese Sichtweise infolge der veränderten wirtschaftlichen Bedingungen längst zu einem Anachronismus geworden sei. Die typischen Merkmale dieses Konzepts, wie etwa die Zentralisierung der Macht, stellen mittlerweile ein sicheres Rezept für den Mißerfolg dar.

Trotzdem ist das Paradigma Unternehmen = Maschine immer noch sehr verbreitet. Achten Sie einmal darauf, wie Führungskräfte über Unternehmen reden und wie viele Wirtschaftsautoren darüber schreiben. Da heißt es, daß ein erfolgreiches Unternehmen «auf vollen Touren» oder wie eine «gut geölte Maschine» laufe. Oder es wird gelobt, daß es «sauber funktioniere», «effizient» laufe und «gut in Schuß» sei. Wenn Sie diese oder viele andere ähnliche Beschreibungen hören, dann wissen Sie, daß Sie es mit dem Paradigma Unternehmen = Maschine zu tun haben.

Dieses Paradigma unterstellt, daß Firmen ihre Leistungen verbessern können, indem sie einfach ihre Prozesse «überholen» – so wie man den Mechanismus einer komplizierten Maschine überholt. Bezeichnenderweise errichtet manchmal schon der Begriff «Reengineering», der ja aus dem Ingenieurswesen stammt, eine geistige Blockade vor jedem Veränderungsversuch. Maschinen sind nun einmal von Natur aus starr. Eine gute Maschine ist zuverlässig und funktioniert planmäßig und reibungslos. Maschinen entwickeln sich nicht von alleine weiter und verändern sich nicht – außer wenn sie nicht gewartet werden und rosten. Eine Maschine ist höchstens nach einer Umrüstung in der Lage, neue Aufgaben zu erfüllen, aber dies ist meist ein langes und kostspieliges Unterfangen.

Wenn man sich ein Unternehmen als Maschine vorstellt, dann sind Veränderungen folglich unerwünscht. Sie haben ungefähr dieselben Folgen wie die eines Bohrhammers, mit dem auf eine Dampfmaschine eingeschlagen wird. Aus den Einzelteilen kann kaum noch etwas Nützliches entstehen. Anders ausgedrückt: Für den am Maschinenparadigma orientierten Manager bedeutet der Unternehmenswandel immer, daß er etwas Funktionierendes aufgeben und mit Neuem experimentieren muß. Wie viele Veränderungsinitiativen wurden schon mit dem Standardsatz zu Fall gebracht: «Warum an etwas rühren, das noch funktioniert?» Dies mag ein guter Ratschlag für einen Automechaniker sein, aber es dürfte kaum die beste Methode für Unternehmen darstellen, sich an neue Marktbedingungen anzupassen.

Maschinen müssen außerdem «gesteuert» werden. Das Paradigma Unternehmen = Maschine braucht Manager, die an den Schaltpulten im Kontrollzentrum stehen. Allerdings fällt es ihnen in dieser Rolle fast zwangsläufig sehr schwer, ihren Mitarbeitern Freiräume zuzugestehen. Gleichzeitig fühlen sie sich auch selbst oft machtlos. Der CEO von Xerox vertraute einem Freund von mir einmal an:

> *Ich komme mir vor wie der Kapitän eines Flugzeugträgers. Ich drehe das Rad und versuche, das Schiff in eine neue Richtung zu lenken, aber ich habe keine Ahnung, ob meine Befehle ausgeführt werden oder nicht.*

Manager, die so denken, können ein Unternehmen nicht führen, weil sie viel zu beschäftigt damit sind, es zu *steuern* und zu *kontrollieren.*

Doch zu den schlimmsten Auswirkungen des Maschinenparadigmas gehört die Art und Weise, wie die Mitarbeiter und Mitarbeiterinnen behandelt werden – nämlich inhuman. Niemand ist wirklich wichtig, weil jeder ersetzbar ist. Wichtig sind nur das «System» und die Maschine. Natürlich kommt in einem solchen Umfeld kein Manager auf die Idee, kreatives Denken zu fördern oder unterschiedlichen Einstellungen etwas Positives abzugewinnen.

Mitarbeiter und Mitarbeiterinnen, die das Gefühl haben, nur die Rädchen im Getriebe einer Maschine zu sein, werden sich bestimmt nicht übermäßig anstrengen, um dem Unternehmen bei der Erreichung seiner

Ziele zu helfen. Schlimmstenfalls könnten sie der Versuchung nachgeben, sich für die inhumane Behandlung zu rächen. Wenn die Beschäftigten letztlich nur die Rolle namenloser Roboter zugewiesen bekommen, dann verlieren sie jede Energie und Eigeninitiative. Sie tun nur das Nötigste, um nicht entlassen zu werden.

In den Unternehmen der Digitalen Elite sieht es dagegen ganz anders aus. Ihre Führungskräfte sehen sich als Betreuer einer Gemeinschaft und nicht als Bediener der Unternehmensmaschine. Schon alleine deshalb gelingt es ihnen besser, ihre Beschäftigten für die übergeordneten Ziele des Unternehmens zu mobilisieren. In Tabelle 3.1 sind die Unterschiede zwischen den beiden Paradigmen dargestellt.

Tabelle 3.1. Paradigmenvergleich

Unternehmen = Maschine	**Unternehmen = Gemeinschaft**
Unmenschlichkeit. Das System ist wichtiger als der einzelne. Beschäftigte sind nur kleine Rädchen im Getriebe der Unternehmensmaschine.	*Menschlichkeit.* Der einzelne ist wichtiger als das System. Die Beschäftigten sind der Motor, der Gewinne erst ermöglicht.
Eliminierung der Arbeitskräfte. Das perfekte Unternehmen besteht aus einem Chef, der die Knöpfe in einer Fabrik betätigt, in der es nur noch Maschinen gibt.	*Karriereentwicklung.* Weiterbildungsmaßnahmen erhöhen den Wert der Gemeinschaft auf den Märkten.
Entfremdung. Die Beschäftigten fühlen sich den Unternehmenszielen nicht verpflichtet und tun deshalb nur das Nötigste.	*Bindung.* Die Beschäftigten entwickeln eine tiefe Loyalität gegenüber den Unternehmenszielen und arbeiten mit überdurchschnittlichem Einsatz daran, sie zu verwirklichen.

Die Bedeutung des Paradigmas Unternehmen = Gemeinschaft soll durch eine Fallstudie illustriert werden, die auf klassische Weise verdeutlicht, welche immensen Veränderungen in der Computerindustrie stattfanden. Es ist die Geschichte von David gegen Goliath und ein Beispiel dafür, wie es einem Greenhorn vom College gelang, ein millionenschweres Unternehmen aufzubauen, das den größten und angesehensten Konzernen der Welt wichtige Marktanteile abnahm. Es ist auch eine Geschichte darüber, wie eine Gemeinschaft eine Maschine besiegen kann, wenn die Beschäftigten sich mit all ihrer Kraft für die übergeordneten Unternehmensziele einsetzen.

Fallstudie: IBM und Dell konkurrieren im PC-Markt

In den Jahren, als die ersten Mikroprozessor auf den Markt kamen, war Michael Dell ein Teenager in Austin, Texas. Michael interessierte sich für die neuen Prozessoren und glaubte, daß hier eine Geschäftschance liegen könnte. Trotzdem war seine Idee nicht ausgereift genug, um ihn vom Studium eines Fachs abzuhalten, das wenig mit Computern oder Technik zu tun hatte.

Während sich Michael Dell mit den Seminaren des ersten Studienjahres beschäftigte, gründete IBM in Boca Raton in Florida einen neuen Geschäftsbereich. Er wurde einzig und alleine zu dem Zweck ins Leben gerufen, den IBM-PC zu entwickeln, der es zu einiger Berühmtheit bringen sollte.

Die PC-Division von IBM war keineswegs ein für IBM typischer Geschäftsbereich. Es wimmelte von Ingenieuren, während nur einige versprengte Führungskräfte darin zu finden waren, die die Zentrale auf dem laufenden hielten. Es war auch kein Zufall, daß die PC-Division in Boca Raton angesiedelt wurde. Die Manager der neuen Division wußten, daß sie von den Bürokraten und der «Qualitätspolizei» so weit wie möglich entfernt sein mußten, wenn sie in Rekordzeit ein Produkt entwickeln wollten.

Der IBM-PC war auch kein typisches IBM-Produkt. Die Großrechner von IBM wurden aus Hardware- und Softwarebestandteilen zusammengebaut, die von IBM selbst entwickelt worden waren. Das Proprietätsprinzip, das bei den Großrechnern und Minicomputern von IBM heilig gewesen war, bedeutete, daß die Konkurrenz die IBM-Produkte nicht nachbauen konnte. Dies war zum Zeitpunkt ihrer Entwicklung durchaus sinnvoll, weil die Kunden so an die Ausrüstung von IBM – und zwar *nur* von IBM – gebunden wurden.

Der PC dagegen wurde aus Einzelteilen zusammengebaut, die von Fremdherstellern geliefert wurden. Der Prozessor – die CPU, also das Gehirn des Computers – stammte von einer weithin unbekannten Firma namens Intel. Das Betriebssystem – die Software, die der CPU die Anweisungen erteilt – stammte von einer Hinterhof-Firma namens Microsoft. Diese «Offenheit» bedeutete, daß der IBM-PC, im Gegensatz zu den bisherigen IBM-Produkten, von anderen Herstellern geklont werden konnte. Nichts hätte damals Sie oder mich daran hindern können, in der Garage einen IBM-PC nachzubauen, und das merkten bald auch einige zukünftige Multimillionäre.

Aber es war nicht nur praktisch, den IBM-PC aus den Teilen von Zulieferern zusammenzubauen, weil so der Entwicklungsprozeß beschleunigt wurde, sondern es war auch aus geschäftlicher Sicht sinnvoll. Auch wenn die Konkurrenz den IBM-PC nachbauen konnte, so setzte IBM doch den Standard. In der Tat besaß IBM eine günstige Marktposition, als die Nachfrage nach PCs ins Rollen kam. Natürlich hatte IBM keine Chance, den PC-Markt so zu dominieren, wie es den Markt für Großrechner beherrscht hatte. Aber wenn IBM keinen «offenen» Rechner mit Bestandteilen anderer Hersteller gebaut hätte, hätten sämtliche Teile im Konzern selbst entwickelt werden müssen. IBM verfügte jedoch nicht über die notwendige Zeit, weil sich dann Apple oder ein anderer Konkurrent in aller Ruhe einen so großen Marktanteil gesichert hätte, daß IBM auf dem PC-Markt keine Chance mehr gehabt hätte.

Schließlich eroberte eine riesige Armada von IBM-PCs den jungen Markt. Die PC-Division von IBM war perfekt dafür positioniert, mit dem Markt mitzuwachsen. Und dieser verzeichnete gigantische Zuwachsraten! 1987 erzielte IBM mit den PCs einen Umsatz von 6,5 Milliarden Dollar. Damit setzte die PC-Division alleine fast zwei Drittel so viel um wie die damals zweitgrößte amerikanische Computerfirma (Digital). IBM eroberte 25,5 Prozent des PC-Markts und stellte Apple, das sich bei mageren 10,5 Prozent bewegte, weit in den Schatten.

Dann aber kam es zur Katastrophe. Don Estridge, der «Vater» des IBM-PCs, kam bei einem Flugzeugabsturz ums Leben. Es war weitgehend Estridge zu verdanken gewesen, daß das Topmanagement von IBM der PC-Division die Autonomie einräumte, die sie brauchte, um ein so unkonventionelles Produkt in so kurzer Zeit zu entwickeln. Sein Tod stellte einen enormen Schlag für die Beschäftigten in der PC-Division dar, die sich mit außerordentlichem Engagement für den Erfolg des IBM-PCs eingesetzt hatten. Außerdem schien es nun auch mit der Autonomie der PC-Division vorbei zu sein. Der Erfolg des PCs hatte die Bürokraten von IBM wie eine Heuschreckenplage über die PC-Division herfallen lassen. Bald wurde das Management der Division nach New Jersey verlegt, wo es näher bei der Konzernzentrale lag und somit besser kontrolliert werden konnte. Die Tage der radikalen Erneuerung waren damit gezählt.

Das Topmanagement von IBM versuchte Strategien umzusetzen, die zehn Jahre früher vielleicht sinnvoll gewesen wären, in der Welt des Mikroprozessors jedoch hoffnungslos fehl am Platz waren. IBM setzte Bürokraten und Qualitätstechniker auf das Nachfolgeprodukt, den IBM PC-AT, an. Der Rechner kam 18 Monate zu spät auf den Markt und hatte die unangenehme Eigenschaft, wegen eines kleinen Mangels an der Festplatte in den unpassendsten Augenblicken den Geist aufzugeben und die Kundendaten zu zerstören. Der nächste Schachzug von IBM bestand in dem Versuch, die Kontrolle über den wachsenden Markt zu erlangen, indem ein proprietärer Standard für Steckkarten geschaffen wurde. Aber die anderen PC-Hersteller zogen nicht mit und untergruben damit IBMs Führungsposition als Schrittmacher der PC-Entwicklung weiter.

Diese Fehler und Pannen hätten vielleicht gar nicht so ernsthafte Auswirkungen gehabt, wenn der Großrechnerbereich von IBM nicht fest entschlossen gewesen wäre, der PC-Division das Leben schwerzumachen. Statt sich ins Unvermeidliche zu schicken und zu akzeptieren, daß der Mikroprozessor das Ende des Großrechners bedeutete, verteidigten die Verantwortlichen ihr Terrain mit Zähnen und Klauen – auch auf Kosten des PC-Geschäfts. In der Tat führten die Manager der Mainframe-Division einen stillen Krieg gegen den PC und weigerten sich zuzugeben, daß die Großrechner auf dem besten Weg ins Museum waren. Ein ehemaliger Vice President von IBM erzählte mir:

Als ich in der Mainframe-Division von IBM arbeitete, sagte ich immer, daß den Jungs erst dann die Augen aufgehen würden, wenn es schon viel zu spät sei. Das war 1987. Was mich überrraschte, war die Geschwindigkeit, mit der der Niedergang kam. Die ganze Sache fiel innerhalb weniger Monate auseinander. Normalerweise zieht sich so etwas über Jahre hin. Viele Leute auf den unteren Ebenen hatten es schon lange vorhergesagt, und viele Manager ganz oben wußten ebenfalls, daß die Entwicklung unvermeidlich war. Wo lag also das Problem? Es war dieser große Schwindel im oberen und mittleren Management. Akers [damals CEO] konnte nichts dagegen unternehmen, weil er diese Leute ja führte und mit ihnen zusammenarbeitete. Sie waren seine Freunde; er war mit ihnen in der Firma und in ihrer Kultur aufgestiegen. Als es an der Zeit gewesen wäre, harte Entscheidungen zu treffen – etwa Projekte einzustellen und Leute zu entlassen – fiel ihm das zu schwer. IBM war voll von hochqualifizierten Topleuten, die den Aufstieg in hohe Ebenen schafften. Trotzdem wurde das Unternehmen dysfunktional, so dysfunktional, daß es schwierig zu verändern war.

In der Zwischenzeit teilte Michael Dell in Austin seine Energien zwischen den Collegeseminaren und den Überlegungen auf, «wie ich meine Wochenenden verbringen sollte». Dabei fiel ihm wohl auch ein, daß er Chips und Diskettenlaufwerke verkaufen könnte, die mit den IBM-PCs und den vielen anderen PCs kompatibel waren, die damals auf den Markt kamen. Michael Dell kaufte diese Einzelteile von denselben Firmen, die auch IBM belieferten. Da er jedoch praktisch keine Gemeinkosten hatte, konnte er sie viel billiger per Katalog absetzen als IBM, das Heerscharen von Verkäufern zu den Kunden schickte. 1984 setzte er mit seiner Wohnzimmerfirma 80 000 Dollar monatlich um. Michael verkaufte bald auch IBM-kompatible PCs und bot sie per Katalog um 40 Prozent günstiger als IBM an. Die junge Firma Dell Computer wuchs in rasantem Tempo und gewann oft genau diejenigen Kunden, die IBM vernachlässigte. Zehn Jahre später war Dell Computer die Nummer fünf unter den PC-Herstellern. IBM war auf den vierten Platz abgestiegen und krebste bei einem Marktanteil von 8,5 Prozent herum. Verglichen mit dem früheren Anteil von 25,5 Prozent stellte dies enorme Einbußen dar.

IBM besaß einmal eine PC-Division, die kreativ und innovativ gewesen war, aber durch Mikromanagement und Bürokratie völlig ruiniert wurde. Dell Computer dagegen gelang es, trotz seiner enormen Wachstumsraten die bürokratischen Auswüchse zu vermeiden, die den Aufstieg eines Unternehmens in der Regel leider begleiten.

Man könnte den Erfolg von Dell Computer als Glücksfall abtun, aber die Geschichte von Dell ist keineswegs eine Ausnahme. Die Computerbranche ist voll mit Newcomern, die fest etablierte Konkurrenten überrollten. Nur wenige Menschen, und das gilt auch für die Computerbranche, hatten beispielsweise vor dem Siegeszug des PCs etwas von Microsoft gehört. Oder nehmen Sie Firmen wie Compaq, Gateway, Packard Bell, Acer, und viele andere mehr.

Es gibt viele Gründe dafür, warum Dell Computer und die anderen Konkurrenten IBM so hohe Marktanteile abnehmen konnten. So hatte Dell niedrigere Gemeinkosten und konnte damit zu niedrigeren Preisen anbieten. Aber hier liegt gar nicht die eigentliche Erklärung. Dell Computer hatte niedrigere Gemeinkosten, weil die Mitarbeiter und Mitarbeiterinnen produktiver als diejenigen bei IBM waren. Und warum? Unter anderem war dies deshalb so, weil der CEO Michael Dell an die Bedeutung des Gemeinschaftsgefühls in seinem Unternehmen glaubte.

Mit dreißig Jahren gehört Michael Dell zu den erfolgreichsten Unternehmern seiner Generation. Jungenhaft und voller Schwung widmet er sich der Aufgabe, ein Fortune 500-Unternehmen zu leiten. Michael betonte im Gespräch mit mir ausdrücklich, wie wichtig das Gemeinschaftsgefühl für den wirtschaftlichen Erfolg ist:

> *Meine Mitarbeiter und Mitarbeiterinnen sehen das Unternehmen als einen Ort, an dem sie ihre Karriere aufbauen und sich entfalten wollen, nicht aber als kurze Etappe ihres Lebens. Wir möchten dieses Gefühl der Dazugehörigkeit und Gemeinschaft nach Kräften fördern. Das ist nicht einmal schwierig in einem Unternehmen wie diesem, das so schnell wächst. Es wäre wirklich dumm, die Begeisterung und den Elan der Mitarbeiter und Mitarbeiterinnen nicht zu nutzen. Sie bauen etwas auf, was nach Meinung aller einmal großartige Firma sein wird.*

IBM dagegen hatte das Gemeinschaftsgefühl mutwillig wieder zerstört, das in Boca Raton aufgebaut worden war. Das Topmanagement hatte geglaubt, daß die PC-Division produktiver würde, wenn man sie in die Maschinerie des Konzern eingliederte. Das Paradigma Unternehmen = Maschine machte IBM blind für die Realität. Und in der Realität ist es nun einmal so, daß nicht Maschinen, sondern Menschen den Produkten zum Erfolg verhelfen. Eine ehemaliger Manager von IBM erzählte:

> *Ich habe 13 Jahre meines Lebens in Konzernen wie IBM verbracht, wo der Einzelne nichts zählt. Wenn jemand geht, wird er eben ersetzt. Man wird wie eine Schachbrettfigur von*

Stelle zu Stelle geschoben. Jeder Mitarbeiter ist nichts weiter als ein austauschbares Teil. Das ist ein Überrest aus dem Industriezeitalter, der heute fehl am Platze ist, und ich hasse ihn. Er beraubt den einzelnen Menschen seines Wertes. Dabei sind es doch die Menschen, die diese Konzerne überhaupt am Leben erhalten, nicht das System. Im Grunde reflektiert die Ersetzbarkeit des Einzelnen ein sozialistisches Weltbild, das fehl am Platz ist. Der Einzelne ist für den Erfolg sehr wichtig. Jedes interessante Unternehmen und jedes interessante Produkt ist das Ergebnis der Arbeit einiger weniger Menschen. Punkt.

Die Mitglieder der Digitalen Elite lehnen das in diesem Zitat angesprochene mechanistische Unternehmensbild ab. Für sie ist jedes Unternehmen eine Gemeinschaft, auf die sie sehr stolz sind. Mitchell Kertzman, CEO von Sybase, meinte dazu:

Zu den wichtigsten Dingen für mich als Unternehmer gehört es, daß ich selbst etwas in Gang gesetzt habe. Heute haben wir Hunderte von Beschäftigten, und es gibt viele Gelegenheiten, bei denen sie zusammenkommen. Auch ihre Familien und ihre Kinder werden einbezogen. Das Unternehmen lebt von den Menschen, die darin arbeiten. Sie sind gegenüber Sybase absolut loyal, und sie glauben wirklich an das, was sie tun. Ich finde es immer wieder erstaunlich, daß ich dazu beitragen konnte, eine Sache aufzubauen, für die sich andere so sehr begeistern und einsetzen.

Die Digitale Elite verwendet drei spezifische Strategien, um das Gemeinschaftsgefühl in ihren Organisationen zu fördern:

- Direkte Kommunikation
- Soziale Interaktion
- Spaß an der Arbeit.

Diese Strategien sollen nun näher beschrieben werden.

Strategie 4: Direkte Kommunikation

Naturgemäß ist es in kleineren Unternehmen leichter als in großen Konzernen, ein Gemeinschaftsgefühl zu entwickeln. Wenn die Beschäftigten sich täglich sehen und eng zusammenarbeiten, sind sie gezwungen, miteinander zu kommunizieren, und dann entsteht das Gemeinschaftsgefühl von ganz alleine. Man kennt die gemeinsamen Ziele und die gemeinsame Verantwortung, ohne großes Aufheben darum zu machen.

Alleine durch den regelmäßigen Kontakt und Austausch bilden sich soziale Bindungen.

Dieser Prozeß ist in großen Unternehmen jedoch sehr schwierig. Die Beschäftigten kennen sich nicht oder wechseln ihre Einsatzorte häufig, so daß es kaum Gelegenheiten zu regelmäßigen persönlichen Gesprächen gibt. Daraus folgt, daß ein schnell expandierendes Unternehmen der Gefahr ausgesetzt ist, ein schon entwickeltes Gemeinschaftsgefühl wieder zu verlieren. Ich fragte Frank Ingari, CEO von Shiva, wie er ein Unternehmen organisieren würde, damit es sein Gemeinschaftsgefühl behält:

> *Es gibt kein Universalrezept, zumal sich die Bedürfnisse im Lauf der Zeit ändern und es so viele verschiedene Möglichkeiten der Organisation gibt. Aber mir ist es absolut wichtig, das Gemeinschaftsgefühl zu behalten – auch wenn das schwierig ist. Wenn eine Firma wächst, wird das Gefühl der Zusammengehörigkeit auf eine neue Ebene gehoben. Es basiert dann mehr auf der Kommunikation als auf der physischen Nähe. Mit anderen Worten: In einem Unternehmen wie Lotus entsteht das Zugehörigkeitsgefühl auch durch das, was man in der Presse liest und was die Verwandten in der Presse lesen. Man identifiziert sich mit dem Image, das Lotus in der Öffentlichkeit hat, oder man beurteilt das Vergütungssystem und orientiert sich daran, wie der Partner oder die Partnerin das Vergütungssystem finden. Es ist natürlich etwas ganz anderes, wenn man sich mit Lotus identifiziert, weil man sich beim letzten Betriebsfest mit dem CEO betrunken hat.*

Das Gemeinschaftsgefühl in einem Unternehmen zu pflegen, stellt eine nie endende Herausforderung dar. Aber diese Herausforderung ist durchaus zu meistern, wenn das Management sich wirklich darum bemüht. Ein Konzern wie Hewlett-Packard (HP) ist der Beweis dafür, daß die Verbundenheit der Mitarbeiter und Mitarbeiterinnen auch dann weiterbestehen kann, wenn ein schnelles Wachstum stattfindet.

Lewis (Lew) Platt, Chairman of the Board, President und Chief Executive Officer von Hewlett-Packard, sieht das Erfolgsgeheimnis darin, jedes nur mögliche Mittel anzuwenden, um das Zusammengehörigkeitsgefühl lebendig zu halten. Lew kam 1966 zu HP und hatte seitdem zahlreiche Positionen inne. Lew gewährt höchst ungern Einblicke in sein Privatleben und gibt selten Interviews. Lieber setzt er seine Energie dafür ein, HP vor der Selbstgefälligkeit zu bewahren, die der Erfolg oft mit sich bringt. Lew erklärte, wie er als CEO versucht, das Gemeinschaftsgefühl bei HP zu stärken:

Ich reise sehr viel, etwa zwei Drittel meiner Arbeitszeit, und ich verbringe sehr viel Zeit mit unseren Mitarbeitern und Mitarbeiterinnen. Dabei bin ich so informell wie möglich – ich gehe mit einzelnen Mitarbeitern durch die Firma, oder ich unterhalte mich einfach nur mit ihnen. Oder ich führe sogenannte Kaffeegespräche – das Kaffeegespräch ist sogar ziemlich bekannt hier bei HP. Wir rufen alle Mitarbeiter und Mitarbeiterinnen der jeweiligen Niederlassung zusammen und reden eine halbe Stunde lang darüber, was im Unternehmen so vor sich geht, welche Themen gerade aktuell sind, welche Aufgaben vor uns liegen, und dann können Fragen gestellt werden. Meist hänge ich noch eine halbe oder eine ganze Stunde dran, um mich unter die Leute zu mischen. Diese Dinge sind sehr wichtig.

Lews Kaffeegespräche sind nicht nur eine Übung in internen Public Relations. Er hört seinen Mitarbeitern und Mitarbeiterinnen wirklich zu und bemüht sich darum, ihre Ideen in die Unternehmensstrategie von HP einfließen zu lassen. Lew beweist den Beschäftigten in den Niederlassungen immer wieder, wie wichtig sie sind.

Über die persönliche Anwesenheit hinaus gibt es noch weitere Mittel, um das Gemeinschaftsgefühl zu pflegen. So ermöglicht es die elektronische Post, Bindungen zu knüpfen und zu pflegen, so daß sogar die Beschäftigten an den entlegensten Gegenden der Welt das Gefühl haben, zur Gemeinschaft des Unternehmens dazuzugehören. Frank Ingari, CEO von Shiva, meinte:

Jedes große Unternehmen muß einen gewissen organisatorischen Aufwand betreiben, um das Zusammengehörigkeitsgefühl zu pflegen. Manzi [damaliger CEO von Lotus] schickt seinen Mitarbeitern und Mitarbeiterinnen regelmäßig E-Mails. Jemand entwirft sie für ihn, aber er arbeitet sie dann selbst aus. Diese Mitteilungen sind ihm sehr wichtig, und sie werden direkt von seinem Schreibtisch abgeschickt. Gates macht genau dasselbe.

Je weiter die Entwicklung der Computertechnologie voranschreitet, umso mehr Möglichkeiten der Beziehungspflege gibt es. So können die Führungskräfte beim Workstation-Hersteller Sun Microsystems ihren Mitarbeitern und Mitarbeiterinnen E-Mails mit Videoclips schicken, die diese sich dann direkt auf ihrem Bildschirm anzeigen lassen können. Mit diesem Medium können die Manager von Sun ihre Begeisterung und Faszination unmittelbar und direkt an die Beschäftigen vermitteln. Die elektronische Post kann helfen, selbst ein Riesenunternehmen in ein virtuelles Dorf zu verwandeln, in dem sich Beschäftigte auf der ganzen Welt an der Entscheidungsfindung beteiligen. In Kapitel 10 wird näher beschreiben, wie man die elektronische Post einsetzen kann, um eine gesunde Unternehmenskultur weiter zu stärken.

Strategie 5: Soziale Interaktion

Eine direkte und häufige Kommunikation alleine reicht jedoch nicht aus, um das Gemeinschaftsgefühl in einem Unternehmen zu garantieren, selbst wenn man die Mittel der elektronischen Kommunikation zu Hilfe nimmt. Die Digitale Elite sorgt deshalb dafür, daß es noch zahlreiche andere persönlichen Kontakte gibt. Dies geschieht insbesondere dadurch, daß sie Gelegenheiten zur sozialen Interaktion schaffen. Die Wagniskapitalgeberin Ann Winblad erläuterte, wie es den Unternehmen der Digitalen Elite gelingt, den Beschäftigten das Gefühl zu vermitteln, daß jede und jeder einzelne von ihnen wichtig ist:

> *Für jeden gibt es etwas Besonderes: Für die ganz Neuen, für diejenigen, die schon ein Jahr dabei sind, für die Aushilfen im Sommer, und so weiter. Jeder und jede soll das Gefühl haben, zu einem Siegerteam zu gehören. Ich glaube, daß man damit verhindert, daß die Leute sich ausgebrannt fühlen. Sie machen nicht nur berufliche Erfahrungen, sondern auch soziale. Der Anstoß dazu muß meiner Meinung nach von oben kommen. Diejenigen Unternehmen, die am wenigsten mit dem Burnout-Problem zu tun haben, wenden Teammethoden an, denn so bekommt jeder das Gefühl, nicht nur ein Rädchen im Getriebe zu sein.*

Die Mitglieder der Digitalen Elite halten es also für wichtig, zahlreiche Anlässe zum zwanglosen Beisammensein zu schaffen. Darunter sollte man sich aber keinesfalls das typische Betriebsfest vorstellen, vor dem sich viele Führungskräfte so gerne drücken oder auf dem sie nur einen symbolhaften Auftritt absolvieren.

Vielmehr kommt es oft zu monatlichen oder sogar wöchentlichen Zusammenkünften, damit die Beschäftigten Gelegenheit haben, Bindungen zu entwicklen. Alle Führungsebenen sind einbezogen, damit sich alle Ebenen möglichst weitgehend mischen. Michael Dell, Chef von Dell Computer, erklärte, wie das funktioniert:

Jede Art von Aktivität, bei der sich die Unternehmensangehörigen treffen und miteinander ins Gespräch kommen, ist für unser Geschäft sehr nützlich. Man muß Barrieren abbauen und die informelle Kommunikation fördern. Dann entwickeln sich Freundschaften im Unternehmen, und die Leute fangen an zu verstehen: «Die da oben haben keinerlei Absicht, mir an den Kragen zu gehen. Wir sitzen alle in einem Boot.»

Solche sozialen Anlässe können ganz informell sein. So arbeitete ich einmal in einer Softwarefirma, in der es üblich war, sogenannte Quality Assurance (QA) Meetings abzuhalten. Dieses halboffizielle Meeting fand jeden Freitagabend in einem mexikanischen Restaurant statt. Jeder konnte kommen und den Partner oder die Partnerin und Kinder mitbringen. Sogar ehemalige Angestellte besuchten die Runde. Bei diesen QA-Meetings kamen die Angehörigen ganz verschiedener Bereiche zusammen, meist, um über geschäftliche Angelegenheiten zu reden, aber auch, um sich über die neueste Folge von *Raumschiff Enterprise,* über das Surfen, den Garten und vieles andere auszutauschen. Zwischen den Geschäftsbereichen, den Führungskräften und den Beschäftigten gab es einen völlig freien Informationsaustausch.

Nicht selten endeten die Diskussionen mit einer Fülle neuer Ideen, und es kam sogar vor, daß die Programmierer schnurstracks in ihre Büros gingen und bis in die Morgenstunden arbeiteten, um ihre Kollegen und Kolleginnen mit etwas Neuem zu beeindrucken, wenn sie am Montag zur Arbeit kamen. Diese QA-Meetings kosteten das Unternehmen nichts, weil die Mitarbeiter und Mitarbeiterinnen auf ihre eigene Art und Weise bezahlten, waren aber zumindest mitverantwortlich dafür, daß in diesem Unternehmen eine Produktivitätsrate herrschte, die doppelt so hoch wie die durchschnittliche Rate in der Branche war.

Die Familien in den Arbeitsplatz zu integrieren ist eine weitere Methode, um soziale Interaktionen zu fördern. Wenn die Unternehmensgemeinschaft die traditionelleren Formen der Gemeinschaft ersetzen soll, dann müssen die Familien einbezogen werden. Ein Mitglied der Digitalen Elite, das zu dieser Schlußfolgerung gekommen ist, ist Bill Gross, CEO von Knowledge Adventure, einem Unternehmen, das Multimediasoftware für Kinder entwickelt. Bill arbeitete zuvor bei Lotus, wo er mit einer breiten Palette von Aufgaben in der Produktentwicklung betraut war. Bei

Knowledge Adventure leistete er Pionierarbeit bei der Einbeziehung der Familien in die Gemeinschaft des Unternehmens. Bill meinte dazu:

Wir integrieren das Familienleben auf vielfältige Weise in die Arbeit. Ich versuche immer noch, möglichst viel Arbeit zuhause zu erledigen, damit ich bei meiner Famlie sein kann. Wir betreiben auch eine Politik der offenen Tür, wenn es darum geht, daß Mitarbeiter oder Mitarbeiterinnen ihre Kinder ins Büro mitbringen, etwa nach der Schule oder am Wochenende. Viele arbeiten am Wochenende, und dann sind auch ihre Kinder dabei. Für die Kids ist das wie ein Spielzimmer, weil sie sich mit unseren Produkten beschäftigen. Natürlich haben wir neben den Computern auch Bauklötze, Malbücher, Legos und andere Spielsachen. Es ist toll, die Kinder bei der Arbeit dabei zu haben. Wir können zusammen essen gehen, die Kinder lernen einander kennen, die Eltern verbringen Zeit mit ihren Kindern, und sie können ihnen zeigen, wie sie ihr Geld verdienen. Ich bin wirklich stolz darauf, daß ich David zeigen kann, was wir hier tun. Ich glaube, daß die anderen Kinder auch sehr stolz darauf sind, was ihre Mütter oder Väter hier tun.

Vor der industriellen Revolution arbeiteten die Männer in der Regel dort, wo sie wohnten, wenn sie beispielsweise Bauern waren oder ein Handwerk ausübten. Damit waren die Väter in die Erziehung ihrer Kinder stärker eingebunden, und sie nahmen mehr am Familien- und Gemeindeleben teil als dies in einer industrialisierten Gesellschaft möglich ist. Mit der zunehmenden Berufstätigkeit der Frauen besteht die echte Gefahr, daß auch sie denselben Prozeß der Entfremdung von ihren Familien durchlaufen wie es bei den Männern der Fall war.

Kristin Lund ist Vice President der Praise and Leadership Schools Inc. in Illinois, einem Unternehmen, das Firmen über interne Vorschulprogramme berät. Sie wies mich darauf hin, daß die Produktivität enorm verbessert werden kann, wenn betriebliche Kinderbetreuungsmaßnahmen angeboten werden. Dies kann durch zahlreiche Studien untermauert werden. Die Fehlzeiten sinken, die Pünktlichkeit verbessert sich, die Fluktuation geht zurück und die Zufriedenheit mit dem Arbeitsplatz steigt. Außerdem ist es für die Eltern leichter, berufstätig zu bleiben, ohne auf häufigen Kontakt mit den Kindern zu verzichten.

Es ist sehr wichtig, die Kinder in die Gemeinschaft des Unternehmens einzubeziehen. Deshalb ist es so interessant, Unternehmen wie Knowledge Adventure kennenzulernen, in denen Kinder ein willkommener Bestandteil der Arbeitsumgebung sind. Durch die Anwesenheit der Kinder wird die Produktivität keineswegs gesenkt, sondern das Gemeinschaftsgefühl wird enorm gestärkt.

Eine weitere Möglichkeit zur Förderung sozialer Interaktionen besteht im Wohltätigkeitsbereich. Spenden an Wohltätigkeitsorganisationen waren zwar schon immer ein Instrument der Unternehmenspolitik, doch die Digitale Elite zieht es vor, sich für kleinere Organisationen zu engagieren. Diese eignen sich besser für Gruppenaktivitäten, wie etwa dem Verkauf von Kuchen, der Durchführung von Benefizkonzerten und ähnlichen Veranstaltungen, die das Gemeinschaftsgefühl stärken. Michael Dell, CEO von Dell Computer, äußerte sich dazu folgendermaßen:

> *Eine Sache, die meiner Meinung nach in Austin besonders gut funktioniert hat, ist das Engagement unserer Mitarbeiter und Mitarbeiterinnen in der Freiwilligenarbeit. Wir unterstützen regelmäßig Wohltätigkeitsveranstaltungen, und wir richten unsere Spenden gezielt an diejenigen Wohltätigkeitsorganisationen, für die sich unsere Beschäftigten ehrenamtlich engagieren. Wir befragen unsere Mitarbeiter, um herauszufinden, wo Hilfe benötigt wird, und konzentrieren uns dann auf die entsprechenden Einrichtungen.*

Ein solches Engagement bindet die Menschen nicht nur an das Unternehmen, sondern auch an die Gemeinde oder das jeweilige Umfeld. Sybase ist dafür ein gutes Beispiel, wie aus der folgenden Aussage von CEO Mitchell Kertzman hervorgeht:

> *Ich bin in den sechziger Jahren aufgewachsen, also ein alter Linker, aber ich bin nicht mehr so liberal wie ich es einmal war. Jedenfalls halte ich es für eine großartige Sache, Unternehmen aufzubauen, in denen eine positive Kultur herrscht. Daraus ergibt sich meist auch die Chance, sich für wohltätige Zwecke einzusetzen. Mein Unternehmen engagiert sich beispielsweise sehr für die Bildung. Wir arbeiten mit einer Mittelschule in einem nahegelegenen Stadtteil zusammen, mit dem es in letzter Zeit bergab gegangen ist. Wir haben den Schülern und Schülerinnen geholfen, einen T-Shirt-Verkauf auf die Beine zu stellen, damit sie zunächst einmal etwas über Führung, Unternehmergeist und unternehmerische Fähigkeiten lernen konnten. Ich trage gerne zur Gemeinschaft bei, sei es mein Unternehmen oder ein Stadtteil.*

Aber die Unternehmen der Digitalen Elite sind keine Wohltätigkeitseinrichtungen. Sie sind gewinnorientierte Unternehmen, die schwierige

Aufgaben auf hart umkämpften Märkten zu meistern haben. Zu den härtesten Wettbewerbern in der Computerbranche zählt der Workstations-Hersteller Sun Microsystems. *Fortune* zufolge ist Sun «das effizienteste Unternehmen der Branche», und die *Business Week* lobte den neununddreißigjährigen CEO Scott McNealy dafür, daß er «Sun Microsystems zum Vorbild für die gesamte Branche, einschließlich IBM, gemacht hat.» McNealy meint, daß das Gemeinschaftsgefühl einen wichtigen Aspekt in der Kultur von Sun darstellt:

> *Ich kenne kein Unternehmen, in dem mehr freiwillige Überstunden geleistet werden als in diesem. Es ist eine Gemeinschaft. Die Kommunikation bringt die Gemeinschaft hervor, beides gehört einfach zusammen. Aber man darf gleichzeitig auch nicht vergessen, daß man den Stolz verliert, wenn man keine Gewinne macht. Dann büßt man die finanzielle Unabhängigkeit, das Lebenselixier des Unternehmens, ein. Wir sind eine Gemeinschaft, aber wir müssen auch Geld verdienen.*

Strategie 6: Spaß an der Arbeit

Bisher wurde beschrieben, wie die Unternehmen der Digitalen Elite die Strategien der Kommunikation und der sozialen Interaktion nutzen, um ein Gemeinschaftsgefühl zu schaffen. Aber für die Entwicklung des Gemeinschaftsgefühls gibt es noch einen weiteren wichtigen Faktor – der Spaß an der Arbeit.

Ein Unternehmen, das dem Faktor Spaß einen hohen Stellenwert einräumt, ist Sun Microsystems. Sun unterstützt nicht nur sportliche Aktivitäten, sondern blickt auch auf eine lange Tradition von Aprilscherzen zurück, die in der Regel die Mitarbeiter ihren Vorgesetzten spielen. Ein Manager bei Sun beispielsweise entdeckte einmal eine Replik seines Büros auf dem Boden eines Aquariums voller Haie. Einer der Firmenmitbegründer, Bill Joy, fand seinen Ferrari in einem flachen Teich wieder, über und über bedeckt mit Aufklebern: «Ich bremse auch für Flamingos.» Selbst vor CEO Scott McNealy wird nicht Halt gemacht. Als er an einem 1. April zur Arbeit kam, stellte er fest, daß sein Büro in einen Miniaturgolfplatz mit einem Loch verwandelt worden war.

Wichtig ist nicht die Albernheit der Scherze, sondern die zugrundeliegenden kulturellen Werte, die dafür verantwortlich sind, daß diese Streiche akzeptabel sind. Da die Unternehmen der Digitalen Elite davon überzeugt sind, daß die Arbeit Spaß machen sollte, mangelt es auch nicht an passenden Ideen. Dabei kommt es zwangsläufig auch dazu, daß die Führungskräfte Zielscheibe der Scherze sind. Können Sie sich vorstellen, daß Andrew Carnegie oder auch Jack Welch, CEO von General Electric, es lustig fänden und sich nicht persönlich angegriffen fühlten, wenn ihre Mitarbeiter ihr Büro in einen Golf-Parcours verwandeln würden?

Für viele Mitglieder der Digitalen Elite ist die Arbeit ihr liebstes Hobby. Einige gehen auch am Wochenende ins Büro – einfach nur deshalb, weil sie gerne arbeiten. Es gab zwar auch Ausnahmen unter meinen Gesprächspartnern und -partnerinnen, doch im großen und ganzen betrachtet die Digitale Elite ihre Arbeit als eines der größten Vergnügen in ihrem Leben.

Auch bei Microsoft werden die Mitarbeiter und Mitarbeiterinnen dazu ermutigt, ihre Arbeit als Hobby zu betrachten – man erwartet es sogar von ihnen. Um darüber und über andere Aspekte der Kultur von Microsoft mehr zu erfahren, sprach ich mit Mike Maples, der sich 1995 zur Ruhe setzte, nachdem er seit 1988 als Executive Vice President gedient hatte. Mit 52 Jahren war der rundliche und eindrucksvolle Manager eine der ältesten Führungskräfte bei Microsoft. Er hatte schon 23 Jahre bei IBM verbracht, bevor er zu Microsoft kam. In dem Gespräch, das kurz vor seinem Austritt aus der Führungsspitze von Microsoft stattfand, beschrieb er, wie er und andere Beschäftigte ihre Arbeit sahen:

> *Ich bin wirklich froh darüber, daß Arbeit und Hobby bei mir identisch sind. Ich gehe am Samstagnachmittag nach Hause, und das einzige, wonach mir der Sinn steht, ist, neue Software auszuprobieren, zu sehen, was andere Leute gemacht haben und wie sie es gemacht haben, und ob es für uns nützlich sein könnte. Wenn ich bei einer Bank arbeiten würde, würde ich wahrscheinlich nach Hause gehen und am Wochenende und abends am Computer sitzen. Wir teilen vermutlich alle dieselbe Leidenschaft für die Technik. Deshalb decken sich private Interessen oft mit den beruflichen. Ich lese wirklich gerne Computerbücher, und so lese ich eben über Computer und nicht über die Jagd.*

Um keine Mißverständnisse aufkommen zu lassen: Diese Menschen arbeiten hart – sehr hart –, aber sie tun es mit großer Freude und Begeisterung. Ein anderes Beispiel dafür ist Edward McCracken, CEO von Silicon Graphics Incorporated (SGI). SGI stellt hochleistungsfähige Workstations her, wie sie in Hollywood benötigt werden, um beispielsweise Dinosaurier durch Jurassic Parc stapfen zu lassen. Der Markt für diese High-Tech-Computer ist hart umkämpft, doch Silicon Graphics hat es mit einer Milliarde Dollar Jahresumsatz geschafft, ganz vorn zu bleiben und Digital, IBM und viele andere auszustechen.

Edward McCracken, ehemaliger Manager bei Hewlett-Packard, fühlt sich in der lockeren, aber gleichzeitig sehr zielorientierten Unternehmenskultur bei SGI sehr wohl. Mit seinem ausgebleichten blonden Haar und seinen durchdringenden blauen Augen, die er hinter einer Fliegerbrille versteckt, sieht er aus wie die erwachsene Ausgabe des Jungen von nebenan. Er sagte mir:

Wir halten enorm viel von Eigenmotivation. Unsere Leute schuften wirklich bis zum Umfallen, aber sie haben auch großen Spaß an der Arbeit. Wir sagen gerne, daß wir ernsthaften Spaß haben, weil wir die unserer Meinung nach weltweit besten Systeme herstellen. Für unsere Mitarbeiter und Mitarbeiterinnen ist das sehr wichtig.

Ein weiteres Unternehmen mit einer hervorragenden Arbeitsmoral ist Sybase. Der CEO Mitchell Kertzman führte den sogenannten Sybase Award ein, um mit den Mitteln eines Wettbewerbs den spielerischen Aspekt der Unternehmensgemeinschaft zu fördern:

Neulich haben wir den sogenannten Sybase Award ins Leben gerufen. Die Beschäftigten sollten Vorschläge machen, wer ihrer Meinung nach die Werte von Sybase am besten verkörpert. Das Interessante daran ist, daß wir nicht näher definierten, welches diese Werte waren. Wir hielten keine Predigten über Mut und Ehrlichkeit und Kundenservice. Wir sagten nur, daß unserem Gefühl nach ein allgemeines Einverständnis über die Werte von Sybase herrsche. Dann beurteilte ein anonymer Mitarbeiterausschuß die Vorschläge. Die Spannung, die an dem Tag, an dem wir die Namen verkündeten, herrschte, war unglaublich. Die Reaktion auf die Bekanntgabe der Sieger war eine ganz klare Bestätigung dafür, daß die Wahl auf die richtigen Personen gefallen war. Es handelte sich um Kollegen und Kolleginnen, die allseits respektiert und bewundert wurden. Es war unstrittig, daß sie die besten Werte des Unternehmens repräsentierten: Sie hatten einen ausgeprägten Teamgeist, waren hilfsbereit und engagierten sich für die Gleichbehandlung. Es war, wie wenn jemand sagt: «Ich bin kein Kunstkenner, aber ich weiß, was mir gefällt.» Wir können nicht genau sagen, wie ein musterhafter Sybase-Vertreter aussieht, aber wir erkennen ihn trotzdem sofort. Also empfiehlt es sich, die besten von ihnen zu finden und zu Vorbildern zu erklären.

Die Idee, daß ein Unternehmen Geld dafür ausgeben sollte, damit die Arbeit den Mitarbeitern und Mitarbeiterinnen Spaß macht, ist praktisch undenkbar, wenn man in einem Unternehmen eine Maschine sieht. Wem würde es einfallen, eine Maschine zu unterhalten – oder ein Zahnrädchen zum Lachen zu bringen! Aber sobald man das Paradigma Unternehmen = Maschine durch das Paradigma Unternehmen = Gemeinschaft ersetzt, dann erscheint es nicht nur logisch, sondern absolut wichtig, daß die Arbeit Spaß macht. Der Aufbau einer Gemeinschaft ist aus der Perspektive der Digitalen Elite Teil einer kulturellen Revolution, in der das Individuum und sein Beitrag zum Unternehmen respektiert werden. Mitchell Kertzman, CEO von Sybase, sagte dazu:

Mir liegt das Wohl der Beschäftigten sehr am Herzen. Es geht um mehr als nur darum, flexible Arbeitszeiten, gute Verdienstmöglichkeiten und all das zu bieten. Ich versuche, eine Umgebung zu schaffen, in der sich die Menschen an ihre persönlichen Werte halten und das Gefühl haben können, daß diese mit den Unternehmenswerten und -zielen vereinbar sind. Ich glaube, daß so gut wie jeder meiner Beschäftigten weiß, wie er sich in jeder Situation richtig zu verhalten hat. Ich möchte ein Unternehmen haben, in dem es dasselbe ist, nach den eigenen Wertmaßstäben zu handeln und die Firmeninteressen wahrzunehmen. Der eigene Wille und die Erwartungen des Unternehmens sollten sich decken.

Denkanstöße

Die Digitale Elite setzt auf die Entwicklung des Gemeinschaftsgefühls, um Unternehmen zu schaffen, in denen die Menschen nicht deshalb hart arbeiten, weil sie glauben, sonst entlassen zu werden, oder weil sie ihre Familie ernähren müssen, sondern weil sie einen besonderen Beitrag leisten möchten. Dies ist nur dann möglich, wenn der Arbeitsplatz das menschliche Bedürfnis befriedigt, zu einer Gemeinschaft zu gehören. Die Digitale Elite hat dies verwirklicht und damit Erfolge erzielt, die nur möglich sind, wenn die Mitarbeiter und Mitarbeiterinnen loyal sind und ein starkes *Dazugehörigkeitsgefühl* entwickelt haben.

Mit diesem Wissen im Hinterkopf sollte Sie die folgenden Fragen beantworten, damit Sie die Aussagen dieses Kapitels auf Ihr eigenes Unternehmen übertragen können:

- Wie oft kommunizieren die Vertreter und Vertreterinnen Ihres Managements direkt mit den Beschäftigten? Werden dabei wirklich Informationen und Ideen ausgetauscht, oder dient die Kommunikation nur dazu, die Unternehmenspolitik zu propagieren? Was könnten Sie tun, um eine noch stärkere Verbundenheit zwischen der Unternehmensführung und den Mitarbeitern und Mitarbeiterinnen zu fördern, die Produkte entwickeln, Dienstleistungen erbringen und die Kunden betreuen?
- Welche elektronischen Kommunikationsmöglichkeiten verwenden Sie derzeit (wie z.B. Fax, E-Mail, Videokonferenzen)? Dienen diese Instrumente dazu, die Kommunikation zwischen allen Ebenen sicherzustellen, oder stehen sie nur einigen wenigen Auserwählten zur Verfügung? Was können Sie derzeit tun, um die elektronische Kommunikation in Ihrem Unternehmen zu fördern?
- Veranstalten Sie jedes Jahr ein Betriebsfest? Sind die Führungskräfte und ihre Familien dabei, und mischen sie sich unter die anderen Gäste? Welche Zusammenkünfte könnten Sie organisieren, die nicht viel kosten, häufig stattfinden können und die Beschäftigten einander näherbringen?
- Was müßte geschehen, damit in Ihrem Unternehmen eine betriebsinterne Kinderbetreuung eingerichtet werden kann? Welche Prioritäten müßte das Management setzen, um ein solches Vorhaben zu realisieren?
- Gibt es eine Möglichkeit, wie Sie das Engagement für wohltätige Zwecke dazu verwenden könnten, um die Beschäftigten zusammenzuschweißen? Was für Projekte oder Einrichtungen könnte Ihr Unternehmen unterstützen, so daß die Hilfe in Ihrer nächsten Umgebung einen spürbaren Eindruck hinterließe?

4 Management bedeutet Service

Wer kennt nicht Bill Gates, das Wunderkind, das Microsoft mitbegründete und heute zu den reichsten Menschen der Welt zählt? Bill ist ein Lieblingskind der Presse, und so gut wie jeder Schritt, den er und sein Unternehmen tun, wird in der Wirtschaftspresse haarklein analysiert. Die Faszination, die Bills Persönlichkeit ausübt, erklärt sich unter anderem daraus, daß er so gar nicht dem gewohnten Bild eines CEOs entspricht. Er trägt gerne die bei seinen Ingenieuren beliebte Kluft aus Turnschuhen und Jackett, obwohl er sich Armani-Anzüge leisten könnte. Aber das eigentlich Interessante an Bill ist nicht sein Erscheinungsbild, sondern die Art und Weise, wie er die Rolle des Chefs von Microsoft ausfüllt.

Wie schon erwähnt, sehen es die meisten CEOs als ihre Aufgabe an, ihre Firmen von einem von der Basis weit entfernten Kontrollzentrum aus zu betreiben. Sie sehen sich als «Industriekapitäne» mit einem Fußvolk, das ihnen zu Diensten steht. Nicht so Bill. Nichts liegt ihm ferner, als seinen Mitarbeitern und Mitarbeiterinnen genau zu sagen, was sie tun sollen. Er hat keinerlei Bedürfnis, sie zu überwachen und zu kontrollieren. Statt dessen möchte er eine Umgebung schaffen, in der sie über alle nötigen Voraussetzungen verfügen, um ihre Ziele und die Ziele des Unternehmens zu erreichen. Bill erläuterte seine Rolle bei Microsoft folgendermaßen:

Die Rolle unseres Managements besteht darin, neue Trends zu entdecken und auf dieser Grundlage die zukünftige Richtung der Unternehmensentwicklung festzulegen. Der wichtigste und aufregendste Bestandteil meiner Arbeit als Chairman besteht darin, die wirklich entscheidenden Trends zu erkennen und zu sagen, welche Chancen sie für uns darstellen. Dann stellen wir den Mitarbeitern und Mitarbeiterinnen die notwendigen Informationen und alles, was sie sonst noch brauchen, zur Verfügung, damit sie diese Zukunftsvisionen umsetzen können. Das Schwierigste daran ist, zu entscheiden, wohin man welche Ressourcen leitet – und ob man notfalls alles auf eine Karte setzen soll –, um die gewünschten Ergebnisse zu erreichen.

Bill erweist Microsoft einen großen Dienst, indem er seine Rolle als die eines Erbringers von Dienstleistungen definiert. Sein Ziel lautet, Microsoft zu *führen*, nicht aber, die Firma zu kontrollieren und zu überwachen.

Auch die anderen Unternehmen der Digitalen Elite sind sehr serviceorientiert. Ich fragte beispielsweise Edward McCracken, CEO von Silicon Graphics, wie sein Unternehmen es geschafft habe, auf einem so umkämpften Markt erfolgreich zu sein. Er meinte, der Schlüssel für die Innovationskraft bei Silicon Graphics liege in einem Mangel an formalen Strukturen:

Alle erfolgreichen Unternehmen in der Computerbranche haben horizontale Organisationsstrukturen. Sie legen wenig Wert auf Hierarchien, und die Beschäftigten bilden informelle Projektteams via Internet. Die Kommunikation ist viel einfacher, und mehr Menschen wissen Bescheid darüber, was im Unternehmen geschieht. Das ist sehr wichtig, denn wenn man schnelle Entscheidungen treffen und sich ständig auf neue Bedingungen einstellen muß, dann sollte jeder einzelne in der Lage sein, sich eine fundierte Meinung zu bilden. Wir halten sehr viel von Eigenmotivation.

McCracken führt SCI, indem er motivierten Mitarbeitern und Mitarbeiterinnen eigene Entscheidungsspielräume zugesteht. Deshalb herrscht bei SGI ein großes Maß an Freiheit und sehr wenig Bürokratie. Obwohl SGI mit über 5000 Beschäftigten nach den Maßstäben des Industriezeitalters mehr als groß genug ist, um eine umfangreiche Bürokratie zu rechtfertigen, ist es dieser Versuchung nie erlegen. Vielmehr haben sich bei SGI, wie bei den meisten Firmen der Digitalen Elite, andere und neue Führungskonzepte herausgebildet. Das Management der Digitalen Elite wendet wenig Energien dafür auf, das Mitarbeiterverhalten zu kontrollieren, sondern konzentriert sich lieber darauf, Kontrollmechanismen abzuschaffen und Machtbefugnisse im ganzen Unternehmen zu streuen.

Nach Meinung der Digitalen Elite geht es bei der Unternehmensführung nur am Rande darum, Kontrolle auszuüben. Sie sieht ihre Aufgabe vielmehr im Service im weitesten Sinn – im Dienst am Unternehmen. Diese Auffassung ist für viele Anhänger der traditionellen Sichtweisen kaum nachvollziehbar, weil sie die Aufgabe von Managern, insbesondere Topmanagern, immer noch darin sehen, daß sie anderen Anweisungen erteilen. Außerdem wurde der Begriff Service in der Vergangenheit meist mit einer schlechtbezahlten, eine gewisse Unterwürfigkeit voraussetzenden Arbeit gleichgesetzt. Wenn wir vom Dienstleistungssektor hören, denken wir meist an Pizzabäcker oder Zimmermädchen. Deshalb klingt es zunächst einmal abwegig zu sagen, daß ein Multimilliardär wie Bill Gates seinem Unternehmen einen Service erbringt.

Die Mitglieder der Digitalen Elite verstehen es, ihre Mitarbeiter und Mitarbeiterinnen zu begeistern und zu beflügeln, und sie helfen ihnen zu erkennen, zu welchen Leistungen sie in der Lage sind. Sie greifen auch schlichtend ein, wenn die Mitarbeiter alleine keine Entscheidung herbeiführen können. In seltenen Fällen intervenieren sie und revidieren Entscheidungen, wenn sie das Gefühl haben, daß das Unternehmen aus dem einen oder anderen Grund vom Kurs abkommt. Dies ist jedoch die Ausnahme und nicht die Regel. Den Chefs der Digitalen Elite ist es am liebsten, wenn ihre Unternehmen reibungslos und rentabel funktionieren, ohne daß sie eingreifen müssen. Sollte es trotzdem notwendig sein, daß sie in das Alltagsgeschäft intervenieren, dann interpretieren sie das als Zeichen dafür, daß sie Fehler gemacht haben. Diese Sichtweise unterscheidet sich natürlich grundlegend von der Auffassung der Führungsarbeit, die im typischen Unternehmen herrscht, wo das Management sich praktisch überall einmischt.

Das traditionelle Paradigma: Management = Kontrolle

Die Gleichsetzung der Führungsarbeit mit der Kontrolle und Überwachung der Beschäftigten ist eine Sichtweise, die sich ganz logisch aus den schon besprochenen Paradigmen Geschäftsleben = Krieg und Unternehmen = Maschine ergibt. Manager, die diese beiden Paradigmen verinnerlicht haben, ziehen zwangsläufig den Schluß, daß sie ihre Truppen «unter Kontrolle» haben und die Maschine «steuern» müssen.

Zu den großen Schwächen des Paradigmas Management = Kontrolle gehört es, daß es zu einer Konzentration der Macht an der Unternehmensspitze führt. Daraus resultieren wiederum eine Überfülle an komplizierten Regeln und Vorschriften, eine ausufernde Bürokratie und eine Inflation von teuren Berichterstattungsmechanismen, um die Informationen in der Führungskette hinauf- und hinabzuleiten. Traditionelle Unternehmen glauben jedoch fest daran, daß ihnen all diese Methoden zu mehr Stärke und Kontrolle verhelfen. Leider ist meist das Gegenteil der Fall: Sie entwickeln sich zu starren Monolithen, deren Erfolg bald hochgradig gefährdet ist.

Ein Opfer dieses Paradigmas war Wang Laboratories in den achtziger Jahren. Wang war damals der führende Anbieter von Textverarbeitungssystemen, die beim Büropersonal gerne dafür eingesetzt wurden, um die Flut der Memos ihrer Chefs zu bewältigen. Mitte der achtziger Jahre zeichnete sich deutlich ab, daß die preiswerten Personalcomputer die teuren Textverarbeitungsgeräte von Wang als Plattform für die Textverarbeitung ablösen würden. Dies stellte eine grandiose Chance für Wang Laboratories dar, weil die Software auf den Wang-Systemen damals die beste und am weitesten entwickelte auf der ganzen Welt war. Wang hätte diese Software lediglich für den Personalcomputer umschreiben müssen, und es hätte den lukrativen Markt für PC-Textverarbeitungsprogramme höchstwahrscheinlich im Sturm erobert.

Aber Wang machte keinerlei Anstalten, diesen Kurs einzuschlagen. Das Management befürchtete, auf seinen Textverarbeitungsrechnern sitzen zu bleiben, wenn die Wang-Software erst einmal auf den PCs lief. Dabei übersahen die Wang-Manager aber völlig, daß es lediglich eine Frage der Zeit war, bis ein anderes Unternehmen ein funktionsfähiges Textverarbeitungsprogramm für den PC auf den Markt brachte. Als dies geschah, verschlechterte sich die Ertragslage bei Wang rapide.

Die Entscheidung gegen den Übergang zur PC-Textverarbeitung war ein direktes Ergebnis der Firmenkultur, wie ein ehemaliger Wang-Manager erklärte:

> *Die Organisationsstruktur von Wang war extrem starr. Zwischen dem durchschnittlichen Produktmanager und dem CEO von Wang lagen sage und schreibe sieben Führungsebenen. Es ist kein Wunder, daß der CEO keine Ahnung mehr hatte, was im Unternehmen vor sich ging. Schon 1986 stand fest, daß die Personalcomputer die Computerbranche*

revolutionieren würden. Trotzdem fiel es Firmen wie Wang unheimlich schwer, sich auf diese Tatsache einzustellen.

Das Problem bei Wang lag darin, daß die Befehls- und Kontrollmechanismen dem Unternehmen nicht zu mehr Stärke verhalfen, sondern es lediglich schwerfällig und unbeholfen machten.

Das Paradigma Management = Kontrolle erzeugt häufig auch eine angespannte politische Atmosphäre, in der alle Energien dafür aufgewandt werden, Grabenkämpfe auszufechten, Unruhe unter den Beschäftigten zu schüren oder Intrigen einzufädeln. Für den Dienst am Kunden bleibt dann kein Quentchen Energie mehr übrig. Das Ergebnis sieht dann oft so aus, daß selbst die einfachsten Aufgaben – etwa ein Produkt auf den Markt zu bringen – zu einer außerordentlich umständlichen Angelegenheit werden, für die zahlreiche Unterschriften, Genehmigungen, Zustimmungen und politische Schachzüge notwendig werden. Das Unternehmen legt sich durch seine Kontrollkultur selbst lahm.

Ein Beispiel für ein Unternehmen, das eine solche Entwicklung durchgemacht hat, ist Xerox, wo es zu einem großen Problem wurde, Produkte zur Marktreife zu führen. Eine ehemaliger Mitarbeiter erzählte mir über seine Arbeit in einer Marketingabteilung von Xerox:

Es war unglaublich. Alles – von der Presseerklärung bis zur Produktbeschreibung oder zum Informationsblatt – mußte von mehreren Vice Presidents und Ausschüssen geprüft und genehmigt werden. Wir verbrachten fast sechs Monate damit, uns durch den Papierkram zu wühlen. Wenn ein Ausschuß oder ein Vice President einen Absatz änderte, mußte erst wieder die Zustimmung der anderen Ausschüsse und VPs eingeholt werden. Der Kontrollwahn griff sogar auf die E-Mail über. Alles mußte mit den Unternehmensnormen übereinstimmen, obwohl einige dieser Normen gar nicht aufeinander abgestimmt oder sogar veraltet waren. Das Traurige an dieser Situation war, daß die Verantwortlichen aufrichtig glaubten, dem Unternehmen auf diese Weise zum Erfolg zu verhelfen. Niemandem schien die Erkenntnis zu dämmern, daß dieser ganze Firlefanz einer der Gründe für die sinkenden Marktanteile war. Sie hatten keine Ahnung.

Wir haben nun so viele Jahre lang gehört, daß ein Manager stets alles im Griff haben muß, daß jede andere Definition absurd oder naiv klingt. Leider versuchen wohlmeinende Manager deshalb allzu oft, jedes Problem dadurch zu lösen, daß sie die Zügel anziehen und das Verhalten genau derjenigen Mitarbeiter noch intensiver kontrollieren, auf deren Zusammenarbeit sie eigentlich angewiesen sind. Sie wollen oft Vorgänge kontrollieren, auf die sie ohnehin gar keinen Einfluß haben.

Es ist ein verbreiteter Irrglaube, daß große Unternehmen ein höheres Maß an Kontrolle brauchen als kleinere. Dies führt geradewegs zu den aufgeblähten Bürokratien, die man in den meisten Großunternehmen vorfindet. Doch es gibt auch kleine Firmen, die durch Manager gelähmt werden, die dem Kontrollwahn verfallen sind. Gleichzeitig zeigen Unternehmen wie Microsoft und Hewlett-Packard ganz deutlich, daß auch große Konzerne flexibel bleiben können.

Ein Freund mir wurde einmal von einer neugegründeten Softwarefirma mit acht Beschäftigten für das Marketing eingestellt. Er kam von einem der großen Minicomputerhersteller und freute sich auf die Arbeit in einer kleinen Firma, in der es die politischen Intrigen und bürokratischen Auswüchse hoffentlich nicht gab, die ihm seine letzte Stelle so vermiest hatten. An seinem ersten Arbeitstag wurde er von seiner Vorgesetzten in ihr Büro gerufen, wo sie ihn darum bat, nicht direkt mit dem Unternehmenschef zu sprechen. Sollte er Fragen oder Beschwerden haben, so möge er sich doch zuerst an sie wenden. «Wir müssen Disziplin und Ordnung aufrechterhalten», erklärte sie ihm. Zuerst hielt er das Ganze für einen Scherz – schließlich bestand das ganze Unternehmen aus nur acht Personen. Doch die starre Miene seiner Vorgesetzten überzeugte ihn davon, daß sie es bitterernst meinte. Es kam, wie es kommen mußte: Binnen kurzem sah sich das Unternehmen so großen Problemen gegenüber, daß es haarscharf am Konkurs vorbeischlitterte.

Es kann sehr verlockend sein, dem Kontrollbedürfnis nachzugeben. Die Illusion, andere so beeinflussen zu können, daß sie exakt unseren Vorstellungen entsprechend handeln, ist sehr tröstlich in einer Welt, die ansonsten sehr chaotisch ist. Das Gefährlichste an der «Kontrolle» ist, daß sie funktioniert – zumindest eine Zeitlang. Früher oder später aber erzeugt sie massive Gegenreaktionen. Der kontrollwütige Manager blickt eines Tages über den Konferenztisch und stellt fest, daß er von lauter Feinden umgeben ist, die ihm bei der nächsten passenden Gelegenheit sofort in den Rücken fallen würden. Also denkt er sich neue Kontroll- und

Manipulationsmechanismen aus, während seine Mitarbeiter nur noch geschickter lavieren, um dem eisernen Griff des Managements zu entgehen.

Was ist nun die Alternative zur Kontrolle? Chaos? Das jedenfalls möchte der Bestseller-Autor und Unternehmensberater Tom Peters uns glauben machen. In seinem Buch *Kreatives Chaos* fordert Peters die Führungskräfte auf, das Chaos zu fördern, zu kanalisieren und zu einem integralen Bestandteil des Unternehmens zu machen. Die Branchenkennerin und Wagniskapitalgeberin Ann Winblad meinte dazu:

> *Die Softwarebranche insgesamt ist mehr oder weniger ein kaum gebändigtes Chaos. Ende der siebziger Jahre, als alles anfing, hat sich doch jeder seinen Weg erst ertastet. Und weil sich ständig neue Segmente entwickeln, die schnell wachsen, hat sich daran nichts geändert. Es mag bei einem großen Softwareunternehmen wie Oracle ein klein wenig zivilisierter als in einem neu gegründeten Unternehmen zugehen, aber der Unterschied ist nicht so erheblich. Das große Unternehmen hat vielleicht schönere Gebäude und ein Sicherheitssystem und Namensschilder, aber im Grunde gibt es auch dort keine Regeln.*

Lassen Sie sich diesen Satz einmal auf der Zunge zergehen: «Im Grunde gibt es keine Regeln.» In den Unternehmen der Digitalen Elite wurde das Kontrollbedürfnis durch ein neues Verständnis der Aufgaben des Managements ersetzt. Die Manager geben die große Richtung für die Unternehmensentwicklung vor und lassen dann die Beschäftigten entscheiden, wie sie die Ziele umsetzen. Das Paradigma Management = Service führt zu ganz anderen Verhaltensweisen als das Paradigma Management = Kontrolle (siehe Tabelle 4.1).

Tabelle 4.1. Paradigmenvergleich

Management = Kontrolle	**Management = Service**
Stillstand. Die Kontrollmechanismen erzeugen Gegenwehr und müssen deshalb immer weiter verstärkt werden, bis jede Entscheidungsfindung zum Stillstand kommt.	*Flexibilität.* Wichtige Entscheidungen werden nicht grundsätzlich an der Firmenspitze getroffen, sondern dort, wo die größte Nähe zum Kunden besteht. So wird das Unternehmen flexibler.
Ja-Sager-Syndrom. Die Beschäftigten stimmen ihren Vorgesetzten immer zu, selbst wenn sie selbst bessere Ideen hätten.	*Kreativer Dissens.* Meinungsverschiedenheiten und Ideenvielfalt führen dazu, daß viele unterschiedliche Methoden angewandt werden.
Machtkonzentration. Durch die Konzentration aller Kontrollbefugnisse an der Spitze wird die Macht der Führungskräfte beschnitten und das Unternehmenswachstum gebremst.	*Empowerment.* Durch die Streuung von Machtbefugnissen auf nachgeordnete Ebenen gewinnt das Unternehmen Stärke und Wettbewerbsfähigkeit.

Um zu illustrieren, wie unterschiedlich sich diese beiden Paradigmen in der Praxis auswirken, wird im folgenden beschrieben, wie es Hewlett-Packard gelang, die Digital Equipment Corporation als zweitgrößtes Computerunternehmen in den Vereinigten Staaten zu überholen.

Fallstudie: Die Organisationsstrukturen bei Hewlett-Packard und Digital

Hewlett-Packard (HP) nimmt unter den Computerherstellern, die am Boom der siebziger Jahre teilhatten, insofern eine einzigartige Rolle ein, als das Unternehmen die Umwälzungen der vergangenen 15 Jahre ohne die Entlassungen, Finanzkrisen und Marktanteilsverluste überstand, die für viele Konkurrenten so existenzbedrohlich waren.

HP wurde 1939 von Bill Hewlett und Dave Packard gegründet, zwei Elektroingenieuren von der Stanford University. Sie hatten einige unorthodoxe Ideen zur Führung ihres neuen Unternehmens, die in krassem Widerspruch zu den damaligen Führungstheorien standen. In den vierziger und fünfziger Jahren wurde das Management als eine Wissenschaft betrachtet, und die Business Schools hielten die Manager dazu an, Unternehmen «nach Zahlen» zu führen – «managing by numbers». Im wesentlichen bedeutete das, den Profit zu maximieren, indem man den Beschäftigten möglichst niedrige Löhne und Gehälter für ihre Arbeit bezahlte. Diese Art von Management erfreut sich bis heute viel zu großer Beliebtheit, wie Rafael Aguayo in seinem 1990 erschienenen Buch *Dr. Deming: The American Who Taught the Japanese about Quality* meint.

Bill Hewlett und Dave Packard waren jedoch überzeugt davon, daß die Produktivität steigt, wenn die Mitarbeiter und Mitarbeiterinnen am Unternehmenserfolg partizipieren. Außerdem glaubten sie, daß man den Beschäftigten eine stabile Umgebung bieten müsse, die nichts mit der «Hire-and-Fire»-Mentalität zu tun hatte, die in der damaligen Elektronikindustrie so verbreitet war. Sie glaubten weiterhin, daß ein starkes Unternehmen eine Gemeinschaft sei und schufen ein lockeres, informelles Klima, das sie bis heute bewahren konnten. Sie wurden von ihren Beschäftigten stets «Bill» und «Dave» genannt. Die beiden Gründer von HP gaben ihren Mitarbeitern und Mitarbeiterinnen immer nur die Richtung vor und überließen es ihnen, wie sie die Vorgaben umsetzen. Mikromanagement hatte keinen Platz in der Firmenkultur von HP. Bill und Dave schufen vielmehr eine Kultur, in der das Management eine Art Servicefunktion für diejenigen erfüllte, die die eigentliche Arbeit erledigten. Mit diesen revolutionären Konzepten blühte HP auf. Gegen Ende der siebziger Jahre erzielte HP einen wachsenden Teil der Umsätze aus dem Verkauf von Rechnern wie dem Minicomputer HP 3000.

Einer der Hauptkonkurrenten von HP war damals die Digital Equipment Corporation in Massachusetts. Digital wurde 1957 von Ken Olsen gegründet, einem Elektrotechniker vom MIT, dem Massachusetts Institute of Technology. Als Digital expandierte, glaubte Ken – der sich selbst als Puritaner bezeichnete und weder trank noch rauchte noch fluchte –, die Zügel anziehen zu müssen. Jeder, der seine Autorität potentiell bedrohte, mußte mit Sanktionen rechnen. Dieser Prozeß, den Rifkin und Harrar 1988 in ihrem Buch *The Ultimate Entrepreneur: The Story of Ken Olsen and Digital Equipment Corporation* dokumentierten, führte dazu, daß das Unternehmen schließlich nur noch nach Ken Olsens Launen geführt wurde. Er gab sogar eine Parole aus, die seine Auffassung der Führung von Digital vermittelte: «Ein Unternehmen. Eine Strategie. Eine Botschaft.» Dieses Motto symbolisierte Kens Entschlossenheit, die Herrschaft uneingeschränkt auszuüben. Er setzte das Paradigma Management = Kontrolle konsequent um. Diese Einstellung und die daraus resultierende Organisationsstruktur erwiesen sich bald als große Schwäche von Digital, wie Jim Manzi, der damalige CEO der benachbarten Lotus Development Corporation, beobachtete:

Bei Digital hieß es irgendwann nur noch «Ken sagt dies» und «Ken sagt jenes». Genau das brach Digital das Genick. Solange Ken sein OK nicht gegeben hatte, passierte gar nichts. Ken war die Sonne, um die Digital zu kreisen hatte. So verbreitet dieses Phänomen auch sein mag, in der heutigen Welt bedeutet es den Untergang.

1980 ähnelten sich HP und Digital nach außen hin insofern, als beide Unternehmen Minicomputer an dieselben Kundenkreise verkauften. Intern bestanden jedoch erhebliche Unterschiede. HP besaß eine dezentrale und flexible Unternehmenskultur, in der man Vertrauen in die Entscheidungsfähigkeit der Mitarbeiter und Mitarbeiterinnen setzte. Die Unternehmenskultur von Digital dagegen war vom Kontrollwahn durchdrungen. Damals war Digital noch das erfolgreichere Unternehmen. Immerhin war es der weltweit größte Minicomputerhersteller und sollte bald den Sprung auf Platz zwei der Computerhersteller Nordamerikas schaffen (nach IBM). Noch 1988 erwirtschaftete Digital mit 12,4 Milliarden Dollar einen doppelt so hohen Jahresumsatz wie HP.

1994 hatte sich dieses Verhältnis umgekehrt. Der Jahresumsatz von HP war auf 24 Milliarden Dollar hochgeschnellt, bei einer schwindelerregenden jährlichen Wachstumsrate von 24 Prozent. Der Umsatz von Digital war dagegen bei 13,5 Milliarden Dollar zum Stillstand gekommen. Unter Berücksichtigung der Inflationsrate lag dieses Ergebnis sogar noch unter dem von 1988. Aber noch schlimmer war die mehr als bescheidene Wachstumsrate von 6,4 Prozent. HP verbuchte Rekordgewinne, während Digital eine Reihe von Rekordverlusten einfuhr. Lew Platt, CEO von Hewlett-Packard, erzählte mir, wie dieser Erfolg möglich geworden war:

Im Zentrum des Managements von Hewlett-Packard steht das Bemühen um eine schlüssige Kultur. Vieles geschieht hier einfach nur deshalb, weil jeder weiß, daß es bei uns so üblich ist. Wir sind sehr dezentral organisiert und haben uns in relativ kleine Geschäftseinheiten aufgespalten. Wir geben den Leitern dieser Bereiche ein großes Maß an Entscheidungskompetenzen. Wir versuchen also nicht, alles von oben zu lenken. Dadurch haben wir einerseits die Vorteile eines großen Unternehmens – und da gibt es durchaus einige –, während wir andererseits die meisten Nachteile vermeiden.

Lew meinte, daß es HP durch die dezentralen Strukturen gelungen ist, die Nähe zum Kunden zu wahren. Deshalb kann HP genau die Produkte herstellen, die der Kunde möchte. Lew führt es außerdem auf die dezentralen Strukturen zurück, daß bei HP die Arroganz und Selbstgefälligkeit nicht entstehen konnten, die irgendwann für IBM und Digital typisch waren. Er erklärte:

Man darf nicht anfangen, sich für unbesiegbar zu halten, oder zu glauben, man wisse besser als der Kunde selbst, was er brauche. Genau dies war nämlich der Fehler, den viele Unternehmen in der Branche gemacht haben, vor allem unsere zwei größten Konkurrenten. Sie sind selbstgefällig geworden. Und in ihrer Arroganz fanden sie, daß sie selbst am besten wußten, was die Kunden brauchten – besser als die Kunden selbst. Sie hörten nicht mehr zu, und so entgingen ihnen all die unterschwelligen Signale des Marktes, die sie aufgefangen hätten, wären sie wachsamer gewesen.

Die Dezentralisierung half HP, für die Kundenbedürfnisse stets offen zu bleiben. So kam es, daß HP schon sehr früh auf dem PC-Markt präsent war. Heute verkaufen die überall verstreuten, dezentralen Divisionen nicht nur Desktop-Computer, sondern auch eine Produktlinie mit tragbaren und ultrakleinen Rechnern. Die Druckerdivision von HP hat praktisch eine marktbeherrschende Stellung aufgebaut. HP gehört außerdem zu den innovativsten Unternehmen in der Computerbranche, denn es ist führend in der Entwicklung neuer Technologien, wie etwa dem superschnellen P7-Mikroprozessor, den HP gemeinsam mit Intel baut.

HP hat sich erfolgreich an neue Gegebenheiten in der Computerbranche angepaßt, weil die dezentralen Strukturen es ermöglichten, innovative Produkte schnell zur Marktreife zu führen. Das war keineswegs so einfach, wie es sich nun vielleicht anhört. Die Computerbranche der neunziger Jahre ist mit derjenigen der siebziger Jahre nicht mehr zu vergleichen. Wie die anderen etablierten Computerhersteller der neunziger Jahre wurde auch HP mit sinkenden Margen, einem schärferen Wettbewerb und immer anspruchsvolleren Kunden konfrontiert. Interessant ist jedoch die Art und Weise, wie HP sich diesen schwierigen Herausforderungen gestellt hat: Statt zu versuchen, die Unternehmensspitze zu stärken und mit mehr Machtbefugnissen auszustatten, wie viele andere Unternehmen es getan hätten, forcierte HP die Dezentralisierungsbemühungen. CEO Lew Platt erklärte:

> *Wenn man sich die Geschichte von HP genau ansieht, fällt einem folgendes auf: Immer dann, wenn wir in Schwierigkeiten gerieten, folgte eine Periode der Dezentralisierung und der Verlagerung der Entscheidungsfindung auf niedrigere Ebenen. Das ist einfach die für uns typische Art und Weise, auf Schwierigkeiten zu reagieren. Wie sich gezeigt hat, funktioniert sie. Und weil sie funktioniert, und weil unsere Mitarbeiterinnen und Mitarbeiter meist lange Zeit bei HP bleiben, gibt es viele Leute, die sich daran erinnern, daß die Methode funktioniert. Deshalb gibt es immer viele Beschäftigte, die gerne darauf wetten, daß es auch dieses Mal wieder funktioniert. Es gibt ein Zitat, das mir sehr gut gefällt: «Die Rolle des CEO besteht darin, das Unsichtbare sichtbar zu machen und sich dann mit den weißen Flecken zu befassen.» Das ist eine clevere Art und Weise um auszudrücken, daß der CEO für das Gemeinschaftsgefühl innerhalb des Unternehmens verantwortlich ist. Die weißen Flecken sind die Zwischenräume, die in einem Organigramm zwischen den Funktionen und Geschäftsfeldern frei bleiben. Mir gefällt diese Definition wirklich gut. Ich denke, daß dies die wichtigste Aufgabe eines CEO ist, und ich persönlich wende dafür auch viel Zeit auf.*

Im Gegensatz dazu fiel es Digital sehr schwer, erfolgreiche Produkte auf den Markt zu bringen, weil die Entscheidungen an einer Stelle getroffen wurden, die Lichtjahre von den Kunden entfernt waren. Der Gründer Ken Olsen hatte nichts für Personalcomputer übrig und wollte deshalb auch nicht einsehen, warum andere Menschen sie brauchen sollten. Dieses Vorurteil war in der Zentrale von Digital, in der der größte Teil der Entscheidungsmacht von Digital angesiedelt war, allgemein verbreitet. Das führte dazu, daß Digital erst zehn Jahre nach der Markteinführung des IBM-PC ein rentables PC-Geschäft vorweisen konnte.

Im Gegensatz zu HP, das auf finanzielle Probleme mit einer noch intensiveren Dezentralisierung reagierte, verstärkte Digital die Kontrollmechanismen, sobald die Ertragslage Anlaß zu Besorgnis gab. Dies war eine ganz natürlich Folge des Paradigmas Management = Kontrolle. Um die Kostensituation in den Griff zu bekommen, wurden Top-down-Kontrollen eingerichtet, und die interne Bürokratie wurde gestärkt. Der Vorstand stellte «starke» Manager aus traditionellen Unternehmen wie IBM ein, in der Hoffnung, daß diese «das Unternehmen zusammenhalten» könnten. Dann begannen die Entlassungswellen. In den ersten Runden waren hauptsächlich Vertriebsmitarbeiter betroffen, die also von der Zentrale weit entfernt waren. Im wesentlichen trennte sich Digital von genau denjenigen Mitarbeitern, die den Kunden am nächsten waren und die Anpassung an die neuen Kundenanforderungen am besten hätten unterstützen können. Daher konnte die Klage der *Business Week* im Mai 1994 wenig überraschen, daß es Digital schlechter denn je zuvor gehe. (Digital hat allerdings seitdem versucht, die Kultur allmählich zu verändern, so daß sich das Unternehmen in seiner heutigen Form deutlich von dem der Vergangenheit unterscheidet.)

Dieses Beispiel zeigt, daß das Paradigma Management = Service drei Erfolgsstrategien begünstigt, die ein Unternehmen flexibler und anpassungsfähiger machen:

- Stärkung durch Verteilung der Macht
- Anregung zum kreativen Dissens
- Bildung autonomer Teams.

Diese Strategien sollen im folgenden genauer betrachtet werden.

Strategie 7: Stärkung durch Verteilung der Macht

Traditionelle Unternehmen konzentrieren die Macht an der Unternehmensspitze, indem sie in der Zentrale eine mächtige Bürokratie heranziehen. In vielen Unternehmen erweisen sich diese bürokratischen Strukturen – ähnlich wie in einer Staatsbürokratie – als Hemmschuh für notwendige und sinnvolle Veränderungen. Der CEO von SOFTBANK, Masayoshi Son, drückte dies folgendermaßen aus:

In welchem Land, in welcher Kultur und in welcher Zeit auch immer – sobald ein Unternehmen eine bestimmte Größe erreicht hat, geht seine Leistung wieder zurück. Dann wächst die Bürokratie, überall kommt es zu Reibungen, und das Wachstum des Unternehmens verlangsamt sich. Je flacher Ihre Unternehmensstrukturen sind, umso weniger Sorgen brauchen Sie sich um die Bürokratie zu machen.

Die Digitale Elite unternimmt ständig Bemühungen, um die bürokratischen Verkrustungen zu vermeiden, unter denen so viele andere Unternehmen leiden. Der CEO von Hewlett-Packard, Lew Platt, meinte dazu:

Ich bin überzeugt davon, daß die Tendenzen zur Bürokratie und zum Zentralismus im Lauf der Zeit immer stärker werden. Ich vergleiche das immer gerne mit dem, was in vielen Garagen passiert: Unnützer Krempel sammelt sich an, und wenn Sie nicht regelmäßig ausmisten, haben Sie eines Tages nicht einmal mehr genug Platz, um Ihr Auto darin abzustellen! Mit der Bürokratie ist es dasselbe. Sie macht sich ganz langsam in Ihrem Unternehmen breit, und in regelmäßigen Abständen müssen Sie einen Blick darauf werfen und alles Unnötige über Bord werfen. Genau das tun wir. Wir haben es darin sogar zu einigem Können gebracht. Beispielsweise werden bei uns die Funktionen der Unternehmenszentrale jährlich überprüft. Die Geschäftsbereiche stimmen darüber ab, ob diese Funktionen weiterhin so wahrgenommen werden sollen wie bisher. Das hilft uns ungemein, jeden bürokratischen Wildwuchs, der sich eingeschlichen hat, zu beseitigen.

HP stellt ein perfektes Beispiel für die Umkehrung der Methoden dar, die im Industriezeitalter gebräuchlich waren. In den meisten Unternehmen müssen die verschiedenen Geschäftsbereiche alljährlich in die Höhle der Bürokraten gehen und darum betteln, weiterarbeiten zu dürfen. Bei HP verhält es sich genau umgekehrt: Die Unternehmensfunktionen wenden sich an die Geschäftsbereiche, um grünes Licht zum Weiterarbeiten zu bekommen. Dazu muß die Rolle des Managements neu definiert werden: Die Kontrolle erhält gegenüber der Koordination eine untergeordnete Bedeutung. Y. S. Kim, CEO von AST Research, erklärt:

Der CEO hat die Aufgabe, die Leistungen der Mitarbeiter und Mitarbeiterinnen zu koordinieren, so daß ein Ganzes entsteht, das mehr ist als nur die Summe der einzelnen Teile. Ich erwarte von meinen Mitarbeitern und Mitarbeiterinnen, daß sie mir berichten, was sie getan haben, aber nicht, daß sie mich fragen, was sie tun sollen. Jeder Mitarbeiter muß selbst entscheiden, denn er kann die jeweilige Sache am besten beurteilen. Ein Unternehmen, das seinen Beschäftigten keine Entscheidungsbefugnisse einräumt, kann auch nicht wachsen.

Die Mitglieder der Digitalen Elite verhindern jede unerwünschte Machtkonzentration an der Spitze also auch dadurch, daß sie nicht ständig Befehle erteilen. Ein CEO, der es meisterhaft versteht, die Eigenständigkeit seiner Mitarbeiter und Mitarbeiterinnen zu fördern, ist Mitchell Kertzman. Ich fragte ihn nach dem Geheimnis, wie man ein effektiver Manager wird, und er antwortete mir:

> *Ich bin das Gegenteil des Peter-Prinzips. Als ich das Unternehmen gründete, war es ein Ein-Mann-Unternehmen. Am Anfang machte ich alles alleine: Ich entwickelte die Programme, schrieb die Rechnungen, führte die Buchhaltung, ging ans Telefon und kochte den Kaffee. Als das Unternehmen wuchs, erledigte ich immer weniger von diesen Aufgaben. Und ganz bestimmt liegt das auch daran, daß ich sie weniger gut beherrschte als die meisten Leute, die sie jetzt tun. Ich bin insofern das Gegenteil des Peter-Prinzips, als ich nun meinen Fähigkeiten entsprechend arbeite. Und wo liegen meine Fähigkeiten? Ich kann gut motivieren. Ich kann gut Leute einstellen. Ich kann das Unternehmen gut repräsentieren. Ich kann gut Reden halten. Ich kann mit Kunden und der Presse umgehen, und ich unterhalte gute Kontakte zur Finanzwelt. Meine Aufgaben liegen also in den Bereichen, in denen ich gut bin.*

Für Mitchell war die Entwicklung zum Manager ein Prozeß, in dem er Kontrolle, Verantwortung und Autorität aufgab. Der Schlüssel zum persönlichen Wachstum als Manager besteht darin, die eigenen Schwächen zu erkennen und sie dann zu beheben, indem man hervorragende Teammitarbeiter einstellt. Mitchell hält es für ein Mißverständnis zu glauben, daß Delegieren gleichbedeutend mit der Aufgabe der Kontrolle sei. Viele Manager, die delegieren, klammern sich trotzdem noch an ihr Kontrollbedürfnis, wie er glaubt:

> *Die Unfähigkeit loszulassen, ist fast eine Krankheit. Die Vernunft sagt diesen Managern zwar, daß sie gute Leute einstellen müssen, um bestimmte Aufgaben zu erledigen, aber dann können sie nicht loslassen. Ein Teil des Problems ist das Delegieren. Delegieren bedeutet, daß Sie eine Aufgabe, für die Sie verantwortlich sind, an jemanden übertragen. Das ist etwas anderes als zu sagen: «Ich bin der CEO und für die Leistung und die Ergebnisse des gesamten Unternehmens verantwortlich. Aber Joe übernimmt die operativen Abläufe und Jane die Finanzangelegenheiten.» Meine Aufgabe lautet, meine Mitarbeiter und Mitarbeiterinnen zu unterstützen, ihnen die notwendigen Ressourcen zur Verfügung zu stellen und sie kritisch zu begleiten.*

An diesem Zitat wird deutlich, wie wichtig der «Service-Aspekt» für Mitchells Auffassung vom Management ist. Das heißt aber nicht, daß er keine Macht hat. Die Entscheidungsgewalt liegt letztlich bei ihm, und weil er allseits respektiert wird, hört man ihm auch bereitwillig zu. Aber seine Absicht lautet, die Stärke des Unternehmens insgesamt zu steigern und aus diesem Grund die Machtbefugnisse zu verteilen.

Das Paradigma Management = Kontrolle schwächt die Strukturen auch insofern, als es voraussetzt, daß die Manager alles wissen sollten, was in einem Unternehmen vor sich geht. Das ist aber ein großer Fehler, wie der ehemalige CEO von Lotus, Jim Manzi, meint:

Hierarchie und Autorität sind Dinge, die in den Köpfen der Leute fest verwurzelt sind. Meine größte Angst ist die, in meinem Unternehmen hören zu müssen: «Jim sagt, wir sollten das so tun» oder «Jim sagt, wir machen das so.» Die Wahrheit ist die, daß Jim gar nicht weiß, worüber diese Leute reden, weil er doch niemals über alles informiert sein kann. Mein Ziel ist es, dafür zu sorgen, daß wir alle an einem Strang ziehen. Ich sage den Leuten, daß ich nicht weiß, worüber sie reden. Ich sage ihnen, daß ich damit nichts zu tun haben möchte. Wenn es sein muß, werde ich da sehr deutlich. Ich versuche gar nicht erst, den Eindruck zu erwecken, als wüßte ich alles, was im Unternehmen vor sich geht, denn das ist eine weit verbreitete Managerkrankheit.

Die Digitale Elite gibt also Machtkompetenzen auf, um das Unternehmen insgesamt zu stärken. Frank Ingari, der CEO von Shiva, hat dieses scheinbare Paradox erläutert:

Ich möchte Sie etwas fragen: Glauben Sie, daß die Macht eine knappe Ressource ist, ober glauben Sie, daß sie immer wieder erneuerbar ist und dem ganzen Unternehmen zur Verfügung steht? In einem großen Unternehmen fangen die Leute doch früher oder später an zu glauben, daß Macht und alles, was damit zusammenhängt – Macht um ihrer selbst willen, Macht als Aphrodisiakum, Macht als Zugang zu Geld, Macht als Türöffner zu Chefs –, nur in begrenztem Maß zur Verfügung steht. Wenn eine Person Macht haben will, muß die andere sie verlieren. Diese Auffassung ist ebenso weit verbreitet wie falsch. Ich sehe es als Zeichen für den bevorstehenden Abstieg eines Unternehmens, wenn die Führungskräfte anfangen so zu denken. Nichts könnte von der Wahrheit weiter entfernt sein. Die Macht leitet sich nicht von den Ereignissen innerhalb des Unternehmens ab, sondern davon, wie wir uns auf den Märkten behaupten und wie kreativ jeder einzelne ist. Deshalb ist genau das Gegenteil wahr: Die Macht kann und muß wachsen. Das erfolgreiche Unternehmen verteilt deshalb seine Macht.

Hier liegt auch die eigentliche Bedeutung des so häufig mißbrauchten Modeworts «Empowerment»: Wer Macht aufgibt, indem er sie an andere

Mitarbeiter und Mitarbeiterinnen überträgt, macht das Unternehmen robuster, anpassungsfähiger, flexibler und deshalb auch – mächtiger. Y. S. Kim, CEO von AST Research, drückte das so aus:

> *Man muß den Mitarbeitern mehr individuelle Verantwortung übertragen, damit sie ihr Bestes geben können. Loyalität entsteht dann, wenn sie stolz auf das sind, was sie für das Unternehmen tun. Das bedeutet, daß die Mitarbeiter mehr Befugnisse im Entscheidungsfindungsprozeß erhalten, so daß mehr Leute mehr Aufgaben ausführen. Damit rücken auch die Faktoren Belohnung und Anerkennung ins Zentrum der Aufmerksamkeit.*

Strategie 8: Anregung zum kreativen Dissens

Es hat allerdings wenig Sinn, Machtbefugnisse zu verteilen, wenn sich die Manager, einschließlich der CEOs, hinterher jedes Mal aufregen, wenn etwas geschieht, womit sie nicht einverstanden sind. Die Manager können nicht ständig intervenieren, um die Dinge so zurechtzubiegen, wie sie sie gerne hätten. Das bedeutet, daß sie Meinungsverschiedenheiten tolerieren müssen – selbst wenn diese im Management selbst angesiedelt sind. Diese Strategie wird am folgenden Beispiel illustriert, das Mitchell Kertzman mir erzählte, als ich ihn zu seinem Führungsstil bei Sybase befragte:

> *Vor einiger Zeit machte ein Juniormanager einen Vorschlag, den ich wirklich dumm fand. Und ich brachte auch ganz klar zum Ausdruck, was ich von der Idee hielt. Aber der Nachwuchsmanager machte weiter und setzte seinen Vorschlag einfach um. Nun, ich hatte die Lage falsch eingeschätzt, und er goldrichtig. Für die Unternehmenskultur ist es in so einem Fall enorm wichtig, daß ich in aller Deutlichkeit zugebe, daß ich im Unrecht war. Ich muß zeigen, daß ich jemanden unterstütze, der sich trotz meiner mangelnden Zustimmung an die Arbeit machte und etwas tat, was sich als völlig richtig erwies.*

Mitchell ließ den Juniormanager tun, was dieser für angemessen hielt, und er räumte seine Fehleinschätzung ein. In einem Unternehmen des Industriezeitalters ist ein solches Vorkommnis fast undenkbar, denn dort hätte der Juniormanager nie gewagt, überhaupt eine Meinung zu vertreten, die von der seines CEO abwich. Und er wäre zweifellos sofort gefeuert worden, hätte er eine Maßnahme durchgeführt, die im Widerspruch zur Ansicht des CEO stand – unabhängig davon, ob dessen Ansicht sich als richtig oder als falsch erwies. Für die Digitale Elite ist der Entscheidungsfindungprozeß durch Zusammenarbeit geprägt. Dem Manager kommt dabei die Rolle eines Schiedsrichters, Trainer oder Mentors zu und nicht die eines Vorgesetzten, Eigners oder Diktators. Das heißt nicht, daß die Digitale Elite keine Entscheidungen treffen kann oder will. Sie behält sich die letzte Entscheidung vor, allerdings nur, wenn ihre Mitarbeiter zu keiner Einigung finden. Dies erfordert einen sensibleren Führungsstil, der auf Vertrauen basiert. Stan Shih, CEO der Acer Group, erklärt:

> *In der Vergangenheit hatten diejenigen die Kontrolle, die 51 Prozent eines Unternehmens hielten. Es ist aber viel sinnvoller, ein Unternehmen zu kontrollieren, indem man die gemeinsamen Interessen der Unternehmensangehörigen fördert. Diese Methode nimmt jedoch mehr Zeit in Anspruch, weil man zuerst einen Konsens erreichen muß, was wiederum sehr viel Kommunikation und gegenseitiges Vertrauen erfordert. Erst dann kann man gemeinsam an der Umsetzung der gemeinsamen Vision und der Ziele arbeiten und Strategien finden, die dem beiderseitigen Nutzen dienen.*

Das bedeutet nicht, daß die Manager sich nun völlig zurücknehmen müßten. Eine besonders dynamische Führungspersönlichkeit in der Digitalen Elite ist William Campbell. Er ist Chef von Intuit, dem Softwareunternehmen, von dem das bekannteste private Finanzverwaltungsprogramm der Welt stammt. Ich sprach mit Bill in seinem Haus in Silicon Valley. Auch in dieser entspannten Umgebung sprach Bill mit großer Leidenschaft und Feuereifer über seine Ideen. Bill glaubt, daß Unternehmen mit einer ausgeprägten Weisungskultur die Eigeninitiative der Beschäftigten ersticken. Ihre Mitarbeiter verwandeln sich in «Ja-Sager» und «Angsthasen», wie es seiner Meinung nach auch bei IBM war:

> *IBM holt sich die besten Leute von den besten Colleges und Universitäten des Landes, nur um dann einen Teil ihres Gehirns auszuschalten, so daß sie gesichtslose Klone werden. Viele zählen für mich außerhalb von IBM immer noch zu den klügsten Menschen, die ich kenne, und ich bin sehr gerne mit ihnen zusammen, um beispielsweise ein Bier mit ihnen zu trinken. Aber innerhalb von IBM protestieren sie gegen nichts, kämpfen für nichts, haben eine Heidenangst vor Risiken. Sie reden ständig darüber, was* nicht *funktionieren wird.*

In seiner Führungsrolle versucht Bill eine Kultur zu schaffen, in der Kontroversen, Meinungen und Konflikte an der Tagesordnung sind. Dadurch wird es leichter, die Beschäftigten in den Entscheidungsfindungsprozeß einzubeziehen:

Man gewöhnt sich daran, keine Unterschiede zwischen den Ebenen mehr zu machen. Schließlich entwickelt man einen anderen Führungsstil. Der hierarchische Manager von gestern hatte stets ein «Ja, Sir! Ja, Sir! Was immer Sie möchten, Sir! Stets zu Diensten, Sir» auf den Lippen. Heute ist das ganz anders. Die Leute reden mit den Managern und sagen Dinge wie: «Bill, das ist Bullshit! Das ist dumm. Sie haben eine schlechte Entscheidung getroffen.» Das ist der Unterschied. Als Chef eines Unternehmens des Informationszeitalters müssen Sie Meinungsverschiedenheiten zulassen, ja, Sie müssen abweichende Meinungen sogar fördern. Zu meinen Prinzipien gehört es, die Finger von Dingen zu lassen, hinter denen ich nicht stehe. Welchen Sinn hat eine gedankenlose Zustimmung? Ich akzeptiere kein «Ja, Sir». Man muß immer daran denken, das man zwar vom Vorstand zum Chef ernannt wurde, daß aber erst die Mitarbeiter und Mitarbeiterinnen einen zum Führer machen.

In den Unternehmen, die Bill geleitet hat, wurden oft sehr hitzige Debatten geführt. Aber das ist typisch für die Unternehmen der Digitalen Elite. Wenn die Führungskräfte brüllen, brüllen die Mitarbeiter oder Mitarbeiterinnen eben zurück. Bill Campbell meinte dazu:

Mir gefällt es, wenn die Leute sich wehren, und ich hasse es, wenn jemand immer nur «ja» sagt. Ich bin ziemlich temperamentvoll. Ich gerate schnell in Zorn, ohne dabei verletzend zu werden. Aber wenn ich mit Ihnen rede, dann erwarte ich, daß Sie mir antworten: «Mist, Bill, ich habe das anders gesehen. Es hat so nicht funktioniert.» Darum geht es meiner Meinung nach beim Management. Ich möchte, daß die Leute keine Angst davor haben, mir zu sagen, was im Unternehmen vor sich geht. Man muß darüber reden können. Ich möchte, daß sie mir zuhören, und daß ich ihnen zuhöre. Wir verfolgen alle ein übergeordnetes Ziel – das Unternehmen voranzubringen.

Die Digitale Elite schafft eine Arbeitsatmosphäre, in der Fragen offen diskutiert werden können, ohne daß man sich Sorgen machen muß, ob man jemandem auf die Zehen tritt oder die eigenen Kompetenzen überschreitet. In einem Unternehmen der Digitalen Elite wird man nicht aufgrund seiner *Position* respektiert, sondern aufgrund der *Leistungen*, die man beiträgt. Nach einem Artikel in der Zeitschrift *Wired* von 1994 kann ein guter Programmierer bei Microsoft sehr viel mehr Einfluß als ein Manager haben. Daraus entsteht eine echte *Meritokratie* – bessere Leistungen bedeuten mehr Einfluß. Mitchell Kertzman, CEO von Sybase, erläuterte:

Man braucht eine Unternehmenskultur, in der es erstens möglich ist, jede noch so blöde Idee auf den Tisch zu bringen, in der es zweitens erlaubt ist zu sagen, daß es sich um eine blöde Idee handelt, in der dies aber drittens niemals zu einem negativen Kommentar über denjenigen führt, der die Idee auf den Tisch gebracht hat. Die Mitarbeiter müssen also den Mut haben, ihre Meinung zu äußern und Kritik zu akzeptieren. Eine solche Kultur haben wir bei uns. Das ist anstrengend und hart, aber auch sehr anregend. Wir hatten neulich ein Meeting, in dem wir über genau dieses Thema sprachen. Einige Manager fanden, daß wir manche Leute zu hart anpackten. Wir redeten darüber und beschlossen, daß dies weiterhin ein Ort bleiben sollte, an dem Ideen einfach in einen großen Topf geworfen werden können. Aus diesem Prozeß, so unangenehm er für den einzelnen manchmal sein mag, gingen bisher immer großartige Strategien, großartige Produkte und großartige Ideen hervor.

Strategie 9: Bildung autonomer Teams

Um die Macht im gesamten Unternehmen besser verteilen zu können, braucht es aber mehr als nur ein paar konstruktiv ausgetragene Meinungsverschiedenheiten. Vielmehr benötigt man auch eine organisatorische Instanz, die mit der Macht auch umzugehen weiß. Microsoft hat eine Kultur, in der genau dies gewährleistet wird. Bill Gates übt zwar einen allgegenwärtigen Einfluß aus, aber sehr viele Entscheidungen werden in den Mitarbeiterteams getroffen, wie der ehemalige Executive Vice President Mike Maples konstatierte:

Wir sind in kleinen Teams organisiert. Jedes Team hat klare Ziele und Missionen, und wir setzen ganz bewußt niemanden ein, der sie überwachen sollte. Es gibt niemandem, dem man Rechenschaft schuldig ist, wenn man seine Aufgaben nicht erfüllt – außer sich selbst. Ein Teil des Geheimnisses von Microsoft besteht darin, den Teams zu erlauben, sich so unabhängig wie selbständige kleine Unternehmen zu verhalten. Sie treffen viele Entscheidungen alleine. Der Entwicklungsprozeß verlangt von ihnen nicht, daß sie alle Schritte ständig absegnen lassen.

Bei Microsoft haben die Teams eine sehr weitgehende Verantwortung für ihren Erfolg oder Mißerfolg. Man erwartet von ihnen einfach, daß sie alle notwendigen Maßnahmen ergreifen, um ihr Produkt erfolgreich zu machen, ohne daß sich die Zentrale mit Ratschlägen einmischen muß. Mike Maples meinte dazu:

Wenn Bill [Gates] oder ich oder ein anderer leitender Manager überprüfen wollen, wie weit die Teams mit einem Projekt gekommen sind, dann können wir sie natürlich danach fragen. Aber die Teams müssen nie darauf warten, bis sie überprüft werden. Wenn wir uns nicht darum kümmern, dann machen sie alles von Anfang bis Ende selbst. Wir haben versucht, eine Umgebung zu schaffen, in der die Leute selbst für ihren Erfolg verantwortlich sind. Wenn man sich von Anfang an über die Ziele im klaren ist, und wenn alle Seiten wissen, was sie erreichen wollen, dann funktioniert das auch ganz gut.

Die Digitale Elite hat festgestellt, daß kleine, autonome Teams sehr viel besser auf Kundenbedürfnisse reagieren können. Kleine Teams entwickeln auch viel seltener jene Trägheit, die Großunternehmen davon abhält, sich an Marktveränderungen anzupassen. Der ehemalige CEO von Novell, Bob Frankenberg, erzählte:

Wir haben kleine Teams, die in der Lage sind, neue Produkte auf den Markt zu bringen, ohne sie jedes Mal komplett verändern zu müssen. Aber das Wichtigste ist, daß man die Mitarbeiter dazu bringt, einen Komplex von Bedürfnissen in einem bestimmten Bereich besser als alle anderen auf der Welt zu verstehen. Dann kann man ihnen auch getrost freie Hand dabei lassen, diese Bedürfnisse zu befriedigen. Fehlt jedoch der Draht zum Kunden, oder bewältigen sie die enorme Menge an relevanten Informationen nicht, dann bekommt man am Ende eine monolithische Struktur.

Die Organisation in kleinen Teams ermöglicht es der Digitalen Elite, wie kleine Unternehmen zu funktionieren. Jedes Team besitzt die notwendigen Fähigkeiten, um seine Produkte erfolgreich zu machen. Das Team kann sich auf das Wesentliche konzentrieren – exzellente Produkte auf den Markt zu bringen, die die Kundenbedürfnisse befriedigen. Unter solchen Bedingungen treten politische Fragen und Unternehmensintrigen in den Hintergrund. Anstatt vor Ausschüssen und Gremien zu buckeln, die ohnehin nur auf den eigenen Vorteil bedacht sind, kann sich das Team voll und ganz auf seine Produkte konzentrieren.

Durch die Bildung kleiner Teams wird auch die Reaktionsfähigkeit des Unternehmens erhöht, wie Masayoshi Son, CEO von SOFTBANK, erklärte:

Bei SOFTBANK besteht jedes Team aus weniger als zehn Mitgliedern, und jedes Team erstellt seine eigene Bilanz. Die Mitarbeiter sind besser motiviert, wenn man ihnen das Gefühl gibt, wichtig genug zu sein, um einen Beitrag zum Endergebnis zu leisten. In den kleinen Teams entwickeln sie ein «Gespür» für das Geschäft, ganz direkt und dynamisch. Dadurch wiederum gelingt es dem Gesamtunternehmen, eine hohe Sensibilität gegenüber den Marktbedürfnissen zu behalten.

Ganz ähnlich geht man auch bei HCL vor, wie Chairman Shiv Nadar sagte:

Wir haben unser Unternehmen in kleine Einheiten gegliedert, die von Mitarbeitern geleitet werden, die echten Unternehmergeist besitzen. Wir lassen sie ihre eigenen Unternehmen mit ihrem eigenen Personal und ihren eigenen Führungsteams aufbauen. Je weniger Führungsebenen, desto besser.

Das Paradigma Management = Service ermöglicht es den Unternehmen der Digitalen Elite, ihren Teams die Autonomie zu verleihen, die sie für ihre Arbeit brauchen. Die Führer der Digitalen Elite hüten sich davor, im Nachhinein kluge Ratschläge zu geben, oder die Arbeit ihrer Mitarbeiter und Mitarbeiterinnen zu kontrollieren. Der Chef von Hewlett-Packard, Lew Platt, drückte das so aus:

In Unternehmen mit sehr strikten Kontrollmechanismen ist es in der Regel so, daß das Topmanagement vorschreibt, wie man Dinge tut, weil man nicht genug Vertrauen in die einzelnen hat, um ihnen wirkliche Freiräume zu geben. Dave und Bill [die Gründer von HP] haben immer betont, daß ein Manager die Ziele vorgeben, es dann aber den einzelnen überlassen muß, sie umzusetzen. Das ist wirkliches Management by Objectives, lange bevor es so genannt wurde. Das kann nur in einem Unternehmen funktionieren, in dem ein großes Vertrauen in die Kultur gesetzt wird und in dem man weiß, daß auch die richtigen Grenzen gesetzt werden.

Der Abschied von der alten Weisungskultur ist besonders wichtig für Unternehmen, die Niederlassungen auf der ganzen Welt haben. CEO Stan Shih von Acer sagte dazu:

Bei der Globalisierung stehen einem immer nur begrenzte Ressourcen an Talenten und Kapital zur Verfügung. Der beste Weg zur Globalisierung ist deshalb die Lokalisierung. Das heißt, daß man lokale Ressourcen an Talenten und Kapital anzapft und in die Muttergesellschaft integriert. Wir halten es mit dem Slogan «globale Marke, lokaler Touch», und versuchen, von der Größe der Muttergesellschaft zu profitieren, aber gleichzeitig auch die Erfahrungen der lokalen Partner zu nutzen. Man braucht eine gemeinsame Vision und ein gemeinsames Ziel, aber die Umsetzung basiert dann auf dem Führungsstil der lokalen Führungskräfte.

Denkanstöße

Neulich nahm ich an einem Treffen von 20 Chief Information Officers (CIOs) teil, die über das Thema der funktionsübergreifenden Teams diskutierten. Die CIOs, die in traditionellen Unternehmen arbeiteten, standen der Idee der kleinen Teams höchst skeptisch gegenüber. «Wir haben das ausprobiert, aber es hat nicht funktioniert», so lautete die häufigste Aussage. Traditionelle Unternehmen haben oft enorme Schwierigkeiten, dezentrale Strukturen aufzubauen, weil ihre kulturellen Paradigmen ihnen den Weg versperren. Der Einfluß der Kultur auf die Unternehmensstrategie wird in Abbildung 4.1 verdeutlicht.

Abbildung 4.1. Die Kultur beschränkt die Alternativen des Managements

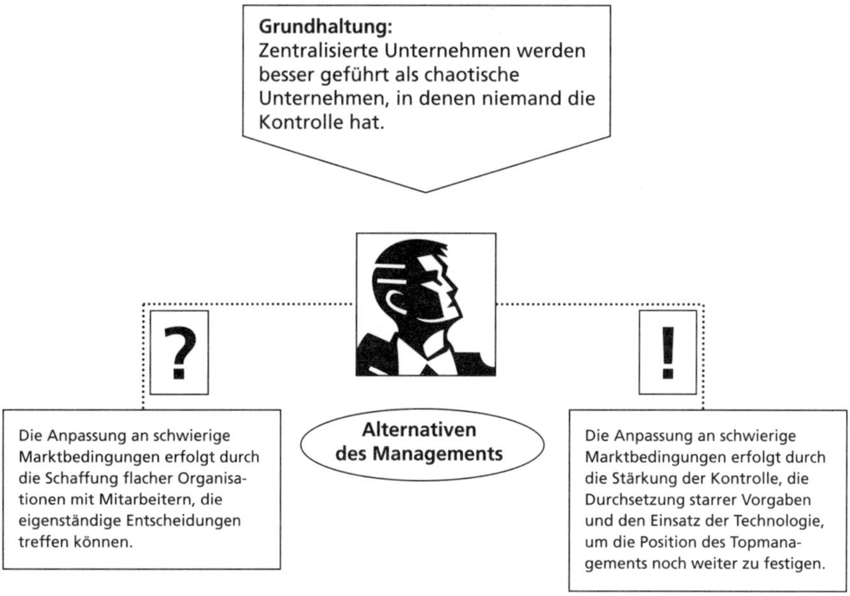

Vor dem Hintergrund von Abbildung 4.1 sollten Sie folgende Fragen über Ihr Unternehmen und den Einfluß, den Sie darauf ausüben können, beantworten:

- Wie reagieren Sie als Führungskraft unter Druck? Versuchen Sie, andere zu manipulieren, um zu bekommen, was Sie wollen? Oder ermutigen Sie andere, das Problem so anzugehen, wie sie es für angemessen halten?
- Wie ist Ihr Unternehmen organisiert? Hat es eine komplizierte Führungshierarchie, oder ist die Macht über die gesamte Struktur verteilt?
- Falls Ihre Organisation hierarchisch ist: Welche Marktbedingungen herrschten, als diese Struktur angemessen erschien? Haben sich diese Bedingungen geändert?
- Warten die Mitarbeiter darauf, daß die «Chefs» ihnen sagen, was sie tun sollen? Macht Ihnen das als Führungskraft Sorgen, oder genießen Sie die Aufmerksamkeit und das Gefühl, gebraucht zu werden? Wenn Sie zu denen gehören, die auf die Anweisungen des Chefs warten, tun Sie das aus Gewohnheit oder aus Angst?
- Falls in Ihrem Unternehmen funktionsübergreifende Teams gebildet wurden: Muß das Team in der Regel dem Management Bericht erstatten, das letztlich dann die Entscheidung trifft? Welche Voraussetzungen müßten erfüllt sein, damit die Teams eigene Entscheidungen treffen können?
- Wie würde Ihr Unternehmen aussehen, wenn es weniger oder gar keine Bürokratie mehr gäbe? Wäre es produktiver? Welche Einstellungen müßten die Führungskräfte und Beschäftigten übernehmen, um sich von der Bürokratie der Vergangenheit trennen zu können?

5 Mitarbeiter als Partner

In den vorangegangenen Kapiteln wurde darauf hingewiesen, daß die Beschäftigten der Digitalen Elite nicht nur deshalb so hart arbeiten, weil ihre Aufgaben dies erfordern, sondern auch, weil sie das Gefühl haben, zu einer Gemeinschaft zu gehören. Es wurde auch erläutert, daß in der Digitalen Elite häufig autonome Teams gebildet werden, um die Entscheidungsfindung dorthin zu verlagern, wo sie hingehört – in nächste Nähe zum Kunden. Diese Konzepte werden unter dem Dach des Paradigmas Geschäftsleben = Ökosystem in die Praxis umgesetzt, das der Zusammenarbeit einen höheren Stellenwert als Konflikten einräumt und der Vielfalt den Vorzug vor der Uniformität gibt.

Aber die Produktivität und der Arbeitseifer der Beschäftigten der Digitalen Elite werden auch dadurch gesteigert, daß sie als Gleichrangige betrachtet werden. In der Digitalen Elite fällt häufig der Begriff *Meritokratie.* Damit ist gemeint, daß die Menschen nach ihren Leistungen und den Beiträgen beurteilt werden, die sie für das Unternehmen erbringen. Der Wert eines Mitarbeiters wird also nicht von einem hochtrabenden Titel auf der Visitenkarte bestimmt.

So wie die Digitale Elite den Begriff der Meritokratie definiert, sollte jeder Mitarbeiter die beste Leistung erbringen, zu der er nach Maßgabe seiner individuellen Fähigkeiten in der Lage ist. Dies bedeutet, daß ein guter Pförtner ebenso viel Respekt verdient wie ein guter Vice President. Frank Ingari, CEO von Shiva, erklärte:

Wenn eine Aufgabe wichtig genug ist, um erledigt werden zu müssen, dann verdient sie meiner Meinung nach auch Respekt. Das ist eine zentrale Wertvorstellung, die nicht nur im Berufsleben zutrifft, sondern auch im Privatleben. Nehmen wir an, Sie haben einen Verwandten, der ein Lkw-Fahrer ist. Warum ist er Lkw-Fahrer? Kann er das gut? Macht es ihm

Spaß? Verbringt er Zeit mit seinen Kindern? Beurteilen Sie niemanden auf der Basis willkürlicher Kriterien – welchen Beruf jemand ausübt, oder welche Erbanlagen er zufällig mitbekommen hat. Ich will damit keineswegs Gleichmacherei betreiben. Ich meine nur, daß man andere nicht nach willkürlichen gesellschaftlichen Werten beurteilen sollte, weil diese sehr vergänglich sind.

Das Paradigma Mitarbeiter = Partner unterstützt die Einstellung, daß kein Mensch einem anderen überlegen ist und folglich auch niemand das Recht hat, andere herumzukommandieren. Daher braucht auch der Pförtner in unserem Beispiel nicht ständig kontrolliert und überwacht zu werden, weil man ihm unterstellt, daß er genügend Eigenmotivation hat, um seine Aufgabe gut zu erledigen. Das bedeutet vielleicht sogar, daß Sie es sich leisten können, dem Pförtner mehr Geld zu bezahlen, weil er niemanden braucht, der ihm über die Schulter blickt.

Das Paradigma Mitarbeiter = Partner fördert nicht nur den Respekt zwischen den Mitarbeitern, sondern erhöht auch die Qualität der Teamarbeit. Wenn man davon ausgeht, daß die Beschäftigten grundsätzlich gleich sind, können sie an einem Tag eine Führungsrolle einnehmen und am nächsten die Rolle der Geführten. Dadurch wird es viel leichter, Teams für kurzfristige Aufgaben zu bilden, weil man keine Zeit mehr damit verschwenden muß, die Hackordnung festzulegen. Wenn Mitarbeiter als Partner behandelt werden, streben sie nach persönlichen Spitzenleistungen und nehmen sich trotzdem noch die Zeit, anderen unter die Arme zu greifen, wenn es notwendig ist. Mitarbeiter, die das dazu notwendige Selbstvertrauen und die Souveränität besitzen, wetteifern dann ganz selbstverständlich um die schwierigsten Projekte, setzen ehrgeizige Termine – und feiern die Erfolge ihrer Teams.

Dieses Konzept könnte sich kaum stärker von dem unterscheiden, das derzeit in vielen Unternehmen verfolgt wird, in denen das Management Unmengen von Energien darauf verschwendet, die Beschäftigten zu überwachen und zu kontrollieren. In den traditionell geführten Unternehmen werden die Mitarbeiterinnen und Mitarbeiter wie Kinder behandelt, die ständiger Aufsicht bedürfen, damit sie keine Dummheiten machen. Das Gefährliche am Paradigma Mitarbeiter = Kinder ist aber, daß es zu einer sich selbst erfüllenden Prophezeiung werden kann.

Das traditionelle Paradigma: Mitarbeiter = Kinder

Die Führungsmethoden, die aus dem Paradigma Mitarbeiter = Kinder resultieren, bildeten sich in den ersten Jahren der industriellen Revolution in Europa heraus und müssen vor dem Hintergrund des damals herrschenden strengen Klassensystems gesehen werden. Die Fabrikeigentümer waren in ihren eigenen Augen und in denen der Gesellschaft ihren Arbeitern haushoch überlegen. So wie die Grundbesitzer die Leibeigenschaft eingeführt hatten, sahen die Fabrikeigentümer die Arbeiter lediglich als Werkzeuge zur Herstellung ihrer Güter. Die «Wohlwollenderen» unter den Fabrikeigentümern behandelten ihre Arbeiter wie Kinder, die gelenkt und diszipliniert werden mußten. In der Tat gab es damals tatsächlich viele Kinder in den Fabriken. Doch bis die Kinderarbeit endlich verboten wurde, waren die Weichen längst gestellt: Mitarbeiter wurden behandelt, als wären sie unreife, in gewisser Weise «unwertere» Wesen.

Diese Einstellung fügt sich nahtlos in das Paradigma Geschäftsleben = Krieg ein, denn schon immer wurden Armeen hauptsächlich aus sehr jungen Männern rekrutiert, die man noch am leichtesten beeindrucken und formen konnte. Aber sie weist auch viele Berührungspunkte mit dem Paradigma Management = Kontrolle auf und verstärkt dieses weiter.

Auch die Frage des Vertrauens spielt in diesem Zusammenhang eine große Rolle. In der Vergangenheit definierten die Unternehmen komplizierte Regeln, Abläufe und Richtlinien, um fast jeden Aspekt des Arbeitslebens zu kontrollieren. Diese Regeln unterstellen den Mitarbeitern und Mitarbeiterinnen jedoch letztlich, daß sie nicht vertrauenswürdig sind, daß es ihnen an gesundem Menschenverstand fehlt und daß sie keine Entscheidungen treffen können. Das Management verzettelt sich folglich im Alltagsgeschäft. Wer «die Regeln verletzt» oder sich «danebenbenimmt», wird als ungehorsam betrachtet und muß diszipliniert werden – so wie ein ungezogenes Kind.

Man sollte aber nicht vergessen, daß Mitarbeiter Menschen sind, die Autos fahren, Sex haben, zur Wahl gehen, selbst Kinder erziehen und ihr Leben im Griff haben, ohne von der starken Hand der «Firmeneltern» gelenkt zu werden. Die paternalistischen Verhaltensweisen in Unternehmen fallen oft gar nicht einmal auf, weil das Paradigma Mitarbeiter = Kinder so tief in der herrschenden Unternehmenskultur verwurzelt ist.

Wie schon erwähnt, kann die Infantilisierung der Beschäftigten zu einer sich selbst erfüllenden Prophezeiung werden. Einfach ausgedrückt: Wenn Sie Ihre Beschäftigten wie Kinder behandeln, verhalten sie sich auch wie Kinder. Aus Enttäuschung über das Mißtrauen und die Herablassung, die man ihnen entgegenbringt, werden sie, ohne es wirklich zu wollen, in eine Unternehmenskultur getrieben, in der es verlockend ist, Geld zu verschwenden, Zeit zu vertrödeln oder sogar Unternehmenseigentum zu entwenden. Frank Ingari, CEO von Shiva, meinte zu diesem Phänomen:

> *Eine meiner ersten Arbeitsstellen außerhalb des Unternehmens meines Vaters war bei Western Electric. Es war faszinierend. Morgens gingen wir ins Büro und holten uns die Aufgaben des jeweiligen Tages aus dem Computer. Wir erhielten jeden Tag alle Kabel ausgehändigt, die wir an jenem Tag verlegen sollten, und man sagte uns, wieviele Minuten wir dafür benötigen würden. Alles war genau geplant, damit wir auf eine Arbeitszeit von acht Stunden kamen. Wenn wir unsere Kabel verlegt hatten, war der Arbeitstag zu Ende. Sie können sich vorstellen, daß die Jungs nicht dumm waren. Wir waren niemals früher als vorausgesagt fertig. Es fehlte einfach jegliches Verbundenheitsgefühl mit dem Unternehmen. Niemand betrachtete das Telefonunternehmen als «unser» Unternehmen. Das wäre uns ungefähr als Letztes in den Sinn gekommen. Es gab keinen Unterschied zwischen der Telefongesellschaft, der Post oder IBM. Die Telefongesellschaft war ein Haufen von geschniegelten Managern, die in ihren Cadillacs vorfuhren und Zeugs faselten, das wir nicht verstanden. Diese Distanz führt zur schlimmsten Art der Sabotage. Es ist viel schlimmer als Diebstahl. Es bedeutet, sich um nichts zu scheren. Man kümmert sich nur dann um etwas, wenn einem jemand zusieht – wenn überhaupt.*

Diese Verhaltensweisen verstärken sich immer mehr, bis das Management die Mitarbeiter nicht nur wie Kinder behandelt, sondern diese sich tatsächlich auch so verhalten. Manager und Mitarbeiter werden in einer dysfunktionalen Beziehung gefangen, in der eine hohe Produktivität in immer weitere Ferne rückt.

In vielen Unternehmen verdächtigt man Angestellte sogar grundsätzlich des Diebstahls, so daß Schränke verschlossen werden und Formulare ausgefüllt werden müssen, bevor ein Mitarbeiter einen Stift oder eine Druckerpatrone bekommt. Deutlicher könnte man den Mangel an Vertrauen nicht zum Ausdruck bringen. Leider müssen die Mitarbeiter dann aber wertvolle Zeit mit der Aufgabe vertrödeln, dem Büromaterial nachzulaufen, das sie benötigen. Ich kenne nicht nur einen, sondern zwei Computerhersteller aus dem traditionellen Lager, in denen das Topmanagement unternehmensweite Memos verbreitete, um den zu hohen Verbrauch an Büroklammern anzuprangern! Versuchen Sie sich einmal ein Gespräch zwischen zwei Erwachsenen vorzustellen, in dem der eine dem anderen nahelegt, weniger Büroklammern zu verbrauchen!

Oft vergrault das Management die Mitarbeiter auch dadurch, daß es sich selbst großzügig belohnt, während es von den Beschäftigten äußerste Sparsamkeit verlangt. So war ich einmal für ein Unternehmen tätig, das sich in finanziellen Schwierigkeiten befand und eine Reihe drakonischer Sparmaßnahmen eingeleitet hatte. Der Präsident des Unternehmens hielt über eine betriebsinterne Fernsehanlage eine Rede, die wir in einem Konferenzraum mitverfolgten. Nachdem er einige Bemerkungen zur Loyalität geäußert und eindringliche Sparappelle an die Beschäftigten gerichtet hatte, verkündete er, daß sein Gehalt um einen erklecklichen Betrag erhöht worden sei. Ein erstauntes Schweigen füllte den Raum. Die Anwesenden packten ihre Notebooks zusammen und verließen den Raum, noch bevor die Übertragung beendet war. Das Faszinierende daran war aber, daß der Präsident gar nicht bemerkt hatte, was für eine doppelte Botschaft er ausgesandt hatte. Selbst diejenigen Mitarbeiter, die vorher gewillt gewesen waren, sich für die Kostensenkungsmaßnahmen einzusetzen, verspürten dazu nun keinerlei Veranlassung mehr.

Fallstudie: Groupe Bull und Acer gehen auf den US-amerikanischen Computermarkt

Die Vereinigten Staaten sind das Mekka der Computerbranche. Der International Data Corporation zufolge werden vier von zehn weltweit produzierten PCs in den Vereinigten Staaten gekauft – über 26 Millionen Geräte jährlich. Das sind vier Mal so viel wie in Japan und doppelt so viel wie in ganz Asien. In der Regel werden neue Technologien zuerst in den Vereinigten Staaten angewandt, wo sie dann die entscheidenden Impulse für den Rest der Computerindustrie geben. Der für das Amerikageschäft verantwortliche Präsident von Acer, Ronald Chwang, meinte: «In den USA müssen Sie bei jeder neuen Technologie die Nase sofort vorn haben. Überall sonst auf der Welt können Sie erst einmal abwarten, wie sich die Dinge entwickeln.»

Die nicht-amerikanischen Computerhersteller haben längst begriffen, daß sie in den USA konkurrenzfähig sein müssen, um außerhalb der USA überleben zu können. Dies hat sich aber als eine schwierige Aufgabe erwiesen. So versuchte das französische Unternehmen Groupe Bull Mitte der achtziger Jahre den Sprung auf den US-Computermarkt, indem es die dahinsiechende Honeywell Information Systems kaufte. Leider ließ es Groupe Bull dabei an jeglichem Respekt gegenüber den Beschäftigten der zugekauften Firma fehlen.

Der erste Fauxpas des neuen Topmanagements bestand darin, den Konzern in «Bull Worldwide Information Systems» umzubenennen. Die amerikanischen Beschäftigten haßten diesen neuen Namen, weil mit dem Wort «Bull» im Amerikanischen das Endprodukt des Verdauungsprozesses eines Bullen bezeichnet wird. Außerdem ist es ein Slangausdruck für eine krasse Lüge. Als die amerikanischen Beschäftigten dies dem neuen Management zu erklären versuchten, wurden ihre Einwände vom Tisch gewischt, als wären sie Kinder, die sich über etwas beschweren, das die Eltern für unwichtig halten.

Mit seinem sturen Festhalten an diesem unpassenden Namen richtete das Topmanagement großen Schaden bei den Vertriebsmitarbeitern an. Ein Verkäufer sagte: «Jedes Mal, wenn ich einen Kundenbesuch mache, werde ich ausgelacht.» Der Konzern ging also mit einem geradezu geschäftsschädigenden Image auf den Markt, nur weil es die Meinung der Mitarbeiter und Mitarbeiterinnen nicht respektierte.

Aber das war nur die Spitze des Eisbergs. Groupe Bull plante, in Frankreich gebaute Hardware und Software auf dem amerikanischen Markt zu verkaufen, obwohl diese Technologie veraltet war und somit keine oder nur geringe Nachfrage bestand. Aber auch dieser Einwand der amerikanischen Beschäftigten wurde ignoriert, denn das Topmanagement wußte es schließlich am besten. Gleichzeitig begann Groupe Bull auch noch den Hahn für die Entwicklungsaktivitäten in den Vereinigten Staaten zuzudrehen, aus denen neue, wettbewerbsfähigere Produkte hätten entstehen können. Es war der klassische Fall eines Top-down-Managements, kombiniert mit dem Glauben, daß Mitarbeiter wie Kinder sind und deshalb nicht beurteilen können, was sich am besten verkaufen läßt. Es überraschte schließlich niemanden, als die hochfliegenden Pläne von Groupe Bull scheiterten. Der Umsatz des Unternehmens ist bis heute unbedeutend geblieben, verglichen mit den Zahlen von Herstellern wie Compaq und Dell, die gerade erst gegründet wurden, als Groupe Bull auf den US-amerikanischen Markt ging.

Als Kontrastprogramm zum Vorgehen von Groupe Bull folgt die Geschichte des taiwanischen Hardwareherstellers Acer, der ebenfalls auf den US-amerikanischen PC-Markt ging. Derzeit ist Acer der am schnellsten wachsende PC-Hersteller der Welt. Der Konzern hat 80 Niederlassungen in 37 Ländern und beschäftigt über 12 000 Mitarbeiter und Mitarbeiterinnen aus 50 Nationen. Gründer und Chairman Stan Shih hat es sich trotz dieser starken internationalen Aktivitäten nie zum Grundsatz gemacht, die Geschicke des Konzerns von einer möglichst starken Zentrale aus zu leiten. Statt dessen arbeitet Acer in jeder Region mit lokalen Investoren zusammen, um über Tochtergesellschaften auf die Märkte zu gehen, die weitgehend von lokalen Investoren finanziert werden. Dieses Vorgehen ermöglicht es Acer, Produktionskapazitäten schneller zu erweitern und Marktanteile zu steigern, weil es nicht ausschließlich auf die eigene Finanzkraft angewiesen ist. Letztlich bedeutet dies eine perfekte Umsetzung der Strategie «Stärkung durch Streuung der Macht», die für die Digitale Elite typisch ist.

Stan Shih, CEO der Muttergesellschaft, erklärte, daß Acer sich das Ziel gesetzt habe, 21 separat gehandelte Unternehmen zu bilden. So ging Acer Computer International (ACI), Acers Tochtergesellschaft in Singapur, im September 1995 mit einer Erstausgabe von 42 Millionen Aktien an die Börse von Singapur. Shih meint, daß es die Stärke und Flexibilität von Acer ungemein fördert, wenn wichtige Entscheidungen vor Ort getroffen werden. Er zieht diese Strategie jedem Top-down-Management vor. Die lokalen Tochtergesellschaften können sich an den Bedürfnissen ihrer Märkte orientieren, ohne ständig das Plazet aus Taipei einholen zu müssen. Diese funktionale Autonomie liefert einen wichtigen Hinweis darauf, warum Acer – als einziger asiatischer PC-Hersteller – in der Lage war, in den Vereinigten Staaten einen bedeutenden Marktanteil im Desktop- und Serverbereich zu erobern.

«Wir bleiben stets in direktem Kontakt zu den lokalen Märkten und sind flexibel genug, um auf lokale Erfordernisse sofort zu reagieren», erklärte Ronald Chwang, Präsident und Chief Operating Officer von Acer America. Chwang, der an der University of Southern California studierte und bei Bell Labs und Intel beschäftigt war, führt den Erfolg von Acer America darauf zurück, daß die Marktstrategien perfekt auf den US-amerikanischen Markt abgestimmt wurden. Während die meisten anderen asiatischen Firmen bei ihren amerikanischen Töchtern eher straffe Zügel anlegen, hat Chwang freie Hand bei der Festlegung der Richtung, in die er Acer America lenken will.

Ein hervorragendes Beispiel dafür ist der Aspire PC, bei dem der übliche langweilige beige Kasten durch ein dunkelgraues aerodynamisches Gehäuse ersetzt wurde, das direkt aus einem Science Fiction-Film stammen könnte. Mit diesem schnittigen Design, für das Acer verschiedene Auszeichnungen erhielt, schaffte der Konzern den Sprung zu einem der führenden PC-Anbieter im amerikanischen Heimanwenderbereich. Die Aspire-Linie wurde in den Vereinigten Staaten entwickelt und hergestellt und wird derzeit in das Programm der anderen Acer-Töchter aufgenommen. Dies ist genau das entgegengesetzte Vorgehen, das bisher für asiatische Unternehmen typisch war. Neue Technologien wurden im allgemeinen zuerst in Japan eingeführt und dann in die Vereinigten Staaten exportiert.

Die Unternehmenskultur Acers zeichnet sich trotz des rasanten Wachstums weiterhin durch extrem dezentrale Strukturen aus. Viele Machtbefugnisse werden bis zur niedrigstmöglichen Ebene verteilt. Chwang, CEO von Acer America, sieht seine Aufgabe folglich nicht in der Top-down-Kontrolle, sondern darin, eine Vision zu entwickeln und sie innerhalb und außerhalb des Unternehmens zu verbreiten. Er sieht sich als Teamentwickler, der die Mitarbeiter und Mitarbeiterinnen dazu motiviert, ihre individuellen Ziele auf die Unternehmensziele abzustimmen.

Die Behandlung der Beschäftigten als Gleichrangige und der Verzicht auf jegliches Top-down-Management ermöglichte eine jährliche Wachstumsrate von verblüffenden 92 Prozent, basierend auf den ausgelieferten Geräten. Außerdem katapultierte sich Acer in nur zwei Jahren auf Platz acht der PC-Hersteller in den Vereinigten Staaten. Acer eroberte in vielen anderen Regionen der Welt marktführende Positionen, auch in einigen südamerikanischen Ländern. Mit anderen Worten: Acer konkurriert nicht nur mit anderen Firmen der Digitalen Elite, sondern trägt auch Siege davon. Dies ist bisher keinem anderen Hardwarehersteller gelungen, dessen Zentrale außerhalb der USA lag.

Die Grundsätze des Paradigmas Mitarbeiter = Partner bedeuten, daß die Beschäftigten für ihren Erfolg und Mißerfolg selbst verantwortlich sind. Der Gegensatz zu den traditionellen Prinzipien wird in Tabelle 5.1 deutlich gemacht.

Tabelle 5.1. Paradigmenvergleich

Mitarbeiter = Kinder	**Mitarbeiter = Partner**
Identität. Der ideale Mitarbeiter ist ein zahmer Konformist, der sich blind an die Regeln hält.	*Identität.* Der ideale Mitarbeiter motiviert sich selbst, ist flexibel und setzt sich für den Erfolg des Teams ein.
Organisation. Die Strukturen dienen dem Zweck, die Beschäftigten zu kontrollieren und zu überwachen, damit alle Regeln eingehalten werden.	*Organisation.* Die Beschäftigten bilden kleine Teams, die für den im Rahmen der Unternehmensmission definierten Erfolg verantwortlich sind.
Motivation. Die Beschäftigten wollen ein vernünftiges Gehalt, einen sicheren Arbeitsplatz und einen Arbeitgeber, der sie unter die Fittiche nimmt.	*Motivation.* Die Mitarbeiter haben den Willen, die Welt zu verändern und möchten die Chance, irgendwann einmal viel Geld verdienen zu können.

Die Führungskräfte der Digitalen Elite versuchen bewußt, das Prinzip der Partnerschaftlichkeit zu stärken, indem sie bei Neueinstellungen darauf achten, daß die einzelnen Mitarbeiter sich gut ergänzen. An der Behandlung der Beschäftigten wird also deutlich, daß sie für das Unternehmen so wertvoll und wichtig wie die Manager und Aktionäre sind. Dies betonte auch Stan Shih, CEO der Acer Group, in unserem Interview:

> *Zuerst kommt der Kunde, dann die Mitarbeiter und dann die Aktionäre. Einige Unternehmen setzen die Aktionäre an die erste Stelle. Darüber freuen sich zwar die Investoren, doch diese Unternehmen können sich keine zehn, zwanzig oder dreißig Jahre lang behaupten. Sie sind zu sehr auf kurzfristige Profite ausgerichtet und widmen dem Wachstum des Geschäfts nicht die nötige Aufmerksamkeit.*

Die Digitale Elite weiß, daß es ständiger Anstrengungen bedarf, um das Paradigma Mitarbeiter = Partner lebendig zu halten. Die folgenden drei Strategien stellen dazu eine Hilfe dar:

- Einstellung motivierter Mitarbeiter und Mitarbeiterinnen
- Abschaffung von Managementprivilegien
- Förderung der informellen Merkmale der Kultur.

Diese Strategien werden im folgenden näher beschrieben.

Strategie 10: Einstellung motivierter Mitarbeiter und Mitarbeiterinnen

Wenn Beschäftigte als Partner behandelt werden, dann setzt dies voraus, daß sie Verantwortung für ihr Handeln übernehmen. Dies wiederum erfordert, daß die Mitarbeiter und Mitarbeiterinnen bestimmte Eigenschaften und Fähigkeiten mitbringen, damit sie sich in einer solchen partnerschaftlichen Kultur wohlfühlen. Besonders wichtig ist, daß sie auch dann motiviert bleiben, wenn ihnen kein Vorgesetzter oder Supervisor ständig über die Schulter blickt. Mike Maples, ehemaliger Executive Vice President von Microsoft, beschrieb seine Anforderungen folgendermaßen:

> *Wir suchen Mitarbeiter und Mitarbeiterinnen, die sich selbst motivieren, die sich selbst Ziele setzen können und sich dann selbst dazu antreiben, diese Ziele zu erreichen. Sie arbeiten ständig daran, noch bessere Leistungen zu bringen. Wir suchen Menschen, die Führungsgeist haben. Sie sollen nicht nur selbst motiviert sein, sondern auch andere motivieren können.*

Wenn traditionelle Unternehmen derartige Anforderungsprofile definieren, dann gelten sie in der Regel nur für Aufgaben, die außerhalb des

Unternehmens wahrgenommen werden, etwa dem Vertrieb. Die Digitale Elite dagegen möchte auf allen Unternehmensebenen Beschäftigte einsetzen, die sich selbst motivieren. Das gilt auch für diejenigen Aufgaben, die man in den traditionellen Unternehmen als niedrige Arbeiten bezeichnen würde. Frank Ingari, CEO von Shiva, erklärte:

Es gibt eine signifikante Minderheit, die das Bedürfnis und die Fähigkeiten hat, sich selbst zu verwirklichen. Darunter sind auch Mitarbeiter, die am Band stehen, die Lkw-Fahrer, und so weiter. Sie verdienen ebensoviel Respekt wie die anderen. Jede Arbeit ist wichtig, und es ist ganz erstaunlich, mit welchem Engagement sich diese Mitarbeiter dafür einsetzen, um zum Erreichen eines gemeinsamen Ziels beizutragen. Sie übertreffen alle Erwartungen.

Frank weist hier auf einen wichtigen Punkt hin, den viele seiner Kollegen und Kolleginnen ebenfalls erwähnen. Jeder Beschäftigte ist wichtig, und in einem Spitzenunternehmen müssen an jeder Stelle und auf jeder Ebene Spitzenleistungen erbracht werden. Das ist nur möglich, wenn alle (einschließlich der Lagerarbeiter und der Putzkolonne) exzellente Arbeit leisten, ohne von anmaßenden Bürokraten überwacht zu werden.

Eigenmotivation erfordert auch ein hohes Maß an persönlicher Flexibilität. Dies ist sehr wichtig, weil sich die Aufgaben in den Teams der Digitalen Elite oft von Woche zu Woche verändern. Für viele Positionen gibt es nicht einmal schriftliche Tätigkeitsbeschreibungen. Man geht vielmehr davon aus, daß jedes Teammitglied die Arbeit tut, die gerade notwendig ist, um ein Produkt auf den Markt zu bringen und die Kunden zu begeistern. Dazu brauchen die Teammitglieder ein hohes Maß an Flexibilität, denn oft genug müssen sie schnell auf unbekannte Situationen reagieren oder sich im Chaos zurechtfinden. Shiv Nadar, Chairman von HCL, drückte es so aus:

Wir suchen Leute mit einem angeborenen und ausgeprägten Unternehmergeist. Die Märkte entwickeln sich ständig weiter, und Unternehmen können sich nur behaupten, wenn sie neue Chancen erkennen und sofort in klingende Münze verwandeln. Wir versuchen, Leute zu finden, die dafür ein besonderes Talent mitbringen. Andererseits versuchen wir auch, diejenigen Kandidaten auszusortieren, die sich am liebsten auf ihre bisherigen Erfahrungen verlassen. Am schlimmsten sind aber diejenigen, die glauben, daß bestimmte Dinge unmöglich sind. Wenn jemand eine Idee für unmöglich hält, kann er sie auch nicht mehr verwirklichen – selbst wenn es doch noch Mittel und Wege gegeben hätte.

Jonathan Seybold ist ein Vertreter der Digitalen Elite, der dies nur bestätigen kann. Er ist Gründer und ehemaliger Präsident von Seybold Seminars, einem Unternehmen, das für einige der innovativsten und bestbesuchten Messen in der Computerindustrie verantwortlich zeichnet. Für mich ist Jonathan ein Branchenguru, weil er bisher einen so enormen Einfluß auf die High-Tech-Welt ausgeübt hat und immer noch eine wichtige Rolle als Visionär und Trendsetter spielt. Jonathan beschrieb die Mitarbeiter und Mitarbeiterinnen, die den Anforderungen der Unternehmen der Digitalen Elite entsprechen, folgendermaßen:

Es gibt Menschen, für die geordnete Abläufe, Kontinuität und Vorhersagbarkeit sehr wichtig sind. Sie sind wie Haustiere, die sich jeder Abweichung von der täglichen Routine einfach verweigern. Am anderen Ende des Spektrums stehen Menschen, die man als Anarchisten bezeichnen könnte. Entlang dieses Kontinuums findet man Menschen, die einen Sinn in dem suchen, was sie tun, die aber auch in der Lage sind, sich auf Neues einzustellen. Das Leben steckt nun einmal voller Überraschungen! Ich versuche, Menschen einzustellen, die damit gut umgehen können.

So wie die Digitale Elite bestimmte Mitarbeiterprofile bevorzugt, gibt es auch Profile, die sie ablehnt. Im allgemeinen stellt sie beispielsweise keine Absolventen der Managementfakultäten ein, die heute in den Topetagen vieler Unternehmen so zahlreich vertreten sind. Ein MBA zählt nicht viel in der Welt der Digitalen Elite. Was zählt, ist ein solides Verständnis der Produkte, Technologien und der Kundenbedürfnisse. Dazu wiederum ist ein Maß an technischem Verständnis notwendig, das den ausgebildeten Managern häufig fehlt. Der ehemalige Vice President von Microsoft, Mike Maples, meinte dazu:

Wir suchen Leute, die exzellente Leistungen in ihren jeweiligen Fachgebieten bringen, aber noch wichtiger ist, daß sie intelligent und lernfähig sind. Wenn jemand sagt, daß er ein guter Programmierer sei, dann testen wir ihn. Aber oft stellen wir auch jemanden ein, der kein Superprogrammierer ist, dafür aber mit einer schnellen Auffassungsgabe und einem hohen Lerntempo brilliert. Gleichzeitig stellen wir selten Mitarbeiter ein, die schon als Manager anfangen wollen. Die meisten Führungskräfte sind erst über die Marketingressorts oder die Entwicklungsabteilungen aufgestiegen.

Die Vorsicht gegenüber den Absolventen der Managementfakultäten ist auf die Sorge zurückzuführen, daß sie nach traditionellen Grundsätzen ausgebildet wurden, die in den Unternehmen der Digitalen Elite gar keine Gültigkeit mehr haben. Damit sind Meinungsverschiedenheiten und Ärger vorprogrammiert, was dazu führt, daß die Beschäftigten die übergeordneten Unternehmensziele aus den Augen verlieren. Ein traditioneller Manager besteht höchstwahrscheinlich auf den Respektbezeugungen und Gehorsamsbeweisen, die ein Untergebener in der Vergangenheit nun einmal zu erbringen hatte, während er mit dem Grundsatz des gegenseitigen Respekts und der Partnerschaft wenig anzufangen weiß.

Die Digitale Elite sucht nach Beschäftigten, die sich durch die Bereitschaft zum unternehmerischen Denken auszeichnen, die ihre Arbeit gerne tun und motiviert sind. Frank Ingari, CEO von Shiva, definierte, welche Art von Mitarbeitern er am liebsten hat:

> *Ich hatte gestern einen Mitarbeiter hier, der 29 Jahre alt ist. Er gehört zu den wichtigsten Figuren im Unternehmen. Er hat keinerlei Managementausbildung, überhaupt keine. Ich versuche gerade herauszufinden, was ihn motiviert, weil es für uns sehr wichtig ist, ihn zu behalten. Das Geld ist ihm nicht wirklich wichtig, er entwickelt einfach nur gerne Produkte. Er verkörpert genau das, was wir suchen, denn er ist der geborene Unternehmer.*

Da die Digitale Elite «geborene Unternehmer» sucht, stellt sie am liebsten Mitarbeiter ein, die sich schnell an ihre Unternehmenskultur anpassen können, ohne sich zuerst eine Menge schlechter Angewohnheiten abgewöhnen zu müssen. Oft bedeutet dies, daß jungen Bewerbern und Bewerberinnen der Vorzug gegeben wird. Der CEO von Hewlett-Packard, Lew Platt, erläuterte:

> *In der Vergangenheit haben wir immer versucht, die besten Studenten und Studentinnen von den besten Fakultäten zu gewinnen. Wir stellen zwar auch Mitarbeiter ein, die schon über viel Erfahrung verfügen, aber meistens sind es doch Collegeabsolventen. Wir haben festgestellt, daß sie sich am leichtesten in unsere Kultur einfügen und sich unsere Ziele zu eigen machen, weil sie noch durch keine anderen Erfahrungen geprägt wurden. Es gibt bei uns viele Dinge, die spezifisch für HP sind und nur hier Sinn machen. Deshalb holen wir am liebsten junge Leute, die nicht erst ihre alten kulturellen Gewohnheiten verteidigen müssen, bevor sie unsere Kultur annehmen. Davon abgesehen, legen wir vermutlich auf dieselben Eigenschaften wie alle anderen Unternehmen Wert. Das heißt, wir suchen Mitarbeiter und Mitarbeiterinnen, die intelligent sind, sich auf ihre Arbeit konzentrieren und etwas leisten wollen. Sie müssen gut kommunizieren und gut im Team arbeiten können, denn heutzutage wird die meiste Arbeit in Teams geleistet, nicht mehr von Einzelkämpfern.*

Die Vertreter der Digitalen Elite führen gerne lange und ausführliche Vorstellungsgespräche. Es ist nicht ungewöhnlich, daß ein Bewerber nicht nur mit seinem Vorgesetzten spricht, sondern auch mit seinen zukünftigen Kollegen. Bewirbt er sich für eine Führungsposition, wird er in der Regel auch von den Beschäftigten interviewt, die ihm unterstellt sein werden. Diese umfangreichen Interviews gewährleisten, daß der Kandidat in die Kultur und ins Team paßt. Jonathan Seybold meinte dazu:

> *Bei der Einstellung muß man immer darauf achten, daß die Neuen ins Unternehmen passen. Jemand kann Spitzenleistungen erbringen, aber wenn er nicht in die Kultur oder das Team paßt, ist er trotzdem der Verkehrte. Was wir überhaupt nicht gerne sehen, sind Mitarbeiter, die politische Spielchen betreiben, sich nicht in das Team einbringen oder einen negativen Einfluß ausüben. Bei uns kommt es darauf an, die Arbeit zu erledigen, und wir haben einfach keine Zeit für Leute, die das nicht so sehen.*

Strategie 11: Abschaffung von Managementprivilegien

Wer von seinen Mitarbeitern und Managern erwartet, daß sie partnerschaftlich im Team arbeiten, darf nicht gleichzeitig einigen Auserwählten eine Sonderbehandlung zukommen lassen, wenn er nicht als Heuchler gelten will. Genau dies ist der Grund dafür, warum viele Unternehmen der Digitalen Elite die Privilegien des Managements radikal beschneiden. Getrennte Toiletten gehören ebenso der Vergangenheit an wie getrennte Kantinen, Büros, die groß wie Fußballfelder sind, und Limousinen, die dem Fußvolk signalisieren sollen, daß das Management und die Beschäftigten zwei verschiedenen Welten angehören. Privilegien verstärken die Isolation der Führungskräfte und verfestigen die Hierarchien. Mitchell Kertzman, CEO von Powersoft, wies darauf hin, wie wichtig es ist, in diesem Bereich konsequent zu sein:

> *Es ist nicht fair, Mitarbeiter auf Geschäftsreisen in den billigsten Motels unterzubringen, während die Topmanager in Firmenjets umherfliegen und im Country Club Golf spielen. Ich meine nicht, daß wir Führungskräfte nun in Sack und Asche gehen sollten, aber wir müssen eine schlüssige Botschaft aussenden und an uns selbst dieselben Maßstäbe anlegen wie an die Beschäftigten. Wenn die Führungskräfte glauben, Anspruch auf Privilegien und Luxus zu haben, brauchen sie sich nicht zu wundern, wenn der durchschnittliche Mitarbeiter keine besondere Veranlassung zum sparsamen Umgang mit dem Geld der Firma sieht.*

Einige CEOs der Digitalen Elite, wie Bob Frankenberg von Novell, verfügen nicht einmal über ein eigenes Büro. Bob arbeitete wie jeder andere bei Novell in einem sogenannten Cubicle, also einer durch Trennwände abgegrenzten Kabine. Natürlich könnte er sich jedes Büro leisten, das er sich wünscht, aber er findet, daß derartige Privilegien zu einer unerwünschten Distanz zu seinen Mitarbeitern führen. Ich fragte Bob Frankenberg, ob er den Luxus nicht ein bißchen vermisse, den er in einem traditionelleren Unternehmen genießen könnte:

Bei Privilegien ist mir immer schon sehr unwohl gewesen. Ich glaube, daß jeder von uns seine Arbeit tun muß, und es gibt keine Aufgabe, die unwichtig wäre. Und wenn, dann sollte man die entsprechende Stelle ohnehin abschaffen. Wir haben einfach viele verschiedene Rollen, die es auszufüllen gibt. Dazu brauchen wir keine Hierarchien. Wir verfügen über ein Informationssystem, das es mir ermöglicht, diese neue Struktur zu implementieren. Dadurch wird die Produktivität immens gefördert.

Ein anderes Beispiel für ein Unternehmen, das seine Mitarbeiter und Mitarbeiterinnen als Gleichrangige behandelt, ist EMD in Minnesota. Mit 900 Beschäftigten und einem Jahresumsatz von 160 Millionen Dollar gehört EMD zu den am schnellsten wachsenden Herstellern von Platinen, die auf Kundenwunsch entwickelt und hergestellt werden. Manchmal stellt EMD nur ein einziges Board her, das für einen ganz bestimmten Zweck entwickelt wurde. Dies bedeutet, daß EMD ständig flexibel bleiben muß, damit die Ressourcen des Unternehmens jederzeit für ein neues Projekt mobilisiert werden können.

Der President und CEO von EMD ist Dr. David Fradin. Er ist ehemaliger Professor für Managementwissenschaften und ein sehr nachdenklicher Mensch, der ein Talent dafür hat, ein Unternehmen zu führen, ohne seine Beschäftigten zu kontrollieren. David sagte mir, eines der Geheimnisse für die Produktivität von EMD sei die Nichtexistenz von Privilegien. Seiner Meinung nach würde ihn jedes Privileg von seinen Mitarbeitern und Mitarbeiterinnen entfernen.

Bei uns gibt es keine abgetrennten Büroräume und keine reservierten Parkplätze. Als CEO und Präsident von EMD Associates habe ich keine Sekretärin, die mir direkt unterstellt ist. Unsere Organisationsstruktur besteht aus etwa 150 Teams. Einige davon sind sehr effektiv, andere suchen noch ihre Richtung. Aber die Teamorganisation ist zur Standardmethode für die Erledigung vieler Aufgaben geworden. Wir halten nichts davon, das Vergütungssystem als Belohnung oder Strafe für Leistungen zu verwenden. Wir sind sehr egalitär. Ich gehe in die Produktion und die Leute finden es völlig normal, zu mir zu kommen, und Vorschläge über praktisch jedes betriebliche Thema zu machen.

Strategie 12: Förderung der informellen Merkmale der Kultur

In der Vergangenheit wurden die Unterschiede zwischen Vorgesetzten und Untergebenen durch die Förmlichkeit der Beziehungen zwischen Managern und Mitarbeitern betont. Dadurch wurde auch das Eltern-Kind-Verhältnis gestärkt, das die Digitale Elite so absurd findet. In einer Kultur, in der Wert auf informelle Merkmale gelegt wird, ist es dagegen viel leichter, sich entkrampft und gelassen zu begegnen und einander als Gleiche zu behandeln.

Eine der Möglichkeiten, eine ungezwungene Atmosphäre zu fördern, besteht darin, die traditionelle Kleiderordnung aufzuheben. Weder die Führungskräfte noch die Beschäftigten der Digitalen Elite haben in den vergangenen 15 Jahren Wert darauf gelegt, in Anzug und Krawatte zur Arbeit zu erscheinen – von Ausnahmen abgesehen. Es hat dem Geschäft offensichtlich nicht geschadet, daß sie statt dessen T-Shirts, Turnschuhe und Jeans vorziehen. Das bedeutet nicht, daß Anzüge völlig verpönt wären. (Als ich Mitchell Kertzman interviewte, trug er einen eleganten Business-Anzug, den er allerdings mit roten Micky-Maus-Hosenträgern kombiniert hatte.) Die Abschaffung der traditionellen Kleiderordnung führte also nicht dazu, daß eine Uniform durch eine andere ersetzt wurde. Vielmehr gilt der Grundsatz, daß jeder selbst entscheidet, welche Kleidung er für angemessen hält, und das trägt, worin er sich am wohlsten fühlt. Wie sich jemand anzieht, spielt einfach keine Rolle. Dan Cerutti, ehemaliger IBM-Manager, der ein eigenes Softwareunternehmen gründete, erklärte:

Mit der Kleidung sendet man wichtige Signale aus. Wenn ich ins Büro gehe, kleide ich mich gerne lässig, weil ich das für einen extrem angenehmen Aspekt der neuen Kultur halte. Es ist bequemer und informeller. Bei IBM und vielen anderen Unternehmen geht es eher steif zu. Ich habe vor langer Zeit gelernt, daß man von den Ingenieuren und anderen Mitar-

beitern für einen ganz normalen Menschen gehalten wird, wenn man keinen teuren Anzug trägt. Sie gehen bereitwilliger und vorbehaltloser auf mich zu.

In der legeren Kleidung spiegelt sich der Umgang der Beschäftigten miteinander wider. An die Stelle der Zeremonien, Rituale und vorgegebenen Kommunikationskanäle tritt ein direkter gegenseitiger Austausch, der eine effektive und produktive Kommunikation ermöglicht. Michael Dell, CEO von Dell Computer, meinte zum informellen Charakter seiner Unternehmenskultur:

Unsere Unternehmenskultur ist offen und kommt ohne große Förmlichkeiten aus. Ich würde sagen, daß der Aspekt der Meritokratie stärker ausgeprägt ist als in anderen Unternehmen. Alle Beschäftigten nennen sich beim Vornamen. Wer will, kommt in Jeans zur Arbeit. Es gibt Unternehmensbereiche, in denen niemand eine Krawatte trägt. Wir haben weder reservierte Parkplätze noch andere Privilegien für die Führungskräfte. Es ist eine offene, freie Kultur, in der Sie mit jedem ein Gespräch anfangen können. Ich bekomme ständig E-Mails aus dem ganzen Unternehmen. Und ich beantworte sie immer.

Die Führungskräfte der Digitalen Elite glauben, daß ihre Effektivität direkt von ihrer Fähigkeit abhängt, die Beschäftigten an die Unternehmensziele zu binden. Um dies besser zu erreichen, verzichten sie auf alle Gepflogenheiten, die Barrieren errichten, und sie fördern statt dessen ein informelles Klima, in dem es den Beschäftigten leichter gemacht wird, einander als Gleiche zu behandeln.

Denkanstöße

Es besteht keinerlei Notwendigkeit, einzelne Beschäftigte abzuwerten. Die Digitale Elite hat das aus dem 19. Jahrhundert stammende Paradigma Mitarbeiter = Kinder durch das Paradigma Mitarbeiter = Partner des 21. Jahrhunderts ersetzt und eine Kultur geschaffen, in der jeder Mitarbeiter und jede Mitarbeiterin wichtig sind. Auf diese Weise hat sie die Produktivität, die Flexibilität – und die Gewinne – erhöht. Frank Ingari, Präsident von Shiva, meinte dazu:

Die Vorstellung, daß man den größten Teil seines Lebens in einer Umgebung verbringt, die einem eigentlich gar nichts bedeutet, und nach Spielregeln spielt, die einem eigentlich gar nicht zusagen, ist grauenhaft! Aber genau so mußten die meisten Menschen in der Indu-

striegesellschaft leben. Für mich ist der Gedanke außerordentlich spannend, eine neue Umgebung zu schaffen, in der die Leute ihre kreativen Energien und Fähigkeiten zur Zusammenarbeit entfalten, ständig lernen und sich verbessern, Spaß haben und ihren Horizont erweitern!

Beantworten Sie nun, unter Berücksichtigung dieser Erkenntnisse, folgende Fragen über Ihre Karriere und Ihren Platz in Ihrem Unternehmen:

- Ist das Personalhandbuch voll mit Regeln und Vorschriften? Kennen Sie die Grundeinstellungen der Verfasser und Verfasserinnen des Handbuchs? Wieviel davon wurde vor 10, 15 oder 20 Jahren geschrieben? Würde die Produktivität steigen oder sinken, wenn das Handbuch nur eine Seite umfassen würde?
- Sind Sie aus sich selbst heraus motiviert? Wie sieht es mit den Menschen aus, mit denen Sie zusammenarbeiten? Was empfinden Sie, wenn das Management sich einmischt und Ihnen Anweisungen erteilt, obwohl Sie selbst wissen, was Sie zu tun haben? Fördert oder bremst das Ihre Motivation? Was sagt ein solches Vorgehen über die Ausübung von Macht und Kontrolle in einem Unternehmen aus?
- Kommt die Mehrzahl der Mitarbeiter und Mitarbeiterinnen in Ihrem Unternehmen gerne zur Arbeit? Wird ihr Leben durch die Arbeit bereichert, oder stellt sie ein notwendiges Übel dar? Was könnten Sie tun, um Ihre Kollegen und Kolleginnen so zu motivieren, daß sie sich stärker für die Unternehmensziele engagieren?
- Um wieviel produktiver wäre Ihr Unternehmen, wenn die Beschäftigten als gleichrangige Partner behandelt würden, die zum Erfolg des Teams beitragen? Was hält Sie davon ab, eine solche Sichtweise umzusetzen?
- Wie formell geht es in Ihrem Unternehmen zu? Gibt es eine feste Kleiderordnung? Sprechen die Mitarbeiter die Manager mit Vornamen an? Falls dies nicht der Fall ist: Warum legen die Manager Wert auf Distanz? Fördern die formellen Strukturen die Produktivität, oder sind sie nur ein Zeichen für die Unsicherheit des Managements?
- Genießt das Management in Ihrem Unternehmen Privilegien? Sollen die Privilegien ein Leistungsanreiz sein? Welche Botschaft wird dadurch dem durchschnittlichen Beschäftigten vermittelt?

6 Motivieren mit Visionen

Der erfolgreichste Firmenlenker der Digitalen Elite ist zweifellos Bill Gates, Mitbegründer und Chairman von Microsoft, der größten Softwarefirma der Welt. Bill ist nicht nur ein Visionär, sondern auch ein Meister darin, andere von seinen Zukunftsvisionen zu überzeugen. Heute stehen Bill die immensen Ressourcen eines Riesenkonzerns zur Verfügung, und er kann Millionen Dollar ausgeben, um seine Visionen zu verwirklichen. Aber all diese Macht ist letztlich nur entstanden, weil Bill das getan hat, was er schon als Kind am liebsten tat. Schon in seinen frühen Jahren als Programmierer reifte eine Vision in ihm:

Ich interessierte mich schon früh für Computer und schrieb meine ersten Programme mit 13 Jahren an der High School. Als ich 1974 in Harvard war, begannen Paul Allen und ich mit der Entwicklung von BASIC für den ersten Mikrocomputer, den MITS Altair. Schon damals waren wir davon überzeugt, daß der Personalcomputer irgendwann ein sehr wichtiges Gerät sein könnte, das auf jedem Schreibtisch und in jedem Haus zu finden sein würde. Wir erkannten, daß die Mikrocomputerrevolution in vollem Gang war und verließen Harvard im nächsten Jahr, um Microsoft zu gründen und unsere Vision zu realisieren.

Mit dem Wachstum von Microsoft entwickelte Bill auch seine Vision weiter. Für ihn ist der Prozeß des Aufbaus eines großen Unternehmens mit der Entwicklung eines Programms vergleichbar. Zuerst braucht man eine Vision, aus der man die nötige Motivation bezieht, und dann ist viel Disziplin nötig, um die Vision in die Realität umzusetzen:

Das Gespür für die richtigen Chancen ist wesentlich für den Erfolg in einer Branche, die sich so schnell entwickelt wie die unsere. So war es auch von zentraler Bedeutung für die Entwicklung von Microsoft, daß wir immer starke Visionen hatten. Jede Entscheidung, die wir treffen, basiert darauf, wo wir die Technologie in 5 bis 10 Jahren sehen. Unsere Erfahrungen als Programmierer haben uns gut auf die Führungsaufgaben vorbereitet. Denn so wie sich ein Programmierer sein Produkt zuerst im Geiste vorstellen und dann methodisch den entsprechenden Code schreiben muß, so sollte auch ein Manager in der Lage sein, Strategien und Geschäftsfelder vor seinem geistigen Auge erstehen zu lassen und dann die notwendigen Schritte zu unternehmen, um sie zu realisieren.

Bill sieht einen der wichtigsten Gründe für das Scheitern der traditionellen Computerhersteller darin, daß sie ihr Gespür für die richtige Vision verloren und sich deshalb nicht gemeinsam mit dem Markt veränderten und weiterentwickelten:

In meiner Führungsrolle werde ich ständig an die Notwendigkeit einer klaren Vision und ihrer konsequenten Umsetzung erinnert. Viele Unternehmen, die einmal zu den größten der Branche gehörten, haben ihre Richtung verloren. Sie starren wie hypnotisiert auf die Technologie, der sie ihren Erfolg zu verdanken hatten und vergessen dabei ganz, neue Bereiche zu erschließen. Bei Microsoft sorge ich dafür, daß wir zumindest nicht deshalb vom Thron gestoßen werden, weil wir nicht mehr wissen, wie man Technologien in Produkte verwandelt.

Auch Eckhard Pfeiffer, CEO von Compaq, glaubt fest an die Macht der Vision. Als Eckhard die Führung von Compaq übernahm, befand sich das Unternehmen auf rasanter Talfahrt. Obwohl es einmal im Ruf gestanden hatte, die besten PCs in der Branche zu bauen, setzte ein scheinbar unaufhaltsamer Niedergang ein. Eckhard jedoch besaß eine Vision, wie Compaq einmal aussehen könnte. Er glaubte nicht nur, daß Compaq sich aus eigener Kraft aus dem Sumpf ziehen könnte, sondern auch, daß die Firma das Potential zu neuem Wachstum hatte. Er gab sich auch nicht zufrieden, als Compaq auf Platz drei nach den Branchenriesen IBM und Apple stand, sondern hielt es für möglich, daß Compaq die Nummer eins wurde. Innerhalb von zwei Jahren war seine Vision Wirklichkeit geworden. Eckhard empfahl:

Der CEO trägt eine sehr große Verantwortung. Letztlich ist es nur den Menschen zu verdanken, wenn etwas geschieht. Das sagen wir zwar ständig, aber manchmal vergessen wir es. Der CEO ist für die Entwicklung der Vision verantwortlich und weiß, daß er damit letztlich über das Wohl und Wehe des Unternehmens entscheidet. Er muß diese Vision und die langfristigen Strategien und Ziele vorantreiben. Damit hat er tagtäglich zu tun. Außerdem darf er nicht vergessen, daß die Konkurrenten genau dasselbe tun. Sie arbeiten genauso intensiv daran. Der Erfolg stellt eine Befriedigung und Belohnung für all diese Mühen dar.

Eine Vision, der sich alle Mitarbeiter und Mitarbeiterinnen einer Firma gemeinsam verschreiben, ist nach Ansicht der Mitglieder der Digitalen Elite das beste Motivationsrezept. Natürlich sind sie nicht die einzigen Firmenchefs, die etwas von der Macht einer Vision verstehen. Alle großen Führer, auch die Topmanager traditioneller Firmen, sind sich ihrer Bedeutung bewußt. Der Unterschied besteht nur darin, daß die Digitale Elite nicht auf das Mittel der Angst zurückgreift, um ihre Mitarbeiter und Mitarbeiterinnen zu motivieren.

Das traditionelle Paradigma: Motivation = Angst

Das wohl schädlichste Konzept der traditionellen Unternehmenskultur lautet, daß man die Beschäftigten durch das Mittel der Angst kontrollieren und motivieren müsse. Dieses Konzept ergibt sich ganz natürlich aus den anderen Paradigmen, die schon besprochen wurden: Wenn es Aufgabe des Managements ist, die Mitarbeiter zu kontrollieren, und wenn die Mitarbeiter wie Kinder behandelt werden, dann benötigt das Management auch ein Werkzeug, um die Kinder im Zaum zu halten. Und in der Vergangenheit war dieses Mittel immer die Angst.

In der Vergangenheit ebenso wie heute lassen viele Firmenchefs die Drohung der Entlassung über den Köpfen ihrer Beschäftigten schweben. Die Botschaft ist klar: «Hart arbeiten oder gehen!» Dieser Ton wurde im 19. Jahrhundert vorgegeben. Wer sich weigerte oder physisch nicht in der Lage war, sieben Tage in der Woche einen 14-Stunden-Tag zu absolvieren, wurde ohne Federlesens entlassen, um durch eine andere namenlose Arbeitskraft ersetzt zu werden.

Diese allzu offensichtlichen Zwangsmethoden waren Mitte des 20. Jahrhunderts aus der Mode gekommen. IBM beispielsweise war bekannt für seine Politik des lebenslangen Arbeitsverhältnisses. Wer bei IBM eingestellt wurde, hatte einen Job fürs Leben, zumindest solange er sich an die Regeln hielt. IBM konnte diese Erwartung allerdings ebensowenig wie andere Firmen, die eine lebenslange Anstellung in Aussicht stellten, erfüllen. Mittlerweile ist das Konzept eines sicheren Arbeitsplatzes schon zu einem Relikt der Vergangenheit geworden. Millionen von

Beschäftigten haben ihre Arbeitsplätze durch Umstrukturierungen, Outsourcing-Maßnahmen und Reengineering-Programme verloren. Die Angst vor der Arbeitslosigkeit hat sich unter vielen Beschäftigten in zahlreichen Bereichen wieder breitgemacht.

Die Angst schwächt jedoch die Wettbewerbsfähigkeit und Anpassungsfähigkeit vieler Firmen nur noch weiter und bewirkt, daß die Mitarbeiter nicht produktiver, sondern unproduktiver werden. Denn wer Angst hat, wird sich verständlicherweise weigern, Risiken einzugehen, selbst wenn es notwendig ist. Ich war für Firmen tätig, deren Mitglieder solche Angst hatten, daß es ein Wunder war, daß überhaupt etwas produziert wurde. Die Menschen in solchen Unternehmen sind wie gelähmt und rühren keinen Finger, wenn sie damit rechnen müssen, für eventuelle Fehler zur Verantwortung gezogen zu werden. Die Führungskräfte fangen an, für jeden Schritt detaillierte Pläne zu fordern, um sich abzusichern. In einem solchen Unternehmen wird meist so lange über die möglichen Konsequenzen einer neuen Chance nachgedacht, bis man sie unwiderruflich verpaßt hat. Jonathan Seybold, Guru der Computerbranche, meinte dazu:

> *In den traditionellen Unternehmen wurden die Menschen oft bestraft, wenn sie Risiken eingingen. Folglich gehörte es zu den wichtigsten Tätigkeiten im Unternehmen, jede Schuld vorsorglich von sich zu weisen. Memos wurden in Umlauf gebracht und Meetings abgehalten, nur um die eigenen Hände in Unschuld zu waschen. Ich habe diese Verhaltensweisen auch in Unternehmen beobachtet, in denen hochintelligente, gebildete und kluge Menschen arbeiteten. Es ist einfach so, daß die herrschende Kultur sich ihrer bemächtigt, nicht umgekehrt.*

Das Klima der Angst verlangsamt in vielen Unternehmen die Entscheidungsfindung bis zum Schneckentempo, weil alle damit beschäftigt sind, ihre Haut zu retten. Das Mißtrauen stärkt die Bürokratie, weil auch noch die kleinsten Details überprüft werden müssen. Aufgaben, die man in wenigen Stunden erledigen könnte, nehmen statt dessen Tage, Wochen oder Monate in Anspruch oder werden nie vollendet.

Bei den Minicomputer- und Großrechnerherstellern der achtziger Jahre beispielsweise erreichte ein Produkt nicht einmal das Prototypenstadium, wenn nicht schon ein Entwicklungsplan, ein Marketingplan, ein

Vertriebsplan, eine Wettbewerbsanalyse, ein Freigabeplan, ein Masterplan und ein Projektplan vorlagen, die alle von mehreren Abteilungen und Bürokratien geprüft und genehmigt werden mußten. Da es buchstäblich Monate dauerte, um all diese Dokumente zu erstellen und zu prüfen, kamen die Produkte selten rechtzeitig auf den Markt. Außerdem mußten die Genehmigungsprozeduren in jedem Stadium des Entwicklungsprozesses wiederholt werden, so daß ein Produkt Hunderte von Unterschriften und Gegenzeichnungen erforderte. Projekte mit einer geplanten Dauer von einigen Monaten erstreckten sich über Jahre, oder sie gingen in einem endlosen Papier- und Intrigenkrieg unter. Und wenn ein Produkt endlich einmal ausgeliefert wurde, war es schon veraltet.

Die Angst verschlechtert auch die Qualität der Kommunikation in einem Unternehmen. Im Bemühen, jede mögliche Schuld von vornherein weit von sich zu weisen, widmen sich die Mitarbeiter der Kunst des Nichtssagenden. Immer wenn Sie ein Memo sehen, das einen ungenießbaren Brei aus Modeworten und Halbwahrheiten darstellt, können Sie davon ausgehen, daß es von einem oder auch zwei schreckerfüllten Managern ausgeheckt wurde, die jede Schuld an möglichen Fehlschlägen von sich weisen wollen. Ein Beispiel:

Nach angemessener Würdigung der Alternativen werden wir, auf der Basis einer klugen Einschätzung der Marktbedingungen, kalkulierte Risiken eingehen.

Zweifelsohne glaubten die Führungskräfte, eine überzeugende Aussage zu Papier zu bringen. Aber zwischen den Zeilen steht die Botschaft: «Wir gehen keine Risiken ein.»

Zu den lächerlichsten Auswüchsen des Paradigmas Motivation = Angst gehört das sogenannte «group writing»: Eine Mitarbeitergruppe trifft sich in einem Meeting und versucht, gemeinsam einen Text zu schreiben. Auf der Suche nach der perfekten Formulierung diskutieren und ringen sie um jedes Wort. Es kann eine Stunde dauern, bis sie einen einzigen Satz fertig haben, und einen Tag, um einen Absatz fertigzustellen. Dieses bizarre Ritual soll gewährleisten, daß jeder einzelne mit den Formulierungen «zufrieden» ist und die Verantwortung für ihren Inhalt mitträgt. Aber wenn *jeder* die Verantwortung mitträgt, dann ist mit Sicherheit *niemand* verantwortlich, wenn etwas schiefgeht.

Das Ergebnis der leeren Worthülsen und der in gemeinsamer Arbeit errungenen Textkompromisse besteht aber darin, daß die Wahrheit bei den Beschäftigten nicht mehr hoch im Kurs steht. Schwerverdauliche Informationen werden lieber gleich ignoriert. Im Laufe der Zeit verlieren die Führungskräfte und die Beschäftigten gleichermaßen jedes Gespür für den Markt, weil sie alle Angst davor haben, die Wahrheit zu sagen.

Mitarbeiter, die Angst haben, treffen nicht die richtigen Entscheidungen, sie gehen keine gut durchdachten Risiken ein, und sie handeln nicht rational. Betreten Sie ein beliebiges Besprechungszimmer in einem traditionell geführten Unternehmen, und Sie erkennen sofort diejenigen, die Angst haben. Sie blicken oft suchend in den Raum, verhalten sich abwartend, lachen ein wenig zu laut, wenn der Chef einen mittelmäßigen Witz macht und stimmen jedem Vorschlag zu, der Anklang zu finden oder politisch korrekt zu sein scheint.

Im Gegensatz dazu glauben die Vertreter der Digitalen Elite, daß der Erfolg ihrer Unternehmen davon abhängt, ob ihre Mitarbeiter fähig – und bereit – sind, wohlüberlegte Risiken einzugehen. Sie wissen, daß einem die heutigen sich rasant verändernden Märkte einfach keine Zeit lassen, Probleme zu Tode zu analysieren, komplizierte Konsensbildungsverfahren durchzuführen oder Angst zu haben. Kein Mitarbeiter kann couragiert handeln, wenn ihm die Angst in den Knochen sitzt, daß ein Fehler ihn seinen Kopf kosten könnte. Folglich erwarten die Manager der Digitalen Elite keine Perfektion von ihren Mitarbeitern. Sie erwarten nur, daß sie aus ihren Fehlern lernen. Der CEO von Sybase, Michael Kertzman, meint dazu:

> *Ich kann mir gar nicht vorstellen, Mitarbeiter durch Angst zu motivieren. Wir wollen doch nicht, daß die Leute Angst vor den Konsequenzen haben, wenn es eine Panne gibt. Ich möchte natürlich, daß sie das Richtige tun. Aber wenn sie das versuchen und dabei scheitern, dann war es doch wenigstens den Versuch wert. Jeder hat ein Recht auf Fehler. Das heißt nicht, daß wir zusehen, wie jemand ein- und denselben Fehler immer wieder macht. Der erste Fehler wird fast immer verziehen, vor allem, wenn der Betreffende daraus lernen kann.*

Wir möchten nicht, daß unsere Mitarbeiter in einer risikofeindlichen Atmosphäre arbeiten. Es ist gräßlich, wenn jemand einen Vorschlag macht und alle anderen im Raum sagen (oder sonstwie vermitteln): «Das ist das Blödeste, das ich jemals gehört habe, und Sie sind ein ziemlicher Dummkopf!» Denn dann wird dieser Mitarbeiter nie wieder einen Vorschlag machen, weil er Angst hat, ausgelacht zu werden. Wir sind zwar sehr kritikfreudig und offen, und manchmal kommen Vorschläge auf den Tisch, auch von mir, von denen es heißt: «Das ist eine blöde Idee», aber niemand würde sagen: «Sie sind blöd.»

Statt also das Klima der Angst zu verstärken, versucht die Digitale Elite, Ängste abzubauen. Sie möchte in ihren Mitarbeitern das Gefühl wecken, daß sie ihr Schicksal selbst in der Hand haben – anstatt auf die sprichwörtliche Axt zu warten, die auf sie niedersaust. Sie erwartet, daß die Mitarbeiter zu ihren Entscheidungen stehen – anstatt zu versuchen, die Verantwortung abzuwälzen. Das bedeutet, daß die Motivation im wesentlichen aus der gemeinsamen Vision und nicht aus der Angst abgeleitet wird. Die unterschiedlichen Auswirkungen der beiden Paradigmen werden in Tabelle 6.1 dargestellt.

Tabelle 6.1. Paradigmenvergleich

Motivation = Angst	**Motivation = Vision**
Mißtrauen. Die Angst schafft Mißtrauen gegenüber den Kollegen und Mitarbeitern, die als Feinde oder bestenfalls als vorübergehende Verbündete betrachtet werden.	*Vertrauen.* Eine gemeinsame Vision macht es leichter, den Kollegen zu vertrauen, die sich denselben Unternehmenszielen verschrieben haben.
Vorhersagbarkeit. Verängstigte Menschen mögen keine Überraschungen und richten deshalb Strukturen ein, die gewährleisten, daß sie alles unter Kontrolle haben – also nichts verändert wird.	*Mut.* Eine gemeinsame Vision ermutigt die Menschen, notwendige Risiken einzugehen und so zu handeln, daß die Vision verwirklicht wird.
Unehrlichkeit. In Unternehmen mit einer ausgeprägten Angstkultur betrachten die Mitarbeiter es als angemessen und sogar ratsam, jede Schuld von sich zu weisen, indem sie sogar zur Lüge greifen.	*Entschlossenheit.* Eine gemeinsame Vision schafft ein Klima, in dem Entscheidungen schnell und unbürokratisch getroffen werden, weil jeder beurteilen kann, inwieweit eine Entscheidung der Vision entspricht.

Die Auswirkungen des Paradigmas Motivation = Angst zeigen sich am deutlichsten im allgemeinen Arbeitsklima, das in einem Unternehmen herrscht. Durch Angst wird das Klima stets beeinträchtigt, weil die Beschäftigten sich unwohl und unglücklich fühlen.

Aus eigener Erfahrung weiß ich, was für eine wunderbare und positive Erfahrung es sein kann, in einem Unternehmen der Digitalen Elite zu arbeiten. Meine erste Stelle hatte ich im Los Angeles Development Center inne, das eine für die damalige Zeit sehr progressive Unternehmenskultur hatte. Die Mitarbeiter waren keinen Kleidungszwängen unterworfen, sie nannten sich alle beim Vornamen, und die Superprogrammierer hatten mehr Macht als die Manager. Das Entscheidende war aber wohl, daß das Unternehmen eine Mission besaß, die jeden Aspekt des täglichen Arbeitslebens durchdrang. Es hatte sich ein Ziel gesetzt, das noch keine Softwarefirma jemals erreicht hatte, nämlich den Programmcode eines komplexen Mehrbenutzersystems neu zu schreiben, so daß es auf einer völlig anderen Hardwareplattform lief. Viele Computerfachleute hielten das Projekt für aussichtslos, vor allem im vorgesehenen Zeitrahmen von drei Jahren.

Anstatt uns durch die Größe der Aufgabe einschüchtern zu lassen, wurden wir von einer gewissen Abenteuerlust beflügelt, denn wir wagten uns immerhin auf ganz neues Terrain vor. Wir waren durch unsere Vision so motiviert, daß wir oft eine 50- oder 60-Stunden-Woche hatten und meist gar nicht einmal merkten, wie hart wir arbeiteten. Am Montagmorgen freuten wir uns stets wieder auf die Arbeit. Meine Aufgabe war bei weitem nicht die wichtigste in diesem Projekt, denn ich war ein Neuling, der gerade vom College kam. Aber man gab mir das Gefühl, als sei ich ein sehr wichtiges Mitglied der Teams, in denen ich arbeitete. Ich konnte an allen Besprechungen teilnehmen, die mich interessierten, oder zu denen ich etwas beitragen konnte. Die Zusammengehörigkeit am Arbeitsplatz setzte sich auch im Privatleben fort. Fast jedes Wochenende wurde eine Party gefeiert, auf der wir wieder zusammenhockten und über das nächste Stadium des Entwicklungsprozesses redeten.

Im gesamten Unternehmen zählte nur noch eines, nämlich die Fertigstellung unseres Produkts. Es gab etwa 100 Programmierer und nur vier Sekretärinnen. Sämtliche Manager waren ehemalige Programmierer, die in der Lage waren, die technischen Aspekte des Projekts zu beurteilen.

Selbst von den Verfassern der Dokumentation erwartete man, daß sie programmieren konnten.

Schließlich wurden unsere Mühen belohnt: Wir erreichten ein Ziel, das Außenstehende für unmöglich gehalten hatten. Es gelang uns, das Betriebssystem auf die neue Hardwareplattform zu konvertieren, und hielten dabei sogar noch einen Termin ein, der drei Jahre zuvor festgelegt worden war. Es war ein außerordentlicher Triumph und ein sehr großer finanzieller Erfolg für das Mutterunternehmen.

Immer wenn ich mit Mitarbeitern und Mitarbeiterinnen der Digitalen Elite spreche, spüre ich ein Maß an Energie und Begeisterung, das nur dann entstehen kann, wenn die Menschen sich zu etwas Besonderem zugehörig fühlen und glauben, ein kleines Teilchen der Welt zu verändern. Ich kann gut nachvollziehen, wie es Führungspersönlichkeiten wie Bill Gates (Microsoft), Bob Frankenberg (Novell) oder Edward McCracken (Silicon Graphics) gelingt, ihre Mitarbeiter und Mitarbeiterinnen zu immer besseren Leistungen zu mobilisieren.

Die Digitale Elite verfolgt drei Strategien, um die Beschäftigten für ihre Visionen zu begeistern und sie zu motivieren:

- Vertrauen schaffen
- Ziele vermitteln
- Erfolge belohnen.

Strategie 13: Vertrauen schaffen

Die Beschäftigten möchten mit ihrer Arbeit lieber etwas Dauerhaftes aufbauen anstatt nur als Soldaten in der Schlacht um die Marktanteile zu fungieren. Wenn sie sich als Teil einer Gemeinschaft betrachten, werden Kollegen eher zu Freunden als zu Konkurrenten. Wenn dann auch noch die Führungskräfte darauf verzichten, ihre Mitarbeiter und Mitarbeiterinnen zu kontrollieren, entsteht eine ungeahnte Produktivität, die auf Loyalität und nicht auf Angst basiert. Stan Shih, CEO der Acer Group, drückte es so aus:

Führerschaft bedeutet, einen Traum gemeinsam zu erreichen, vor allem dann, wenn dieser Traum unerreichbar zu sein scheint. Führungspersönlichkeiten müssen offen für alles sein und die Ideen anderer akzeptieren, auch wenn sie falsch sein könnten. Das beste Führungstraining besteht darin, aus Fehlern zu lernen. Führungsleute dürfen also niemals versuchen, die Verantwortung auf andere abzuwälzen. Wenn etwas schiefgeht, fragt ein Führer immer: «Was habe ich falschgemacht?», und nicht «Was haben die anderen falschgemacht?»

Nur in einem solchen Klima des Vertrauens können Visionen gemeinsam verfolgt werden. Das Vertrauen ist der fruchtbare Boden, auf dem die Vision gedeiht. Der Softwareunternehmer und ehemalige IBM-Manager Dan Cerutti meinte dazu:

Ich hatte mit Managern zu tun, die jedem Mitarbeiter grundsätzlich unterstellten, er wolle nicht arbeiten. Dieses Mißtrauen äußerte sich in allem, was sie taten. Sie hatten Angst loszulassen. So entstand eine sehr ungute Atmosphäre. Das war bei IBM der Fall, und das ist immer noch in vielen Unternehmen so. Ich ziehe flache Hierarchien vor, weil man nicht viele Führungskräfte braucht, wenn man den Beschäftigten vertraut. Die Entscheidungen fallen schneller, und sie werden von denen getroffen, die alle wichtigen Einzelheiten kennen. Das bedeutet, den Mitarbeitern mehr Autonomie und Verantwortung einzuräumen. Der Puls des Unternehmens beginnt schneller zu schlagen. Sie bekommen Menschen mit mehr Verantwortungsbereitschaft. Sie bekommen praktisch alles, was Sie wollen.

Vertrauen bedeutet, die Mitarbeiter auch Entscheidungen treffen zu lassen, die der üblichen Unternehmenspraxis nicht entsprechen. Vertrauen setzt auch voraus, daß die Manager ihre Ängste vor unorthodoxen Entscheidungen aufgeben müssen. Mitchell Kertzman, CEO von Sybase, erklärte:

Nehmen wir an, ich hätte einen Mitarbeiter, der einen Kunden besucht. Es ist spät abends, und um das Problem des Kunden zu lösen, muß der Mitarbeiter ihm eine Zusicherung geben, die allerdings Geld kosten wird. Ich möchte, daß dieser Mitarbeiter das Richtige für den Kunden tut, auch wenn es nicht der üblichen Praxis entspricht. Er braucht nicht mit einer Standpauke zu rechnen, selbst wenn die Zusicherung, die er dem Kunden gegeben hat, sonst nicht üblich ist. Wenn sie dem Kunden in diesem speziellen Fall geholfen hat, dann hat der Mitarbeiter auch richtig gehandelt.

Aber der vielleicht überzeugendste Grund für ein Klima des Vertrauens besteht darin, daß man langfristig gesehen ein Unternehmen kostengünstiger führen kann, wie Shiv Nadar, Chairman von HCL, bemerkte:

Bürokratien sind immer ein Zeichen dafür, daß es einem Unternehmen an Vertrauen und gegenseitiger Achtung und Respekt mangelt. Es funktioniert nicht, anderen ständig über die Schulter zu sehen. Damit wird lediglich ein Kostenfaktor eingeführt, der keinerlei Wert schafft. Eher schadet ein Manager seinem Unternehmen, wenn er glaubt, seine Aufgabe bestünde darin, die Mitarbeiter zu fragen: «Haben Sie ‹X› getan?» Ich kenne ein Unternehmen, das 5 Millionen Dollar ausgab, um ein Projekt zu überwachen, das einen Wert von genau 5 Millionen Dollar hatte. Es ist unnötig zu sagen, daß es nicht kosteneffizient war.

Strategie 14: Ziele vermitteln

Ein wichtiger Erfolgsfaktor für jedes Unternehmen ist die klare Vermittlung der Unternehmensziele und der Unternehmensmission. Die Mitarbeiter und Mitarbeiterinnen erfolgreicher Unternehmen sollten über ein klares Bild dessen verfügen, was sie erreichen möchten. Daran können sie sich dann im Arbeitsalltag orientieren. Eine bei der Digitalen Elite besonders beliebte Methode zur Vermittlung der Unternehmensziele besteht darin, die Beschäftigten in Teams zu organisieren, die wie kleine Geschäftseinheiten funktionieren. So erkennen die einzelnen Mitarbeiter und Mitarbeiterinnen unmittelbar, wie sich ihre Arbeit konkret auswirkt.

Die Digitale Elite bestärkt ihre Mitarbeiter und Mitarbeiterinnen im Glauben daran, daß sie zwar nicht unbedingt die Welt verändern, aber immerhin einen Beitrag dazu leisten können, in ihrem Umfeld etwas zu bewegen. Sally Narodick, ehemalige CEO von Edmark, meinte dazu:

Wir suchen Menschen mit der Fähigkeit zur Selbstverwirklichung. Sie haben Selbstvertrauen, arbeiten gerne an Zielen und sind begeistert von dem, was wir hier tun. Die meisten unserer Beschäftigten sind sehr kinderlieb, meist haben sie selbst kleine Kinder, und sie staunen über ihre wunderbaren Fähigkeiten und ihr Potential. Sie identifizieren sich mit unserem Wertesystem und arbeiten gerne bei uns, weil sie dazu beitragen möchten, einen kleinen Teil der Welt zu verändern.

Der ehemalige Executive Vice President von Microsoft, Mike Maples, ergänzte:

Die besten Unternehmen beschäftigen Menschen, die klug, entschlossen, konzentriert und loyal sind. Ihnen ist wirklich wichtig, was sie am Arbeitsplatz tun. Sie fühlen sich dazu berufen, Dinge zu verändern und etwas zu schaffen, was sich auf die Welt und die Menschheit positiv auswirkt.

Viele Unternehmen schreiben ihre Ziele fest, indem sie eine Aussage über ihre Mission entwickeln. An den folgenden Beispielen wird deutlich, mit welchen Zielen viele Beschäftigte der Digitalen Elite motiviert werden:

- *Dell Computer.* Wir entwickeln Qualitätsprodukte und tun alles, um den Kunden zufriedenzustellen.
- *Shiva.* Wir bieten sichere, leicht bedienbare, skalierbare und kosteneffektive Remote Access-Lösungen an, um die Bedürfnisse der technisch nicht versierten Endanwender und die der Netzwerkbetreiber gleichermaßen zu befriedigen.
- *Hewlett-Packard.* Wir bieten unseren Kunden Produkte und Dienstleistungen in Spitzenqualität, um ihren Respekt und ihre Loyalität zu gewinnen.
- *Knowledge Adventure.* Wir entwickeln phantasievolle, anregende und spannende Multimedia-Lernsoftware für Kinder.

In all diesen informellen Aussagen über die Mission schimmert die Absicht durch, dem Kunden etwas Wichtiges anzubieten – entweder ein besonders hohes Maß an Qualität oder eine besonders wichtige Dienstleistung. Wenn man die Mission in den umfassenderen Kontext der Weltverbesserung stellt – wie geringfügig diese Verbesserung auch sein mag –, dann hat man gute Aussichten, daß die Beschäftigten die Unternehmensziele zu «ihrer Sache» machen.

In ihren Aussagen über die Unternehmensmission kristallisiert die Digitale Elite heraus, welche Ziele sie erreichen möchte und warum sie wichtig sind. Die Mitarbeiter und Mitarbeiterinnen sollen dazu angeregt werden, mehr über Chancen und weniger über Grenzen nachzudenken. Eine überzeugende Mission vermittelt nicht nur Informationen, sondern sie reißt mit. Sie verdeutlicht, daß das Unternehmen Ziele verfolgt, die über die reine Gewinnerzielung hinausgehen. Eine gelungene Mission drückt aus, warum die Produkte nicht nur aus finanzieller Sicht zu empfehlen sind, sondern auch aus der Perspektive der Kunden. Auch dies trägt in entscheidendem Maß zur Mitarbeiterloyalität bei, wie Stan Shih, CEO der Acer Group, betonte:

Man gewinnt die Loyalität der Mitarbeiter und Mitarbeiterinnen durch eine gemeinsame Vision und Strategie. Aber das reicht noch nicht aus, sondern man muß ihnen auch Anreize bieten, wie etwa Aktienoptionen und Gewinnbeteiligungen, die den Risiken Rechnung tragen, die sie eingehen. Ein wichtiges Mittel, um ihre Loyalität zu gewinnen, besteht darin, die Interessen und die Positionen von Managern und Mitarbeitern zu schützen, wenn sie Fehler machen. Sie wissen es wirklich zu schätzen, wenn man ihnen die Chance gibt, aus ihren Fehlern zu lernen.

Eine gelunge Aussage über die Mission kann die Menschen einander näherbringen. Sie beschreibt, wie sich die Zugehörigkeit zu einem Unternehmen positiv auf die Karriere und das Zusammenleben auswirkt. Sie zieht genau diejenigen Menschen an, die auch in das Unternehmen passen. Neue Mitarbeiter und Mitarbeiterinnen fangen ihre Stelle vom ersten Tag mit dem Bewußtsein an, zu etwas Besonderem zu gehören und eine einzigartige und wichtige Aufgabe zu erfüllen, die nicht nur ihr eigenes Leben bereichert, sondern auch zum Gemeinwohl beiträgt.

Strategie 15: Erfolge belohnen

Eine gute Vision alleine reicht aber noch nicht aus, um den Unternehmenserfolg zu sichern. Ein wichtiger Aspekt ist auch die Anerkennung und Belohnung der Beschäftigten. In vielen Unternehmen der Digitalen Elite – vor allem auch in neugegründeten Firmen – ist es üblich, den Beschäftigten attraktive Aktienoptionen zu gewähren. Diese können sehr viel mehr wert sein als ein gutes Gehalt, wenn die Unternehmensentwicklung entsprechend positiv verläuft. Mit Aktienoptionen können kleinere Unternehmen, denen die finanziellen Mittel für die Zahlung von Spitzengehältern noch fehlen, sehr gute Talente anziehen.

Ein Beispiel dafür ist das Unternehmen Knowledge Adventure, das Multimedia-Lernsoftware für Kinder entwickelt. Knowledge Adventure schuf sich mit einigen hervorragenden Produkten schon einen guten Ruf, lange bevor der Run auf Multimedia-Anwendungen einsetzte. Damals ging das Unternehmen ein großes Risiko ein. Es sollte sich jedoch auszahlen, denn Knowledge Adventure entwickelte sich zu einem ernsthaften Konkurrenten in einem der anspruchsvollsten High-Tech-Segmente der Softwarebranche.

Bei Knowledge Adventure können die Beschäftigten unter verschiedenen Vergütungssystemen wählen. Sie bekommen entweder ein höheres Gehalt, aber keine Aktienoptionen, oder sie erhalten ein niedrigeres Gehalt sowie Aktienoptionen, die im Falle einer günstigen Geschäftsentwicklung entsprechend wertvoll sind. CEO Bill Gross erklärt:

Unsere Gehälter sind im allgemeinen etwas niedriger als marktüblich. Wir handhaben das so, damit wir in dieser Geschwindigkeit weiterwachsen und trotzdem rentabel arbeiten können. Wir haben ein ungewöhnliches Vergütungssystem. Es erscheint mir zwar ganz logisch, aber trotzdem habe ich noch nie davon gehört. Nachdem wir also diejenigen Kandidaten und Kandidatinnen gefunden haben, die sich mit Leidenschaft für unsere Produkte interessieren und die notwendigen Fähigkeiten mitbringen, fragen wir sie nach ihren Bedürfnissen und ihrer derzeitigen wirtschaftlichen Lage. Dann unterbreiten wir ihnen normalerweise drei Angebote: Das erste Angebot ist ein Gehalt, mit dem sie über die Runden kommen, das zweite ist etwas höher und beinhaltet wenige Aktienoptionen, während die dritte Möglichkeit die ist, ihnen ein niedrigeres Gehalt als im ersten Angebot zu bezahlen, dafür aber erhebliche Aktienoptionen anzubieten. Durch die Besprechung dieser Optionen entwickelt jeder ein Gefühl dafür, wie er sich in das Unternehmen einbringt, ob über Aktienoptionen oder das Gehalt.

In den kleineren Unternehmen der Digitalen Elite ist das Gehalt häufig an den Unternehmenserfolg, und in den größeren an den Produkterfolg gekoppelt. Die Führer der Digitalen Elite glauben, daß dies ein sehr wirksames Mittel ist, um die Beschäftigten an das Unternehmen zu binden. Diese Verbundenheit wird weiter verstärkt, wenn die Beschäftigten davon überzeugt sind, daß sie die Ertragslage direkt beeinflussen. Natürlich steigt auch die Produktivität, wenn die Beschäftigten wissen, daß ihr Einsatz sich letztlich in klingender Münze auszahlen wird.

Hier liegt einer der Schlüssel dafür, wie man das unternehmerische Denken auf allen Ebenen stärken kann, wie Stan Shih, CEO der Acer Group, erläuterte:

Bei uns in Taiwan gibt es ein Sprichwort: «Es ist besser, der Kopf eines Huhns zu sein als der Schwanz einer Kuh.» Das bedeutet, daß die meisten Menschen mit Unternehmergeist lieber ihr eigenes kleines Geschäft führen als für ein großes Unternehmen arbeiten. Solche Menschen zieht man durch eine Managementphilosophie an, in der Unterschiede respektiert werden und die Mitarbeiter an den Gewinnen beteiligt werden. In einem wirklich effektiven Unternehmen sollte jeder Mitarbeiter eigentlich Aktionär sein.

Wenn man die Gehälter von der Unternehmensentwicklung abhängig macht, fördert dies auch das allgemeine Kostenbewußtsein, weil die Rentabilität der einzelnen Projekte gemessen wird. Auf diese Weise wird jeder Geldverschwendung vorgebeugt. Microsoft beispielsweise weist regelmäßig eine Nettogewinnquote von über 25 Prozent auf und liegt damit sogar weit über den in vielen anderen Branchen üblichen Bruttogewinnquoten. Die Manager der Digitalen Elite integrieren das Kostenbewußtsein so in die Unternehmenskultur, daß jeder einzelne instinktiv immer die Ergebnisse im Blick behält. Jonathan Seybold beschreibt, wie er diesen Aspekt schon von der Gründung seines Unternehmens Seybold Seminars an berücksichtigte:

> *Bei uns gab es von Anfang an Gewinnbeteiligungen. Das war mir immer sehr wichtig. Ich finde einfach, daß die Menschen, die ein Unternehmen erfolgreich machen, auch an den Gewinnen partizipieren sollten. Daraus ergab sich wie von selbst die Konsequenz, daß wir eine «preisbewußte» Kultur haben – die Leute verschwenden kein Geld. Am Anfang habe ich darüber nicht einmal nachgedacht, aber wenn heute so viele Unternehmen Probleme mit ihren Kosten haben, dann liegt das auch daran, daß sie eine Top-down-Kontrolle betreiben, mit allerlei Regeln und Vorschriften. Wenn man dagegen die Kosten von unten nach oben kontrolliert, braucht man all diese Mechanismen nicht. Das war zwar nicht der Grund dafür, warum ich die Gewinnbeteiligungen eingeführt habe, aber es war eine Konsequenz. Auf diesem Boden gedeiht eine ganz andere Art von Unternehmen.*

Denkanstöße

Die Digitale Elite hat Unternehmen geschaffen, die ihre Mitarbeiter und Mitarbeiterinnen mit überzeugenden Visionen begeistern. Sally Narodick, ehemalige CEO von Edmark, meinte:

> *Man muß in Berührung mit den wirklich wichtigen Dingen bleiben und alles loslassen können. Man sollte seinen Lebensstil so anpassen, daß man sich auch Gehaltseinbußen leisten kann und dafür dort arbeitet und Erfüllung findet, wo es wirklich sinnvoll ist. Diese Einbußen sind letztlich eine Investition, die das persönliche Wachstum fördern und Freude machen.*

Denken Sie über die folgenden Fragen nach:

- Haben Sie eine klare Vorstellung dessen, was Ihr Unternehmen erreichen will? Sind Sie stolz auf diese Ziele? Wenn nicht, was müßte sich verändern, damit Sie stolz auf Ihr Unternehmen sind?

- Ist die Vergütung an die Dauer der Betriebszugehörigkeit oder an die Leistungen gekoppelt? Glauben Sie, daß die Produktivität steigen würde, wenn die Mitarbeiter und Mitarbeiterinnen belohnt werden, wenn sie die Unternehmensziele erreichen?
- Gibt es Anzeichen dafür, daß viele Mitarbeiter und Mitarbeiterinnen Angst haben? Was ist die Quelle dieser Angst? Was könnten Sie heute tun, um diese Angst zu verringern?
- Besitzt Ihr Unternehmen eine Aussage über die Mission? Wer hat sie geschrieben? Verstehen die Mitarbeiter sie, und orientieren sie sich im Alltag daran? Wenn nicht, könnte es sein, daß die Vision und die Mission nicht klar genug formuliert sind?
- Werden die Mitglieder Ihres Teams belohnt, wenn das Team erfolgreich ist? Gibt es genügend Anreize dafür, sich voll und ganz in das Team einzubringen? Bekommt jeder dieselben Zusatzleistungen, oder gibt es «Stars», die besondere Belohnungen erhalten? Wie wirkt sich das auf das Team aus?
- Werden Sie oder die anderen Teammitglieder belohnt, wenn Sie Kostensenkungsmaßnahmen vorschlagen oder durchführen? Werden Sie bestraft, wenn Sie am Jahresende nicht ihr ganzes Budget aufgebraucht haben? Was müßte sich in Ihrem Unternehmen verändern, um eine Kostenkontrolle «von unten nach oben» realisieren zu können?

7 Veränderung bedeutet Wachstum

Die Mitglieder der Digitalen Elite sind Pioniere auf einem Neuland, das schneller erobert wird als seine Grenzen abgesteckt werden können. Bill Gates hat es auf den Punkt gebracht:

> *Wir sind Zeugen unglaublicher Veränderungen des menschlichen Erfahrungshorizonts. Der Übergang wird aufregend und von historischen Dimensionen sein, und er wird den Menschen mehr Freiheit schenken. Er wird aber manchen Unternehmen und Institutionen, die nicht Schritt halten können, auch brutal erscheinen. Selbst bei der derzeitigen Information Highway-Euphorie unterschätzt man noch die positiven Auswirkungen der Digitalisierung. Das digitale Zeitalter wird eine ungeahnte Bereicherung für die Menschheit darstellen. Sobald einmal gewisse Schwellen überschritten sind, wird sich die Art und Weise, wie wir arbeiten und leben, für immer verändern.*

Edward McCracken, CEO von Silicon Graphics, fügte hinzu:

> *Die Computerbranche steckt noch in den Kinderschuhen, obwohl es sie seit 40 oder 50 Jahren gibt. Es kommt nur darauf an, wie man rechnet. Ich glaube, daß die wirklich fortschrittlichen Anwendungen gerade erst entwickelt werden, und daß die nächsten zehn, zwanzig Jahre eine wunderbare Zeit sein werden, um Neues auszuprobieren. Es ist unglaublich anregend, wenn man ständig gezwungen ist, sich zu verändern.*

McCracken, Gates und die anderen Vertreter der Digitalen Elite betrachten Veränderungen als aufregend und spannend – sie geben dem Arbeitsleben erst die richtige Würze. Diese Einstellung hat wesentlich zu ihrem Erfolg beigetragen. Sie sehen Veränderungen und Neuerungen als einen ganz normalen Bestandteil des Tagesgeschäfts.

Diese Einstellung ermöglicht es den Unternehmen der Digitalen Elite, sich ständig weiterzuentwickeln und auf neue Gegebenheiten einzustellen. Veränderungen sind ein selbstverständlicher Bestandteil der Führungsaufgabe, auch wenn sie unangenehmer Natur sind, wie etwa bei notwendigen Entlassungen. Da sich die Digitale Elite an Paradigmen orientiert, in denen Veränderungen positiv bewertet werden, setzen sie diese auch für ihre übergreifenden Ziele ein. Frank Ingari, CEO von Shiva, erklärte, wie sich dieses Konzept von der traditionellen Sichtweise unterscheidet:

> *Man kann die ständigen Veränderungen beklagen, so wie es etwa die Gewerkschaften tun. Aber sie haben ein falsches Modell der Realität, insbesondere der wirtschaftlichen Realität. Die Gesellschaft insgesamt muß sich dem Wandel stellen, anstatt im statischen Denken zu verharren. Erinnern Sie sich an den Konflikt zwischen den Stahlarbeitern und den Stahlwerken? Wie merkwürdig diese Auseinandersetzung heute anmutet! Die Leute merken endlich, daß große Unternehmen nicht omnipotent sind; viele der einst Mächtigen sind vom Sockel gestürzt. Sie mußten Entlassungen aussprechen, und die Topmanager standen da wie Unmenschen. Das Bild des allmächtigen Unternehmens in einer statischen Welt, das irgendwelchen Krimskrams herstellt, ist überholt. Die einzige Konstante in der heutigen Wirtschaft ist die Veränderung, und die Frage lautet, wer davon profitieren wird.*

Die Unternehmen der Digitalen Elite sind besonders gut positioniert, um die Früchte des Wandels zu ernten, weil es für sie schon längst selbstverständlich ist, Veränderung mit Wachstum gleichzusetzen. Die bisher vorherrschende Einstellung dagegen verknüpfte mit Veränderungen stets Unannehmlichkeiten.

Das traditionelle Paradigma: Veränderung = Gefahr

In der traditionellen Unternehmenskultur steht man Veränderungen skeptisch und ängstlich gegenüber. Diese Einstellung hat ihren Ursprung im 19. Jahrhundert, einer Zeit der gesellschaftlichen und politischen Umwälzungen, in der die großen Unternehmen wie Häfen der Stabilität wirkten. Bis zum heutigen Tag verweisen viele Unternehmen auf die Jahrzehnte ihres Bestehens, wenn sie ihre Bedeutung herausstreichen wollen. Sie hängen Porträts ihrer Gründer auf und beziehen sich immer wieder gerne auf die Konstanten in der Firmengeschichte.

Traditionalisten setzen sich erst dann mit der Möglichkeit grundlegender Veränderungen auseinander, wenn der Sand im «Getriebe» des Unternehmens überhand genommen hat, wenn die «Truppen» die letzte

«Schlacht» verloren haben, oder wenn das Unternehmen völlig «außer Kontrolle» gerät. Veränderungen werden nie als positives Mittel der Unternehmensentwicklung betrachtet, sondern immer nur als letzter Strohhalm, wenn nichts anderes mehr hilft.

Andererseits haben heute aber sogar die konservativsten Traditionalisten erkannt, daß ihre Unternehmen sich verändern müssen, um auf neuen Märkten bestehen zu können. Dieses Bewußtsein, das sich Ende der achtziger Jahre und Anfang der neunziger Jahre durchsetzte, hat zwei Managementmethoden zu großer Popularität verholfen – dem Reengineering und dem Total Quality Management. Beide Methoden sollen die Führungskräfte bei der Aufgabe unterstützen, ihre Unternehmen zu verändern und an neue Anforderungen anzupassen. Aber leider kann das tief verwurzelte und reflexhafte Festhalten an allem Gewohnten auch die bestgemeinten Veränderungsversuche leicht zum Scheitern verurteilen.

Nach der Definition von Hammer und Champy in *Business Reengineering* bedeutet das Reengineering eines Unternehmens, «alte Systeme abzuschaffen und noch einmal von vorne anzufangen. Dazu muß man an den Anfang zurückkehren und bessere Arbeitsmethoden finden.» Das klingt zwar gut, aber in der Praxis hat sich gezeigt, daß das Reengineering oft schwierig umzusetzen ist. Selbst Reengineering-Experten geben zu, daß ihr Konzept kein Allheilmittel ist:

> *Wir glauben, daß die Mißerfolgsquote bei Reengineering-Programmen viel höher liegt – etwa um die 70 Prozent. Warum verfehlen selbst die besten Reegineering-Pläne oft ihr Ziel? Die Gründe dafür sind vielfältig. Oft werden am Anfang die wildesten Absichtserklärungen verbreitet, daß man gründlich aufräumen will, und dann doktert man trotzdem nur an einigen Prozessen herum. Andere Unternehmen versuchen, die Prozesse von unten nach oben zu verändern und werden dann ganz schnell von Funktionsmanagern ausgebremst, die ihre angestammten Interessen verteidigen. Und in einigen Unternehmen, die wir kennengelernt haben, stellt das Reengineering einfach nur ein weiteres Veränderungsprogramm auf der Tagesordnung des Unternehmens dar, das irgendwann wieder einschläft, weil man ihm zu wenig Ressourcen und Aufmerksamkeit widmet. (Steven Stanton, Michael Hammer und Bradford Power, zitiert in* Insights Quarterly, *Herbst 1992).*

Echtes Reengineering ist also deshalb so schwierig, weil die traditionelle Unternehmenskultur der Stabilität einen so hohen Stellenwert einräumt. Radikale Veränderungen erscheinen einfach zu beängstigend und bedrohlich. Der Status quo wird auch dann noch mit Zähnen und Klauen verteidigt, wenn man schon tief in die Verlustzone gerutscht ist.

Dies bedeutet, daß viele Reengineering-Programme schon von Anfang an zur Wirkungslosigkeit verurteilt sind. Ich habe einmal aus der Ferne ein Reengineering-Programm beobachtet, das von einer renommierten Unternehmensberatungsgesellschaft durchgeführt wurde. Das betreffende Unternehmen sah in den Beratern jedoch nur Eindringlinge und setzte dem Reengineering-Prozeß massiven Widerstand entgegen. Das ganze Vorhaben reduzierte sich schnell auf eine endlose Reihe von Meetings, wohl um die aktuelle Lage des Unternehmens zu bestimmen. Das Ergebnis dieser Meetings wiederum war ein gigantischer Stapel von Diagrammen.

Es fanden weitere Meetings statt, in denen die Diagramme überarbeitet wurden, damit sie so unterschiedlich wie möglich aussahen, auch wenn die von ihnen dargestellten Prozesse dieselben blieben. Ein Arbeitsfluß, der ursprünglich in einer geraden Linie abgebildet worden war, wurde nun beispielsweise als «Geschlossener Feedback»-Kreislauf dargestellt, eine Baumstruktur verwandelte sich in eine Pyramide, und so weiter. Das Ganze wurde großzügig mit wichtig klingenden, aber letztlich bedeutungslosen Modeworten geschmückt.

Das gesamte Reengineering-Programm hatte die Beschäftigten Tausende von Stunden ihrer wertvollen Zeit gekostet und über eine Million Dollar an Beratergebühren verschlungen. Das Endergebnis, das in Form eines komplizierten und fast unverständlichen Berichts vorlag, wurde nie umgesetzt. Der Status quo erwies sich als stärker.

Das Total Quality Management (TQM) ist eine weitere Veränderungsmethode, die viele Hoffnungen nicht erfüllt hat. Die Väter des TQM sind der verstorbene W. Edwards Deming sowie Joseph Juran. Ihr Konzept galt als das Zaubermittel, das die japanischen Produktionsunternehmen so erfolgreich gemacht hatte. Beim TQM arbeiten Teams, in denen Mitglieder aller Unternehmensbereiche vertreten sind, zusammen, um Probleme zu definieren und zu lösen. Das TQM liefert auch statistische Analysewerkzeuge, um den Fortschritt des Veränderungsprozesses zu überwachen.

Obwohl das TQM in der Wirtschaftswelt zunächst begeistert aufgenommen wurde, reiht sich die Methode dem heutigen Anschein nach in die Reihe der Modeerscheinungen ein, die kommen und gehen. Im Oktober 1995 erschien in *USA Today* ein Artikel mit der Überschrift «Is TQM dead?« In dem Artikel wurde darauf hingewiesen, daß die Zahl der Bewerbungen für den Baldridge-Preis – dem «Oskar» der TQM-Welt – mittlerweile auf einem Tiefpunkt von 47 angelangt ist, nachdem es im Jahr 1991 noch 106 waren. Der Artikel sieht im «Reengineering und in der Desillusionierung» die Faktoren für die sinkende Popularität der Methode. Ein Vertreter des Deming Center for Quality Management an der Columbia University, Peter Kolesar, formulierte es so: «Die Mehrzahl der Firmen, die sich in das Total Quality Management gestürzt haben, hatte nicht genug Durchhaltevermögen, bis es sich wirklich ausgezahlt hätte. Viele Firmen probieren schnell wieder etwas Neues aus, wenn sie nicht innerhalb kurzer Zeit greifbare Ergebnisse sehen.» Frank Ingari, CEO von Shiva, meinte:

> *Für das Topmanagement ist es eine Modeerscheinung. Man kennt das ja, dasselbe Unternehmen, das vor kurzem noch Qualitätszirkel eingerichtet hat, betreibt nun Reengineering. Haben die Verantwortlichen aber jemals die beiden Konzepte in Zusammenhang gebracht? Haben sie je überlegt, ob das Reengineering nicht am besten von denen durchgeführt werden sollte, die die eigentliche Arbeit tun? Denken sie darüber nach, ob all diese Maßnahmen die Bindung der Beschäftigten an das Unternehmen verstärkten?*

Nach einer Umfrage aus dem Jahr 1994, die in *Fortune* veröffentlicht wurde, glaubten die befragten Führungskräfte, daß knapp ein Drittel aller TQM-Programme ein glatter «Flop» sei. Als die häufigsten Hindernisse auf dem Weg zum Wandel wurden «Mitarbeiterwiderstand und ‹dysfunktionale Unternehmenskultur›» genannt. Mit anderen Worten: Das TQM – und das Reengineering – schlagen unweigerlich fehl, wenn die Unternehmenskultur die Angst vor Veränderungen schürt.

Wenn Reengineering und TQM fehlschlagen, sehen sich die meisten Unternehmen zum letzten Mittel getrieben – zu Entlassungen. Der Glaube ist leider weithin verbreitet, daß die Gewinne nach Entlassungen automatisch steigen, weil Kosten eingespart werden. Das trifft jedoch längst nicht immer zu. Schon im Oktober 1993 hat das *Wall Street Journal* darauf hingewiesen, das «viele Unternehmen, die massiv Personal abbauen, trotzdem schlechte Ergebnisse aufweisen – und sie haben keine Ahnung, warum.» Einer der Gründe könnte beispielsweise darin liegen, daß über die Hälfte der befragten Unternehmen schon innerhalb eines Jahres nach den Entlassungen anfing, die Stellen wieder zu besetzen.

Aber auch dann, wenn «abgebaute» Stellen nicht wieder neu besetzt werden, lassen die erwarteten positiven Ergebnisse oft auf sich warten. Der Downsizing-Experte Kenneth P. De Meuse von der University of Wisconsin, der im obigen Artikel zitiert wird, meint sogar, daß die Gewinne nach einer Entlassungswelle noch schneller schrumpfen können als zuvor: «Der Personalabbau ist kein schnelles Heilmittel, wie so viele Unternehmen glauben, und aller Wahrscheinlichkeit nach ist er sogar überhaupt kein Heilmittel.»

Meinen Beobachtungen zufolge bringen Entlassungen meist dann nicht den gewünschten Effekt, wenn die Strukturen und Beziehungen, die das Unternehmen überhaupt erst in die Bredouille brachten, nicht angetastet werden. In diesen Fällen beraubt sich das Unternehmen jeder noch verbliebenen Effektivität, weil nun weniger Beschäftigte zur Verfügung stehen. Mehr Arbeit soll mit weniger Mitarbeitern erledigt werden. Sie müssen Überstunden leisten, sind bald frustriert und fangen an, sinnlose politische Intrigen zu spinnen. Willy Shih, ehemaliger Vice President bei IBM, sagte dazu:

> *In jedem Großunternehmen besteht die Gefahr eines Führungsvakuums. Die meisten Menschen sind nicht bereit, sich mutig einzusetzen und ungewöhnliche Dinge zu tun, um etwas zu verändern. Während rationalisiert wird und eine Umstrukturierung die nächste jagt, fragen sich die Beschäftigten: «Was wird wohl aus mir werden? Werde ich entlassen?» Es werden Unmengen von Geld für Umstrukturierungen ausgegeben. Und warum? Weil es nicht schwierig ist, sie durchzuführen. Die wirklich schwierigen Probleme, wie man nämlich den Umsatz und die Gewinne steigert oder die Kosten senkt, bleiben ungelöst.*

In kaum einem anderen Unternehmen zeigte sich dieses Problem deutlicher als bei Honeywell Information Systems, einem traditionellen Hardwarehersteller, der in den achtziger Jahren massive Entlassungen vornahm.

Fallstudie: Personalabbau bei Honeywell Information Systems

1982 war Honeywell Information Systems (HIS) der drittgrößte Computerhersteller in den Vereinigten Staaten. HIS hatte auch einen rentablen Großrechnerbereich, der von Unternehmen wie General Electric und Xerox zugekauft worden war. Obwohl HIS weniger als ein Sechstel so groß wie der Branchenriese IBM war, zählte der Konzern in vielerlei Hinsicht zu den innovativsten unter den traditionellen Großrechnerherstellern. Die Rechner von HIS waren extrem sicher und zuverlässig, und die Ingenieure entwickelten lange vor den anderen Mainframe-Herstellern einen Minicomputer. HIS hatte sich außerdem in der Softwareentwicklung einen hervorragenden Namen gemacht.

Neben diesen immensen Vorteilen verfügte HIS aber auch über einige wesentliche Schwächen. So kannte sich das Topmanagement nur wenig oder gar nicht mit Computern aus, sondern bestand aus professionellen Managern. So entstanden eine aufgeblähte Bürokratie, große Führungsspannen sowie jener grundsätzliche Konservatismus, der mit der Feindseligkeit gegenüber jeglichen Veränderungen immer einhergeht. Trotzdem behauptete sich HIS Anfang der achtziger Jahre noch gut und erzielte Umsätze, mit denen die Manager der Führungsetagen sehr zufrieden sein konnten.

Aber schon 1988 saß HIS tief in der Patsche. Der Konzern war den Marktentwicklungen zum Opfer gefallen, die in diesem Buch schon besprochen wurden: Preiswerte PCs ersetzten die teuren Minicomputer und Großrechner. Der radikale Preisverfall der Rechenleistung machte jede Hoffnung zunichte, die Mainframes zu denselben hohen Preisen wie bisher zu verkaufen. Folglich sank die Nachfrage nach HIS-Großrechnern rapide.

Warum nutzte HIS seine Finanzkraft und die bestehende Kundenbasis nicht, um den lukrativen Markt für Personalcomputer zu erobern? Die Antwort lautet, daß HIS – wie die meisten traditionellen Firmen – eine tiefsitzende Angst vor Veränderungen hatte. Der PC-Markt unterschied sich in grundlegender Hinsicht vom Mainframe-Markt. Die Geräte wurden anders hergestellt, anders verpackt und anders verkauft, und auch für den Support galten neue Regeln. HIS hätte also die Unternehmensprozesse auf neue Beine stellen müssen – und dazu waren die verantwortlichen Manager nicht in der Lage. HIS schloß zwar einen Vertrag mit einem markenlosen PC-Hersteller, um dessen Produkte zu vertreiben, doch der Konzern war einfach nicht gerüstet, die neuen Chancen beim Schopf zu packen.

HIS hätte beispielsweise die Produktionsprozesse verändern müssen, um eigene PCs kosteneffektiv herzustellen. Außerdem hätte es Beziehungen zu PC-Händlern aufbauen und die Preis- und Supportpolitik verändern müssen. In Anbetracht der bestehenden Unternehmensstruktur von Honeywell hätten derartig radikale Veränderungen Jahre in Anspruch genommen. Sie hätten sich nur langsam entwickeln können, weil jeder Schritt von Kontrollen, Prüfungen und Genehmigungen begleitet gewesen wäre.

Aber die Angst und das Zaudern rächten sich: Den Managern von HIS wurde der Wandel schließlich in seiner unangenehmsten Form aufgezwungen. Als die wirtschaftliche Talfahrt unaufhaltsam schien, mußte Personal abgebaut werden – nachdem die Strategie bis dahin gelautet hatte, den Status quo so lange wie möglich zu verteidigen.

Die erste Stufe des Personalabbaus im Jahr 1986 wurde noch durch freiwillige Pensionierungen vollzogen. Die ältesten – und damit teuersten – Mitarbeiter und Mitarbeiterinnen sollten dazu bewegt werden, das Unternehmen freiwillig zu verlassen. Jedes Entlassungspaket wurde mit einer großzügigen Abfindung geschnürt – dem sogenannten «goldenen Handschlag». Binnen kurzem hatten die klügsten und erfahrensten Mitarbeiter und Mitarbeiterinnen das Unternehmen verlassen.

In der zweiten Runde wurde das Angebot auf vorzeitigen Ruhestand auf noch jüngere Beschäftigte ausgedehnt, unabhängig davon, welche Rolle sie im Unternehmen gespielt hatten. Auch ihnen bot Honeywell ein großzügiges Abfindungspaket an. Wie zu erwarten, nahmen hauptsächlich diejenigen das Angebot an, die über die besten Qualifikationen und die besten Kontakte in der Branche verfügten. Ein ehemaliger Mitarbeiter von Honeywell erinnerte sich:

Trotz der Veränderungen blieb letztlich alles beim alten. Diejenigen Mitarbeiter, die in der Firma blieben, waren nicht gut genug, um woanders einen besseren Job zu bekommen. Es war wie ein Intelligenztest. Wer schlau genug war, um eine andere Stelle zu finden, bekam von Honeywell Geld dafür, sie anzunehmen.

Warum beraubte sich Honeywell ausgerechnet dann seiner erfahrensten und talentiertesten Mitarbeiter, als sie am nötigsten gebraucht wurden? Die halbherzigen Veränderungsmaßnahmen erzeugten nur einen äußeren Anschein des Wandels in Richtung Rentabilität, aber echte Veränderungen blieben aus.

Bald wurde deutlich, daß die freiwilligen Pensionierungen nicht den erwünschten Effekt gebracht hatten. Die Gewinne und die Nachfrage fielen weiter. Das Topmanagement suchte sein Heil nun in einer Serie von «Querbeet-Entlassungen», die sich auf die Struktur und die Kontrollmechanismen von Honeywell so wenig wie möglich auswirken sollten. Das System blieb also, wie es war, nur gab es weniger Beschäftigte. Es dürfte nicht überraschen, daß jede Entlassungswelle die Effektivität von HIS weiter verringerte, weil der Arbeitsumfang ja gleich blieb.

Der ständige Aderlaß versetzte die verbleibenden Mitarbeiter und Mitarbeiterinnen in einen Zustand ständiger Angst, denn sie waren immer auf die nächste Entlassungsmitteilung gefaßt. Es gab keinerlei Innovationen mehr. Als die Entlassungen fortgesetzt wurden, begriffen die Beschäftigten schnell, daß nur die politisch Gewieftesten das Gemetzel überleben würden. Anstatt sich auf den Turnaround ihres Unternehmens zu konzentrieren, wandten die Mitarbeiter ihre Zeit und Mühe dafür auf, ihre Position zu sichern. 1990 huschten die Mitarbeiter von Honeywell wie Gespenster durch die Flure und zitterten ständig vor dem Entlassungsschreiben.

Schließlich verkaufte Honeywell das Computergeschäft an Groupe Bull, ein französisches Unternehmen, das umfangreiche Subventionen von der französischen Regierung erhielt. Heute beschränkt sich HIS darauf, Upgrades für die quietschenden alten Großrechner und Minirechner herzustellen, die es ein Jahrzehnt zuvor verkauft hatte. Honeywell war nicht der einzige traditionelle Computerhersteller, der in eine solche Abwärtsspirale geriet. Unisys, Control Data, Wang und Data

General, um nur einige wenige zu nennen, mußten für ihre Fehler ebenso bezahlen.

Statt Veränderungen prinzipiell als etwas Unangenehmes zu sehen, betrachten die Mitglieder der Digitalen Elite sie als Vehikel für ihr zukünftiges Wachstum. Carol Bartz, CEO von AutoDesk, sagte über den Grundsatz, Veränderungen als positiv und unvermeidlich zu betrachten:

> *Change Management ist das Schwierigste überhaupt heutzutage. Es ist schwierig, ein Klima zu schaffen, in dem man ausgetretene Pfade verläßt und mutige Schritte unternimmt, auch wenn sie falsch sind. Aber in unserer Branche gibt es nichts Schlimmeres, als gar nichts zu tun. Ich denke, daß in den Beurteilungs- und Vergütungssystemen berücksichtigt werden sollte, daß es manchmal keine richtige oder falsche Antwort gibt.*

Die Mitglieder der Digitalen Elite sehen Veränderungen grundsätzlich als ein positives Element des Unternehmensalltags.

Tabelle 7.1. Paradigmenvergleich

Veränderung = Gefahr	**Veränderung = Wachstum**
Produktentwicklung. Produkte werden langsam entwickelt, weil mühselige Prüfungs- und Genehmigungsprozeduren vorgeschrieben sind. Wenn überhaupt, kommen Produkte erst spät auf den Markt.	*Produktentwicklung.* Produkte werden rasch als Prototypen gebaut. Die Mitarbeiter in der Produktion können noch Veränderungen einbauen, wenn der Markt dies erfordert, und sie unterstützen den Entwicklungsprozeß, um eine rechtzeitige Auslieferung zu gewährleisten.
Umstrukturierung. Umstrukturierungen erwecken nur den äußeren Anschein von Veränderungen. Die Führungskräfte spielen Sesseltanz, während das Unternehmen zusammenbricht.	*Umstrukturierung.* Die Unternehmensstrukturen sind flexibel, so daß Umstrukturierungen selten sind. Die Menschen arbeiten in Produkt- und Serviceteams, die sich nach Bedarf bilden und wieder auflösen.
Personalabbau. Da das Management versucht, jeden Wandel zu unterbinden, vermeidet das Management so lange Entlassungen, bis es keine andere Wahl mehr hat. Der Personalabbau kann sich dann über Monate oder sogar Jahre hinziehen.	*Personalabbau.* Das Management plant mögliche negative Marktentwicklungen ein. Wenn der schlimmste Fall eintritt, erkennt das Management sein Versagen an und nimmt die notwendigen Einschnitte möglichst schnell vor, um die langfristige Rentabilität des Unternehmens wieder zu sichern.

Das Paradigma Veränderung = Wachstum ermöglicht es der Digitalen Elite, auf allen betrieblichen Ebenen flexibel zu sein. Dadurch gewinnt sie einen großen Vorsprung vor den Unternehmen des Industriezeitalters, wie in Tabelle 7.1 dargestellt.

Um das Paradigma Veränderungen = Wachstum zu illustrieren, sollen die vier Strategien untersucht werden, mit deren Hilfe die Digitale Elite ihre Beschäftigten dabei unterstützt, Veränderungen als eine Quelle der Erneuerung und des Wachstums zu sehen. Zu diesen Strategien gehören:

- Langfristige Vision und kurzfristige Pläne
- Flexible Aufgabengestaltung am Arbeitsplatz
- Schnelle Entscheidungsfindung am richtigen Ort
- Auf das Beste hoffen, mit dem Schlimmsten rechnen.

Strategie 16: Langfristige Vision und kurzfristige Pläne

Während die Digitale Elite, wie im vorangegangenen Kapitel beschrieben, ihre Beschäftigten mit einer langfristigen Vision motiviert, hält sie nichts davon, für jeden einzelnen Schritt auf dem Weg zur Vision einen langfristigen Plan zu entwickeln. Auf den schnellebigen Märkten des Informationszeitalters wäre dies einfach sinnlos.

Eine langfristige Planung an sich ist natürlich nicht verkehrt, sofern sie sich auf Märkte und Chancen richtet, die stabil genug sind. Aber wenn die Märkte sich so schnell verändern, daß jeder Plan schon Makulatur ist, bevor er auch nur zu Papier gebracht werden kann, bremst eine langfristige Planung das Wachstum. Carol Bartz, CEO von AutoDesk, meinte:

> *Man kann dasitzen und stundenlang über das nachgrübeln, was ich «das Fegefeuer der Technologieentwicklung» nenne. Die Leute tun entweder gar nichts, oder sie unternehmen etwas, aber zu wenig und zu spät. Wenn man Produktlebenszyklen von 7 – 12 Monaten hat und 6 Monate braucht, um eine Entscheidung zu treffen, ist man weg vom Fenster.*

Eine detaillierte langfristige Planung ist besonders riskant, wenn sie dem Veränderungsmanagement starre Prozesse vorgibt. Dann sind ein Plan und seine Ausführung wichtiger als die Zufriedenstellung der Kunden oder die Auslieferung der Produkte.

Dies bedeutet, daß man die aktuellen Entwicklungen stets in Beziehung zur langfristigen Vision setzen muß, wie Masayoshi Son, CEO von SOFTBANK, betonte:

> *Im Tagesgeschäft verwenden wir die sogenannten «1000 Kennzeichen». Das ist eine Methode, um unser Geschäft und unsere Produkte aus mindestens 1000 Blickwinkeln zu sehen. Dann erstellen wir Diagramme über unsere Fortschritte und unsere Position. Langfristig haben wir einen 300-Jahres-Plan, der zwar abstrakt ist, aber trotzdem hilft, die Weichen im Unternehmen zu stellen. In diesem Kontext sind Strategien, Philosophien und die Vision wichtiger als spezifische Zahlen, Handlungen und Ziele.*

Xerox gehört zu den Unternehmen, die sich dem Diktat einer falsch verstandenen Planung unterwarfen. Xerox verfügt einerseits über einen beneidenswerten Ruf für die Entwicklung innovativer Produkte, ist aber andererseits auch für die Unfähigkeit bekannt, sie auf den Markt zu bringen. So leistete Xerox Pionierarbeit in der Entwicklung der Laserdrucker, der PC-Netzwerke und sogar der grafischen Benutzeroberflächen, die die PCs so leicht bedienbar gemacht haben. Aber andere Firmen haben zumindest zum Teil die Früchte dieser Kreativität geerntet, und zwar einfach nur deshalb, weil Xerox an der für das Industriezeitalter typischen Paranoia vor Veränderungen leidet. Jonathan Seybold, Guru der Computerbranche, äußerte sich dazu:

> *Bei Xerox neigt man dazu, überall Probleme zu sehen. Die Verantwortlichen verbringen gut und gerne ein Jahr oder mehr nur damit, die Anforderungen für ein neues Produkt zu definieren. Dann werden diese Informationen an die Entwicklung weitergegeben, wo ein sehr langsamer Prozeß in Gang gesetzt wird, um das Produkt zur Marktreife zu führen. Xerox hat einen fünfjährigen Entwicklungszyklus, und das ist viel zu langsam für einen so umkämpften Markt. Darüber hinaus fängt die Entwicklungsabteilung wieder ganz von vorne an, wenn das Marketing versucht, während der Entwicklungsphase noch Veränderungen durchzusetzen.*

Anders als Xerox bevorzugen die Firmen der Digitalen Elite kurzfristige Pläne, die sofort angepaßt werden können, wenn neue Markttrends dies erfordern. Im allgemeinen ist der Markt für High-Tech-Produkte so schnellebig und umkämpft, daß man schlichtweg keine Zeit hat, über alle Alternativen ausgiebig nachzudenken, bevor man eine Entscheidung trifft. Die Verantwortlichen müssen deshalb über ein hohes Maß an persönlicher und projektbezogener Flexibilität verfügen. Nur so können sie den Druck aushalten, unter dem sie stehen, wenn sie risikoreiche Entscheidungen treffen. Carol Bartz erklärte:

Ich muß mich mit einem Manager an den Tisch setzen und eine handfeste Diskussion darüber führen können, welche konkreten Konsequenzen bei verschiedenen Alternativen zu erwarten sind. Wenn er jedoch ein solches Gespräch nicht führen kann, wird er es in dieser Branche sehr schwer haben. Ich komme mit Leuten nicht zurecht, die erst dann ihre Meinung äußern, wenn sie lange nachgedacht und alle Fakten schon hundert Mal abgewogen haben.

Strategie 17: Flexible Aufgabengestaltung am Arbeitsplatz

Wenn Unternehmen schnell auf Veränderungen reagieren sollen, müssen auch die Beschäftigten flexibel sein, was die Verteilung der Aufgaben und Rollen angeht. In der Vergangenheit waren die Aufgabenverteilungen und Verantwortungsbereiche meist klar abgesteckt, und die Tätigkeitsbeschreibungen lagen in schriftlicher Form vor, damit auch ja keine Mißverständnisse aufkamen. Stehen nun in einem solchen Unternehmen Veränderungen an, dann schreibt das Managements oft zuerst einmal die Tätigkeitsbeschreibungen um. Als Reaktion auf veränderte Marktbedingungen ist diese Methode gewöhnlich ineffektiv. Dies mußte auch jenes Unternehmen erfahren, das alle sechs Monate eine größere Umstrukturierung durchführte, um sich an Marktveränderungen anzupassen. Im Zuge jeder Umstrukturierung wurden auch detaillierte Tätigkeitsbeschreibungen verfaßt, präzise Berichterstattungsmechanismen definiert und neue Ziele vorgegeben. Kaum hatten sich die Beschäftigten an alle Neuerungen gewöhnt, erforderte der Markt schon wieder die nächste Anpassung.

Die Digitale Elite hält nichts davon, auf Marktveränderungen in einem derartigen Schneckentempo zu reagieren. Dafür ist die Zeit einfach viel zu knapp. Bill Campbell, CEO von Intuit, drückte es so aus:

Bei Claris, wo ich CEO war, hatten wir vier Jahre lang keine Umstrukturierung. Und in dieser Zeit erzielten wir ein starkes Wachstum, von Null auf 100 Beschäftigte. Alle arbeiteten zusammen – das war unser Hauptprinzip. Die Leute denken, daß man sich nur durch Umstrukturierungen an neue Märkte anpassen können. Sie glauben, daß sie auf jede kleine Marktveränderung mit formalen Veränderungen reagieren müßten. Aber das ist Blödsinn.

Es ist viel sinnvoller, das Unternehmen so zu lassen, wie es ist. Statt Umstrukturierungen zu planen, sollte man dafür sorgen, daß das Management die Menschen führt. Das Wichtigste ist, daß die Arbeit getan wird! Man darf nicht herumsitzen und sich pausenlos den Kopf über neue Organisationsformen zerbrechen!

Die Mitglieder der Digitalen Elite meinen, daß die Manager sich nicht auf die möglichst exakte Definition der Rollen und Verantwortungsbereiche konzentrieren, sondern ihre Beschäftigten zur Flexibilität anhalten sollten. Diese sollten sogar in der Lage sein, nach Bedarf unterschiedliche Rollen und Aufgaben wahrzunehmen, anstatt sich durch eine veraltete Tätigkeitsbeschreibung in Ketten legen zu lassen.

In den Unternehmen der Digitalen Elite bilden die Beschäftigten immer wieder neue Teams, die die gerade anstehenden Aufgaben erledigen. Daher kommt es auch selten zu aufreibenden politischen Kämpfen darüber, wem welche Position im Organigramm zusteht. Die Mitarbeiter der Digitalen Elite wissen, daß in ein paar Wochen sowieso alles wieder ganz anders aussieht. Deshalb machen sie sich einfach an die Arbeit und tun das, was gerade notwendig ist. Sally Narodick, ehemalige CEO von Edmark, meinte dazu:

Auf den heutigen Märkten muß man in der Lage sein, sehr schnell zu reagieren und die kreativen Talente vieler verschiedener Menschen zu kombinieren. Man muß sehr wandlungsfähig sein und darf sich nicht durch Hierarchien bremsen lassen. Die Organisationsstukturen und die Tätigkeitsbeschreibungen befinden sich in einem ständigen Fluß. Bisher haben wir geglaubt, daß ein gut geführtes Unternehmen klar definierte, schriftlich festgehaltene Strukturen und Tätigkeitsbeschreibungen haben müßte. Manchmal verspüre ich sogar einen Hauch schlechten Gewissens, weil meine Firma sich um diese Dinge überhaupt nicht kümmert. Aber in Wahrheit ist es durchaus eine Stärke, daß wir keine Tätigkeitsbeschreibungen und Strukturen haben. Der Wert eines Menschen wird nicht dadurch definiert, welche Position er innehat oder wie groß sein Büro ist. Wichtig ist letztlich nur das kreative Talent, das er in ein Projekt einbringt.

Auch flexible Arbeitszeiten sind wichtig, wenn schon der Arbeitsplatz nicht mehr beständig ist. Die Mitarbeiter und Mitarbeiterinnen der Digitalen Elite haben Kontakte auf der ganzen Welt und müssen auch weltweit Informationen einholen. Dazu ist es oft erforderlich, die Arbeitszeiten anzupassen. Die Software-Wagniskapitalgeberin Ann Winblad sagte mir:

In unserer Branche gibt es kaum einen Job von 9 bis 17 Uhr. Man kommt morgens zur Arbeit und kümmert sich um das, was gerade ansteht. Damit ist der größte Teil des Tages schon ausgefüllt. Dazu kommen ein paar Meetings für die Planungsarbeit, und um 17 Uhr können Sie dann den Anrufbeantworter einschalten und ein paar Stunden richtig arbeiten. Ich würde sagen, daß wohl die Mehrheit der Beschäftigten in dieser Branche von 9 bis 19 Uhr arbeitet und keine 40-, sondern eine 50-Stunden-Woche hat. So ist das nun einmal in dieser Branche. Es gibt einfach so viele Chancen und Aufgaben!

Aus diesen Zitaten geht hervor, daß die Arbeit in den Unternehmen der Digitalen Elite einem anderen Rhythmus folgt als in den traditionellen Unternehmen, aber auch eine enorme persönliche Flexibilität verlangt. Im Industriezeitalter ging man morgens zur Arbeit und kehrte am Spätnachmittag wieder zurück. Dieser Ablauf wiederholte sich mit der Genauigkeit eines Uhrwerks von Montag bis Freitag, außer in den Ferien und an Feiertagen.

In der Digitalen Elite ist eine solche Regelmäßigkeit nicht möglich. Vielmehr wechseln sich Stoßzeiten mit Zeiten der Flaute ab, in denen sich nichts zu tun scheint. In den Stoßzeiten arbeiten die Beschäftigten auf Hochtouren, manchmal rund um die Uhr, um Termine einhalten zu können. Danach jedoch finden sie es ganz normal, ein paar Gänge zurückzuschalten und etwas für ihre Entspannung zu tun. Ich habe einmal für ein Unternehmen gearbeitet, in dem die Programmierer die Gewohnheit hatten, nachmittags geschlossen ins Kino zu gehen, wenn ein neuer *Star Trek*-Film herauskam. In einem anderen Fall mußte ich eine Besprechung mit der Marketingabteilung der Lotus Development Company verschieben, weil ihre Mitglieder beschlossen hatten, mitten in der Woche ein Baseballspiel zu besuchen.

Flexibilität bedeutet auch, sich von dem Gedanken zu verabschieden, daß jeder zur gleichen Zeit am Arbeitsplatz sein muß. Die Mitarbeiter der Digitalen Elite kommen und gehen im allgemeinen, wie sie es für richtig halten. Da sie sich jedoch dem Ziel verschrieben haben, ihre Arbeit zu erledigen – und nicht ihre Stühle zu wärmen – können sie ihre Anwesenheitszeiten frei bestimmen. Bill Gross, CEO von Knowledge Adventure, kommentierte dies:

Wir haben sehr flexible Arbeitszeiten, damit die Beschäftigten auch Zeit mit ihren Kindern verbringen oder sie zu ihren Aktivitäten fahren können, und so weiter. Solange sie ihre Arbeit erledigen, ist uns das ganz egal.

Die Digitale Elite glaubt, daß die Arbeit im Idealfall ein integraler Bestandteil des Lebens ist, nicht aber ein Hindernis, das man überwinden muß, bevor das «richtige» Leben beginnt.

Strategie 18: Schnelle Entscheidungsfindung am richtigen Ort

Wenn man sich Veränderungen täglich aufs Neue stellt, dann muß man häufig auch schnelle Entscheidungen treffen, um Chancen beim Schopf packen zu können. In den traditionellen Unternehmen war die Entscheidungsfindung immer eine langwierige Angelegenheit, in deren Verlauf Informationen gesammelt, weitergeleitet, analysiert, verarbeitet und diskutiert wurden. Diese Methode funktionierte sicherlich zu anderen Zeiten und in anderen Branchen, aber heute kommt sie dem Selbstmord gleich. Ann Winblad bemerkte:

In Firmen wie General Electric war es Vorschrift, daß man strategische Annahmen in fünf oder sechs Bereichen niederschrieb. Dann gab es monatliche oder vierteljährliche Managementreviews, in denen diese strategischen Annahmen nochmals überprüft wurden, um festzustellen, ob sie noch gültig waren. Wer es heute wagt, seine strategischen Annahmen nur einmal pro Quartal zu überprüfen, dürfte hochkant aus dem Geschäft fliegen.

Entschlossenheit bedeutet, Informationen schnell zu verarbeiten, kreativ zu denken, auf ein konkretes Ergebnis zu drängen und dann sofort zu handeln. Entschlossenheit bedeutet auch, die Betroffenen in den Entscheidungsfindungsprozeß einzubeziehen. Denn wer von einer Entscheidung betroffen sein wird oder ein daraus resultierendes Projekt durchführen muß, sollte diese Entscheidung auch beeinflussen können, so die herrschende Meinung in der Digitalen Elite. Natürlich wird auch in den Unternehmen der Digitalen Elite debattiert und diskutiert, bevor eine Entscheidung fällt, aber man läßt nicht zu, daß diese Diskussionen den Entscheidungsprozeß lähmen. Jonathan Seybold meinte dazu:

Wir arbeiten an unseren Zielen, indem wir einen Konsens unter denen herbeiführen, die von einer Entscheidung betroffen sind. Die Quäker haben eine Methode, die «Das Ergebnis der Besprechung» genannt wird. Dabei gibt es grundsätzlich keine Führer, und es wird niemals abgestimmt. Nach einer Besprechung sagt jemand: «Ich glaube, das Ergebnis der Besprechung ist...» Wenn jemand mit dieser Aussage nicht einverstanden ist, wird die Besprechung fortgesetzt, bis ein Konsens erreicht ist. Natürlich kommt es auch vor, daß ich als Manager eine Entscheidung treffen muß, die nicht alle akzeptieren. Aber in der Mehrzahl der Fälle funktioniert die Methode «Das Ergebnis der Besprechung» ganz gut. Eine gemeinsame Entscheidung ist in den meisten Fällen sinnvoll. Nur selten gehe ich in eine Besprechung mit der Absicht, den Anwesenden etwas zu «verkaufen» oder meine vorgefaßten Meinungen durchzusetzen. Wenn man den Mitarbeitern und Mitarbeiterinnen eine Mitverantwortung für Entscheidungen einräumt, dann akzeptieren sie diese auch bereitwilliger und setzen sie engagierter um.

Entschlossenheit bedeutet auch, der Versuchung zu widerstehen, einen Schuldigen zu suchen, sobald eine Entscheidung sich als falsch herausstellt. Die Mitglieder der Digitalen Elite wissen, daß bei schnellen Entscheidungen zwangsläufig auch Fehler passieren. Safi Qureshey, ehemaliger Chairman von AST Research, erklärte den Grund dafür:

Ich habe gelernt, daß es im Geschäftsleben keine perfekten Lösungen gibt. Es gibt viele Wege, um zum Ziel zu kommen. Und wenn Sie zu 80, 85 oder 90 Prozent richtig liegen, dann haben Sie schon sehr gute Erfolgsaussichten. Wir können nicht warten, bis wir die letzten Daten und die absolut perfekte Analyse haben. Der Markt verhält sich eben anders.

Strategie 19: Auf das Beste hoffen, mit dem Schlimmsten rechnen

Da die schnelle Entscheidungsfindung nicht immer zum gewünschten Ziel führt, bleiben Krisensituationen in den Unternehmen der Digitalen Elite nicht aus, vor allem, wenn die Konkurrenten eine ähnlich starke Firmenkultur haben. Wenn die Manager der Digitalen Elite mit unangenehmen Veränderungen konfrontiert werden – wie etwa notwendigen Entlassungen –, dann stellen sie sich dieser Herausforderung ohne Angst. Mitchell Kertzman, CEO von Sybase, meinte dazu:

Man muß sich klarmachen, daß in jedem Unternehmen manchmal Entlassungen unvermeidbar sind. Man sollte zwar versuchen, dies mit allen Kräften zu verhindern, aber wenn es trotzdem einmal so weit kommt, muß das Management dafür Sorge tragen, daß die Entlassungen dem Unternehmen keinen unwiderbringlichen Schaden zufügen. Man sollte bei jedem neuen Mitarbeiter daran denken, daß man ihn vielleicht auch wieder entlassen muß. Im Moment gehören wir zwar zu den erfolgreichsten Firmen der Branche, aber wir müssen auch an die Schattenseiten denken. In unserer Firmengeschichte ist es immer auf und ab gegangen, und ich mußte auch schon Mitarbeiter entlassen, so wie die anderen Manager des Unternehmens. Wenn man das ein- oder zweimal durchgemacht hat, entwickelt man ein Gespür für die beste Vorgehensweise. Für das Unternehmen ist es jedenfalls am wichtigsten, daß es sich so schnell wie möglich erholt und wieder an Schlagkraft gewinnt. Schrittweise Entlassungen sind sehr schlecht.

Da die Manager der Digitale Elite keine Angst vor Veränderungen haben, planen sie diese von Anfang an ein. Sie bauen ihre Unternehmen im vollen Bewußtsein auf, daß auch Durststrecken kommen können, in denen Entlassungen unumgänglich sind. Sie hoffen das Beste und bereiten sich auf das Schlimmste vor. Es gibt drei wichtige Methoden, mit denen sich die Digitale Elite auf die Möglichkeit von Entlassungen vorbereitet. Gleichzeitig tragen diese Methoden sogar zur Stärkung des Unternehmens bei.

Zunächst einmal wird jeder neu eingestellte Mitarbeiter auch unter dem Aspekt gesehen, daß er vielleicht einmal wieder entlassen werden muß. Das bedeutet, daß die finanzielle Lage des Betreffenden berücksichtigt wird und daß man ihm bei der Suche nach einem neuen Arbeitsplatz hilft. Meist werden ohnehin die besten Leute eingestellt, die aufgrund ihrer Talente und Qualifikationen am leichtesten wieder Arbeit finden.

Zweitens stellen die Mitglieder der Digitalen Elite nur so viele Beschäftigte ein, wie sie wirklich brauchen. Das mag zwar selbstverständlich erscheinen, ist es aber in vielen Unternehmen nicht, die sich am Paradigma Geschäftsleben = Krieg orientieren. Denn in diesen traditionellen Unternehmen sind die Manager ja bemüht, Truppen aufzubauen und Reiche zu erobern. Die Digitale Elite beurteilt ihren Erfolg jedenfalls nicht nach der Zahl ihrer Beschäftigten.

Drittens schließlich sind die Unternehmen der Digitalen Elite in relativ kleine, autonome Teams gegliedert. Durch die produktorientierten

Organisationsstrukturen wird gewährleistet, daß die einzelnen Teams und das Management ständig die Rentabilität im Auge haben. So entsteht eine Art Frühwarnsystem, das es dem Management ermöglicht, Gegenmaßnahmen einzuleiten, bevor der Mißerfolg eines einzelnen Produkts dem Gesamtunternehmen unnötigen Schaden zufügt. Derartige Gegenmaßnahmen könnten darin bestehen, die Ressourcen aufzustocken, um das Produkt zu einem Erfolg zu machen, oder aber Ressourcen abzuziehen, damit es rentabler wird. Auf diese Weise kann das Management eventuelle Verluste schneller und sauberer begrenzen und unnötige Aufregung im Unternehmen zu vermeiden.

Natürlich ist Downsizing nie eine angenehme Angelegenheit, doch zumindest handelt die Digitale Elite dann, wenn es notwendig ist. Dadurch, daß sie Veränderungen positiv gegenübersteht, ist sie zumindest in gewissem Maß vor den unvermeidlichen Zeiten der Flaute, die es auf jedem dynamischen Markt gibt, geschützt.

Denkanstöße

Viele Unternehmen haben zwar den guten Vorsatz sich zu verändern, doch es fällt ihnen außerordentlich schwer. Manchmal passiert gerade in den Unternehmen am wenigsten, die am lautesten über Veränderungen reden. Dies ist das Gesetz der umgekehrten Relevanz, das man so umschreiben könnte: «Je weniger man wirklich tun will, desto mehr redet man darüber.» Vor diesem Hintergrund sollten Sie die folgenden Fragen ehrlich beantworten und dabei die Lippenbekenntnisse ausblenden, die in Ihrem Unternehmen geleistet werden, wenn es um Veränderungen geht.

- Wie reagieren Sie persönlich auf Veränderungen? Begrüßen Sie Veränderungen in Ihrem Leben? Wie fördern Sie Ihre Persönlichkeitsentwicklung? Wie beurteilen Sie die Möglichkeit eines organisatorischen oder kulturellen Wandels, und wie wird diese Sichtweise durch Ihre allgemeine Einstellung gegenüber Veränderungen beeinflußt?
- Ist Ihr Unternehmen prinzipiell bereit, Veränderungen vorzunehmen? Sind die Aufgaben und Einsatzgebiete der Beschäftigten flexibel oder

starr? Gibt es eine Fabrikethik, nach der vorgegebene Arbeitszeiten strikt eingehalten werden müssen? Ist es in der heutigen Welt mit Mobilfunk, Fax und Voice Mail wirklich notwendig, sich an feste Arbeitszeiten zu halten?

- Wie schnell werden Entscheidungen in Ihrem Unternehmen getroffen? Kommen die an der Entscheidungsfindung beteiligten Menschen schnell zu einer Einigung, oder gibt es lange Phasen der Diskussionen und Verhandlungen? Fallen Entscheidungen nur dann schnell, wenn ein Manager sie beschließt, ohne die Mitarbeiter zu konsultieren? Was müßte geschehen, damit der Entscheidungsfindungsprozeß beschleunigt würde?
- Haben Sie eine Sammlung mit langfristigen Plänen in einer Schublade liegen? Wenn ja, wie genau sind die Pläne, die Sie vor einem Jahr entwickelt haben? Vor zwei Jahren? Vor fünf Jahren? Wieviel Zeit wenden Sie für die langfristige Planung auf? Haben sich diese Pläne als nützliches Hilfsmittel für das Alltagsgeschäft erwiesen, oder waren sie einfach nur notwendig, um Mittel bewilligt zu bekommen?
- Gab es in Ihrem Unternehmen in jüngster Zeit Entlassungen? Wenn ja, haben Sie das Gefühl, daß man sie gut gemeistert hat? Kam es zu einem großen Aufruhr, und wurde dabei viel Porzellan zerschlagen? Was könnten Sie heute tun, um sicherzustellen, daß in der Zukunft keine Entlassungen notwendig sind? Und wie könnten Sie sich gleichzeitig auf diese Entlassungen vorbereiten?

8 *Die Definition einer neuen Unternehmenskultur*

Im ersten Teil dieses Buches wurden die kulturellen Rahmenbedingungen untersucht, unter denen sich die Unternehmen der Digitalen Elite entfalten können. Es wurden Strategien identifiziert, mit denen sie ihre Anpassungsfähigkeit und Flexibilität steigern, so daß sie auf den sich schnell entwickelnden Märkten wettbewerbsfähiger sind. Manche dieser Strategien sind keineswegs neu. So erinnert die Bildung kleiner, autonomer Teams an das Konzept der funktionsübergreifenden Teams, das eine Zeitlang von sich reden machte. Aber der große Unterschied besteht darin, daß die Teams der Digitalen Elite die sechs zentralen Paradigmen verinnerlicht haben, die bei der Umsetzung der Teamstrategie eine so wichtige Rolle spielen. Die meisten anderen Firmen orientieren sich dagegen an den Paradigmen der Industriegesellschaft.

Die Begriffe «Team» und «Teamarbeit» können unterschiedlich interpretiert werden. Zwar sucht auch ein traditioneller Manager teamfähige Mitarbeiter und Mitarbeiterinnen, aber wenn er sich gleichzeitig an den Paradigmen Management = Kontrolle und Mitarbeiter = Kinder orientiert, dann bedeutet dies, daß die Teammitglieder keinerlei Eigeninitiative entwickeln dürfen, sich ganz von den Anweisungen der Vorgesetzten abhängig machen und den Status quo niemals antasten. Das Team ist ein Abbild des Unternehmens – geprägt von Kontrollmechanismen und bürokratischen Prozeduren, die Schwerfälligkeit und Unbeweglichkeit fördern.

Im Gegensatz dazu sucht ein Manager der Digitalen Elite, der sich von den Paradigmen Management = Service und Mitarbeiter = Partner leiten läßt, eigenständig denkende Teammitglieder, die selbst entscheiden können, wie sie ihrem Team am besten zum Erfolg verhelfen. Ein anerkanntes Teammitglied der Digitalen Elite könnte in einem traditionelleren Unternehmen sogar schnell als Störfaktor gelten.

Die zahlreichen fehlgeschlagenen Versuche, Unternehmen zu verändern, sind direkt auf die Verkennung der Bedeutung dieser unterschiedlichen Paradigmen zurückzuführen. Das Scheitern ist vorprogrammiert, wenn Manager oder auch Unternehmensberater darauf bestehen, eine Managementtechnik auszuprobieren, die von der Kultur des betreffenden Unternehmens überhaupt nicht getragen wird. Wenn die vorgeschlagene Veränderung in völligem Widerspruch zu den geltenden Paradigmen steht, wird sie in einem Fiasko enden.

Das folgende Beispiel soll dies illustrieren. Ein Freund von mir wurde neulich bei einem Flugzeughersteller eingestellt. Es handelte sich um ein typisches traditionelles «Big Business»-Unternehmen. Die Bosse hatten das Sagen, die Beschäftigten wurden wie Kinder behandelt. Das Betriebsklima war allerdings so schlecht und die Produktivität so gering, daß schließlich ein Unternehmensberater hinzugezogen wurde. Der Berater überzeugte den Niederlassungsleiter, daß er zwischen den Führungskräften und den Mitarbeitern und Mitarbeiterinnen ein besseres Gemeinschaftsgefühl und eine stärkere Bindung herstellen müsse. Das ist im Prinzip keine schlechte Idee. Aber da die vorhandene Unternehmenskultur das Konzept Unternehmen = Gemeinschaft in keiner Weise unterstützte, hatte die vorgeschlagene Strategie keine Chance.

Der Niederlassungsleiter versuchte jedenfalls, den Rat umsetzen und initiierte Aktivitäten wie etwa den «Hot Dog»-Tag in der Cafeteria: Während die Beschäftigten ihre Gratiswürstchen aßen, absolvierte er einen kurzen Auftritt und besuchte jeden Tisch, um einen auswendig gelernten Vortrag über die Bedeutung der Firmenloyalität zu halten. Anstatt das Gemeinschaftsgefühl zu fördern, bestätigte die ganze Aktion die Beschäftigten nur in ihrer Ansicht, daß das Management hoffnungslos arrogant und selbstgefällig sei. Das Betriebsklima verschlechterte sich weiter.

Probleme treten immer dann auf, wenn eine Unternehmenskultur die Verhaltenweisen nicht unterstützt, die für den Erfolg auf dem Markt erforderlich sind. Die traditionellen Computerhersteller der achtziger und frühen neunziger Jahre sind ein gutes Beispiel dafür. Als sie versuchten, mit der Digitalen Elite zu konkurrieren, hätten sie die Produktentwicklung deutlich beschleunigen, die Flexibilität ihrer Strukturen erhöhen und neue Kostenstrukturen einführen müssen. All dies gelang ihnen jedoch nicht, weil die Werte ihrer Unternehmenskulturen ihnen den Weg versperrten.

Aber Unternehmen *können* aus wiederholten Fehlschlägen auch lernen. Sie können ihre jeweilige Kultur unter die Lupe nehmen und ihre Annahmen und Werte kritisch überprüfen. Diesen sehr langsamen Prozeß der Neubewertung kann man heute überall beobachten. Ein traditionelles Unternehmen von heute unterscheidet sich durchaus – ein wenig – von seinen Vorgängern, die es vor 100 Jahren oder auch nur vor 20 Jahren gab. Das zeigt sich beispielsweise an den Beziehungen zwischen Vorgesetzten und Beschäftigten. Die Umgangsformen haben sich etwas gelockert – auch wenn sie nach den Maßstäben der Digitalen Elite immer noch stocksteif sind.

Vor allem diejenigen Unternehmen, in denen das Paradigma Veränderung = Gefahr besonders großen Einfluß hat, entwickeln ihre Kultur in einem Tempo weiter, das nur noch von der Entwicklung der Erdgeschichte unterboten wird. Die daraus resultierende Trägheit kann fast unüberwindbare Hürden aufbauen. Wenn eine solche Kultur nicht ein ganz neues Fundament bekommt, haben innovative Führungsstrategien keinerlei Chance auf Erfolg. Die Einstellungen und Wertmaßstäbe, an denen sich die Beschäftigten im Arbeitsalltag orientieren, müssen völlig neu definiert werden. Der Veränderungsprozeß muß so beschleunigt werden, daß er nicht mehr Jahre und Jahrzehnte in Anspruch nimmt, sondern im Verlauf von Wochen und Monaten vonstatten geht. Die daraus erwachsenden Vorteile sind immens. Selbst kleinere Veränderungen können einen Domino-Effekt haben, der die Prozesse und Verhaltensweisen im ganzen Unternehmen verwandelt.

Am Beispiel von Compaq wird deutlich, wie massiv sich ein grundlegender Wandel der Kultur auf das Wachstum und die Ertragslage eines Unternehmens auswirken kann.

Fallstudie: Die Wiedergeburt von Compaq

1982 gründeten einige Ingenieure von Texas Instruments, die ihre Geschäftsidee in der Firmencafeteria auf einer Serviette festgehalten hatten, in Texas eine winzige Computerfirma namens Compaq. Das Unternehmen setzte schon im ersten Jahr 111 Millionen Dollar um und machte IBM im PC-Geschäft schnell ernsthafte Konkurrenz.

Compaq erwarb den Ruf, die fortschrittlichsten und zuverlässigsten Computer auf dem Markt zu bauen. Das Unternehmen schmiedete Allianzen mit Einzelhändlern, um den Geschäftskunden den Weg zu den Compaq-Produkten zu ebnen. Es bot Händlern und Kunden einen Telefonsupport an, damit sie ihre Computer möglichst schnell zum Einsatz bringen konnten. Compaq brachte noch vor IBM den ersten Rechner mit einem 386er-Prozessor von Intel auf den Markt und bot lange vor IBM einen tragbaren Computer an. 1988 war Compaq das erste Unternehmen der Welt, das innerhalb von nur sechs Jahren die Umsatzschwelle von zwei Milliarden Dollar überschreiten konnte.

Schon 1990 sah die Situation anders aus. Die Anforderungen und Erwartungen der Kunden hatten sich verändert, ohne daß Compaq darauf reagiert hätte. Während es praktisch an jeder Ecke preiswerte PCs zu kaufen gab, beharrte Compaq auf dem bisherigen hohen Preisniveau. Schließlich mußten die Verantwortlichen erkennen, daß ihre Rechner nicht wettbewerbsfähig und die Herstellungs- und Gemeinkosten zu hoch waren. Außerdem investierte Compaq in einer Reihe von Schachzügen, die jeden Branchenkenner verblüfften, in Technologien, die nichts mit dem Kerngeschäft zu tun hatten.

In all diesen Problemen von Compaq spiegelte sich eine Unternehmenskultur, mit der es stetig bergab gegangen war. Schließlich unterschied sie sich kaum noch von der Kultur der traditionellen Unternehmen, an die Compaq die meisten Rechner verkaufte. Ein ehemaliger Mitarbeiter faßte die Sachlage im Jahr 1990 in der *Business Week* (2. November 1992) so zusammen: «Etwas Aalglattes hatte sich in die Firma eingeschlichen. Wenn man keinen MBA hatte, keine roten Hosenträger und keine Gucci-Schuhe trug, galt man plötzlich nichts mehr.»

Mit den Worten eines Branchenanalysten: «Compaq hatte das Lager gewechselt.»

Aber Compaq und die Aktionäre hatten Glück: Ein neuer Chef übernahm die Zügel und machte sich daran, das Unternehmen wiederzubeleben. Eckhard Pfeiffer, der in den achtziger Jahren das Europageschäft von Compaq aufgebaut und geleitet hatte, verfügte vielleicht mehr als jedes andere Mitglied der Digitalen Elite über eine positive Sichtweise, was Veränderungen anging. Er sagte über die Natur des Wandels in der Computerbranche:

> *Veränderungen müssen an der Tagesordnung sein. Wir fragen uns immer: Wie müssen wir unsere Arbeit tun, nicht nur morgen, sondern auch in der Zukunft? Wir haben das unglaubliche Wachstum der vergangenen zweieinhalb Jahre mit den vorhandenen Systemen und Prozessen gemeistert, aber irgendwann waren sie eben nicht mehr angemessen. Wir müssen sie immer wieder neu ausrichten.*

Als Realist weiß Eckhard, daß Veränderungen ein wesentlicher Bestandteil des digitalen Zeitalters sind:

> *Die Branche hat dramatische Veränderungen hinter sich und aller Wahrscheinlichkeit nach auch viele Veränderungen vor sich. Vor zehn Jahren war IBM der Branchenprimus, und Digital war gut im Geschäft, aber die Weichen für den Umschwung wurden schon mit dem PC gestellt. Die Geschwindigkeit der Veränderung ist nicht nur evolutionär, sie ist revolutionär. Nichts ist vorhersagbar. Viele versuchen zwar Prognosen zu erstellen, aber wenn dann unterschiedliche Branchen gemeinsam etwas völlig Neues schaffen, sind sie wieder hinfällig.*

Aus diesen Beobachtungen zog Eckhard die Schlußfolgerung, daß Compaq eine ganz neue Richtung einschlagen müsse. In der *Business Week* (2. November 1992) ist nachzulesen, daß der entscheidende Moment gekommen war, als Pfeiffer erklärte, Compaq könne den Preis jedes Herstellers auf der ganzen Welt schlagen. Diese Aussage stand in krassem Gegensatz zu fast allen Werten, die Compaq bisher als klassischer Anbieter von High-End-Produkten verkörpert hatte. Eckhard trumpfte dann mit einem noch sensationelleren Ziel auf. Er verkündete in aller Öffentlichkeit, daß Compaq spätestens im Jahr 1996 den Umsatz jedes anderen PC-Herstellers übertreffen werde.

Als nächstes wies Eckhard seine Führungskräfte an, die Kosten um 35 bis 50 Prozent zu senken, so daß Compaq im gesamten PC-Bereich und nicht nur im High-End-Segment konkurrieren könnte. Eckhard war überzeugt davon, daß Compaq nur dann wachsen könnte, wenn es breite Käuferschichten ansprach und nicht wie bisher hauptsächlich die Geschäftskunden. Diese mutige Strategie erforderte massive Veränderungen im gesamten Unternehmen, einschließlich Herstellung, Marketing, Entwicklung, Vertrieb und Support.

Bisher hatten die Verkäufer von Compaq hauptsächlich an Firmenkunden verkauft. Nun wurden die Rechner auch an Einzelhändler und andere Händler geliefert, bei denen Privatkunden kauften. Diese Strategie setzte neue Fähigkeiten, andere Geschäftskontakte und eine neue Gewichtung der Vertriebsressourcen voraus.

Um preisgünstigere PCs herzustellen, was für den Erfolg auf dem Heimanwendermarkt unabdingbar war, mußten Kosten in der Herstellung eingespart werden, ohne daß die Qualität darunter litt. Deshalb verlagerte Compaq mehr Herstellungsprozesse durch Outsourcing-Maßnahmen ins Ausland, wo bestimmte Komponenten billiger hergestellt werden konnten. Auch dazu waren wieder neue Fähigkeiten, neue Geschäftskontakte, eine neue Gewichtung der Herstellungsressourcen und neue Methoden zur Steuerung des Teileflusses notwendig.

Ebenso radikal waren die Veränderungen im Bereich des Kundensupports. Compaq mußte sich nun auf die Art der Betreuung einstellen, die beim Verkauf von PCs an Laien notwendig ist. Während Geschäftskunden häufig über eigene EDV-Experten verfügen, muß sich der Durchschnittsanwender an den Hersteller wenden, wenn er Schwierigkeiten hat. Der Kostenaufwand für diesen Support mußte in die Kalkulation des Produktpreises eingehen, was die Kostenkontrolle weiter erschwerte.

Die Auswirkungen dieser Veränderungen auf den Arbeitsalltag der Mitarbeiter und Mitarbeiterinnen von Compaq können gar nicht überschätzt werden. Trotzdem erreichte das Unternehmen Eckhards ehrgeiziges Ziel sogar zwei Jahre früher als geplant. 1994 erzielte Compaq mit dem Verkauf von PCs einen höheren Umsatz als jedes andere Unternehmen der Welt. Eckhard war es gelungen, massive kulturelle Veränderungen bei Compaq durchzusetzen. In diesem und in den folgenden Kapiteln werde ich mich immer wieder auf Eckhards Erfahrungen beziehen, um einen praktischen Leitfaden für die Neudefinition von Unternehmenskulturen zu skizzieren.

Bevor die einzelnen Strategien beschrieben werden, möchte ich allerdings noch darauf hinweisen, daß kulturelle Veränderungen nicht nur vom Topmanagement angestoßen werden können. Verbesserungen in der Kultur eines Unternehmens können von jedem einzelnen initiiert werden – frei nach dem Motto «Global denken, lokal handeln.» Manchmal besteht der beste Weg zur Schaffung einer menschlichen und produktiven Unternehmenskultur darin, in einem kleinen Bereich Spitzenleistungen zu erbringen und damit eine Signalwirkung zu erzielen.

In diesem Kapitel werden vier Strategien für die Neudefinition der Unternehmenskultur vorgestellt, die von der Digitalen Elite schon erfolgreich erprobt wurden. Die Strategien können auf globaler Ebene angewandt werden, um unternehmensweite Veränderungen herbeizuführen, oder sie können lokal beschränkt werden, um die Kultur innerhalb eines bestimmten Bereichs zu verändern. Die Strategien lauten:

- Bewertung der vorhandenen Unternehmenskultur
- Kulturelle Vorbilder finden
- Der Vorstellungskraft freien Lauf lassen
- Andere in die Vision einbeziehen.

Strategie 20: Bewertung der vorhandenen Unternehmenskultur

Der erste Schritt beim Aufbau einer flexiblen Unternehmenskultur besteht darin, den Ist-Zustand zu bewerten. Manchmal ist es schwierig, diese Bewertung von innen heraus vorzunehmen, weil die Objektivität durch tief verwurzelte dysfunktionale Verhaltensweisen und Einstellungen stark beeinträchtigt wird. Trotzdem müssen Sie zuerst einmal wissen, wo Sie stehen, bevor Sie versuchen, eine neue Richtung einzuschlagen. Mit den Worten Eckhard Pfeiffers:

Im Nachhinein hat es sich als gut erwiesen, daß wir innehielten und die Situation analysierten. Wir fanden die Ursachen für die Probleme und konnten dann beschließen, in welche Richtung wir gingen, was uns wichtig war und welche Chancen wir anpacken wollten. Danach erst fingen wir mit den Veränderungen an.

Dieser Prozeß der Zustandsbestimmung ist nicht leicht. In der Regel müssen Konzepte und Werte in Frage gestellt werden, die bisher eine breite Zustimmung im Unternehmen fanden. Um Sie bei dieser schwierigen Aufgabe zu unterstützen, habe ich vier Fragebögen entwickelt, mit deren Hilfe Sie den Stand der kulturellen Entwicklung in Ihrer Branche, in Ihrem Unternehmen und bei sich selbst zumindest grob bewerten können. Diese Fragebögen ermöglichen Ihnen, Ihre aktuelle Situation zu bewerten und abzuschätzen, wie weitreichend die kulturellen Veränderungen sein müssen, damit Sie auch in Zukunft wettbewerbsfähig sind.

Die Digitale Elite hat sich im Gegensatz zu den traditionellen Unternehmen an einen Komplex wirtschaftlicher Bedingungen angepaßt, die gemeinhin unter dem Begriff des «Informationszeitalters» zusammengefaßt werden. Der Wirtschaftsforscher Michael Rothschild, Autor von *Bionomics,* schreibt über diesen Wandel in *Forbes* (7. Dezember 1992):

Der Marktwert von Sektoren wie Stahl und Automobil, die das Maschinenzeitalter dominiert haben, wurde durch die Sektoren des Informationszeitalters ersetzt, wie Software und Telekommunikation. Der Mikroprozessor verwandelt das wirtschaftliche Ökosystem radikal und dauerhaft, wobei die Veränderungen sich immer schneller vollziehen.

Der Zukunftsforscher Alvin Toffler stellte in seinem bahnbrechenden Werk *Machtbeben: Der globale Vorstoß der Informationseliten* den Wandel von der Industrie- zur Informationsgesellschaft auf eine Stufe mit der industriellen Revolution des 18. und 19. Jahrhunderts. Die industrielle Revolution verwandelte eine landwirtschaftlich geprägte Gesellschaft in eine weitgehend städtische Gesellschaft, in der der Wohlstand hauptsächlich mit der Produktion und dem Handel von Gütern geschaffen wurde. Die Informationsrevolution dagegen spaltet laut Toffler die Gesellschaft, da die Schaffung von Wohlstand mit der Kontrolle von Informationen verknüpft ist.

Die Bedeutung des Besitzes von Informationen spiegelt sich in den veränderten Geschäftsmodellen vieler produzierender Unternehmen. Diese Unternehmen stellen folgende Veränderungen fest:

- Durch den Einzug der Computer in die Produktionshallen werden die Herstellungskosten deutlich gesenkt.
- Durch Werkzeuge wie CAD-Programme und andere Hilfsmittel können Prototypen viel schneller gebaut werden.
- Neue Marktteilnehmer können schnell gefährlich werden, weil sie mit Hilfe von Computern schnell und einfach neue Geschäftsfelder erschließen.
- Neue Märkte mit neuen Käufern und neuen Kaufgewohnheiten bilden sich innerhalb kurzer Zeit, wie etwa das elektronische Shopping im Internet.
- Die Anforderungen der Kunden verändern sich ständig, da sie immer besser informiert sind und mehr Qualität für weniger Geld verlangen.
- Als Reaktion auf die obengenannten Faktoren kommt es zu mehr Umstrukturierungen, zu mehr Fusionen und/oder zur Veräußerung von Geschäftsbereichen.

Fragebogen 1: Wo steht Ihre Branche?

Der erste Fragebogen dient dazu, den Zustand Ihrer Branche insgesamt zu bestimmen, damit Sie wissen, inwieweit sie dem Geschäftsmodell des «Informationszeitalters» entspricht – oder wie weit sie noch davon entfernt ist. Sie bewerten anhand der Fragen das Ausmaß des Wandels in Ihrer Branche sowie die Geschwindigkeit, mit der sich Unternehmen anpassen müssen, um wettbewerbsfähige Güter und Dienstleistungen anbieten zu können.

☒ Zutreffend ☐ Nicht zutreffend

1. Viele Unternehmen meiner Branche nehmen zur Zeit umfassende organisatorische Veränderungen vor. ☐
2. Ohne Computer könnte meine Branche nicht funktionieren. ☐
3. Wir kooperieren mit Lieferanten und Kunden auf der ganzen Welt, oder wir haben die Möglichkeit dazu. ☐
4. Die Produkte werden heute in der Hälfte der Zeit auf den Markt gebracht, die noch vor zehn Jahren notwendig war. ☐
5. In meiner Branche sind Outsourcing-Maßnahmen allgemein üblich (d. h. Beauftragung von externen Firmen mit internen Aufgaben). ☐
6. Die Konkurrenten wissen im allgemeinen, was wir tun, und umgekehrt. ☐
7. Die Nutzung des Internet ist in meiner Branche üblich. ☐
8. Die Zahl der Produkte in meiner Branche ist in jüngster Zeit explodiert. ☐
9. In meiner Branche sind in jüngster Zeit neue Wettbewerber auf den Markt gekommen. ☐
10. Große Unternehmen in der Branche kaufen oft kleinere Firmen auf. ☐

Geben Sie sich für jede zutreffende Antwort 10 Punkte.
Tragen Sie das Ergebnis in das Kästchen ein.

Punktezahl Branche: ____

Auswertung:

- 80–100 Punkte: Ihre Branche wird durch die Gegebenheiten des Informationszeitalters in hohem Maß beeinflußt. Daher haben diejenigen Unternehmen wachsende Erfolgschancen, die ihre Kulturen denen der Digitalen Elite angleichen.
- 50–70 Punkte: Ihre Branche wird in gewissem Ausmaß vom Informationszeitalter beeinflußt. Unternehmen, die die Methoden des Industriezeitalters mit der Unternehmenskultur der Digitalen Elite kombinieren können, dürften sich auf dem Markt behaupten.
- Bis 50 Punkte: Ihre Branche ist noch fest im Industriezeitalter verwurzelt. Solange keine weitergehende Beeinflussung durch das Informationszeitalter stattgefunden hat, sind die Techniken der Digitalen Elite von sehr begrenztem Nutzen.

Fragebogen 2: Wo steht Ihr Unternehmen?

Mit dem zweiten Fragebogen bewerten Sie, inwieweit Ihr Unternehmen die kulturellen Paradigmen des Industriezeitalters verinnerlicht hat. So gewinnen Sie eine Vorstellung davon, wie sehr Ihr Unternehmen von den traditionellen Konzepten beeinflußt wird und welches Ausmaß an Veränderungen notwendig ist, um den aktuellen Entwicklungsstand Ihrer Branche zu erreichen.

Bewerten Sie anhand folgender Skala, welche Bedeutung die untenstehenden Themen in Ihrem Unternehmen haben:

[1] = extrem wichtig
[2] = sehr wichtig
[3] = wichtig
[4] = mäßig wichtig
[5] = unwichtig

Themen	Bewertung				
Größe der Büros	[1]	[2]	[3]	[4]	[5]
Titel	[1]	[2]	[3]	[4]	[5]
Jahresbudgets	[1]	[2]	[3]	[4]	[5]
Kleiderordnung	[1]	[2]	[3]	[4]	[5]
Führungsspannen	[1]	[2]	[3]	[4]	[5]
Schriftliche Tätigkeitsbeschreibungen	[1]	[2]	[3]	[4]	[5]
Unternehmensimage	[1]	[2]	[3]	[4]	[5]
Regeln und Vorschriften	[1]	[2]	[3]	[4]	[5]
Privilegien für Führungskräfte	[1]	[2]	[3]	[4]	[5]
Respekt vor Vorgesetzten	[1]	[2]	[3]	[4]	[5]
Hierarchie	[1]	[2]	[3]	[4]	[5]
Interne politische Fragen	[1]	[2]	[3]	[4]	[5]
Das «System»	[1]	[2]	[3]	[4]	[5]
Der Status quo	[1]	[2]	[3]	[4]	[5]
Etikette	[1]	[2]	[3]	[4]	[5]
Einhaltung der Spielregeln	[1]	[2]	[3]	[4]	[5]
Bürokratie	[1]	[2]	[3]	[4]	[5]
Feste Arbeitszeiten	[1]	[2]	[3]	[4]	[5]
Detaillierte langfristige Pläne	[1]	[2]	[3]	[4]	[5]
Anzahl der Untergebenen der einzelnen Manager	[1]	[2]	[3]	[4]	[5]

Addieren Sie die Punktezahlen, und tragen Sie die Summe in das Kästchen ein.

Punktezahl Unternehmen: ______

Auswertung:

- Über 80 Punkte: Ihr Unternehmen ist kaum von den traditionellen Paradigmen beeinflußt und setzt wahrscheinlich schon die Ideen der Digitalen Elite um. Schätzen Sie sich glücklich! Das vorliegende Buch kann Ihnen helfen, Ihre Unternehmenskultur weiter zu verbessern und die Produktivität noch zu steigern.
- 55–75 Punkte: In Ihrem Unternehmen finden sich viele Elemente der traditionellen Unternehmenskultur, während es gleichzeitig Anzeichen für Produktivitätssteigerungen sowie für eine gewisse Bereitschaft dafür gibt, sich auf neue Ideen einzulassen.
- Bis 50 Punkte: Ihr Unternehmen ist noch fest in den alten Paradigmen verhaftet. Dies kann sich als sehr gefährlich erweisen, wenn die Branche insgesamt sich schon weiterentwickelt hat. In diesem Fall haben Sie es vermutlich mit einer Reihe von starken, flexiblen Konkurrenten zu tun.

Fragebogen 3: Entwickeln Sie sich weiter?

Der dritte Fragebogen hilft Ihnen, Ihren persönlichen Entwicklungsstand mit dem Modell zu vergleichen, an dem sich die Digitale Elite orientiert. Wenn Sie dazu beitragen wollen, Ihre Unternehmenskultur an das Vorbild der Digitalen Elite anzugleichen, sollten sie vorher herausfinden, ob Sie sich in einer so offenen und ungeregelten Umgebung überhaupt wohlfühlen. Die Tatsache, daß Sie dieses Buch lesen, dürfte jedenfalls schon ein positives Anzeichen dafür sein. Trotzdem haben Sie vielleicht unbewußt Aspekte der traditionellen Kultur verinnerlicht, die Ihre Weiterentwicklung bremsen könnten.

Beantworten Sie die folgenden Fragen mit «zutreffend» oder «nicht zutreffend».

☒ Zutreffend ☐ Nicht zutreffend

1. Es wäre besser, wenn es bei uns mehr Kontrollmechanismen gäbe. ☐
2. Es macht mir Spaß, Beziehungen am Arbeitsplatz aufzubauen. ☐
3. Ich verspreche mir mehr Macht davon, wenn ich mein Unternehmen verändere. ☐
4. Ohne Regeln und Vorschriften würde nicht gearbeitet werden. ☐
5. Dem Unternehmen würde es besser gehen, wenn das Management nicht so verknöchert wäre. ☐
6. Es wird leicht sein, die Kultur meines Unternehmens zu beeinflussen. ☐
7. Gewinnen ist nicht alles, aber das einzig Wichtige. ☐
8. Da draußen herrscht ein gnadenloser Krieg. ☐
9. Es gibt mindestens einen Konkurrenten, den ich wirklich hasse. ☐
10. Die Kunden wissen doch meist gar nicht genau, was sie brauchen. ☐
11. Ich verabschiede mich noch vom Pförtner, wenn ich bis spät abends arbeite. ☐
12. Ich liebe es, an Organigrammen zu feilen. ☐
13. Kreativität ist wichtiger als Disziplin. ☐

14. Mitarbeiter brauchen feste Strukturen, um optimale Leistungen zu bringen. ☐
15. Das Schönste an der Arbeit ist das Wochenende. ☐
16. Ich würde es begrüßen, wenn die Beschäftigten ihre Kinder mit zur Arbeit bringen könnten. ☐
17. In meiner Freizeit sitze ich gerne am Computer. ☐
18. Ich ziehe jede feste Anstellung der Selbständigkeit vor. ☐
19. Es ist wichtig, stets Respekt für das Unternehmen zu zeigen. ☐
20. In hohen Positionen sollte man auch Privilegien haben. ☐

Geben Sie sich jeweils 5 Punkte, wenn Sie folgende Fragen mit «zutreffend» beantwortet haben: 2, 5, 11, 13, 16, 17. Geben Sie sich jeweils 5 Punkte für alle anderen Fragen, die Sie mit «nicht zutreffend» beantwortet haben. Tragen Sie die Summe in das Kästchen ein.

Punktezahl persönlicher Entwicklungsstand: ______

Auswertung:

- Über 70 Punkte: Herzlichen Glückwunsch! Sie bringen die besten Voraussetzungen für die Kultur der Digitalen Elite mit und dürften sich in der Geschäftswelt der Zukunft gut behaupten. Möglicherweise sind Sie derzeit frustriert, weil Sie für ein Unternehmen oder in einer Branche arbeiten, die immer noch den traditionellen Denkweisen verhaftet ist.
- 50–70 Punkte: Sie befinden sich in einer Übergangsphase, in der Sie die verschiedenen kulturellen Einstellungen erwerben, die für das Informationszeitalter angemessen sind. Dieses Buch soll Ihnen helfen herauszufinden, welche Einstellungen Sie besonders fördern müssen, um die Ziele zu erreichen, die Sie für sich selbst und für ihr Unternehmen gesetzt haben.
- Bis 50 Punkte: Sie sind noch in hohem Maß von den traditionellen Paradigmen beeinflußt. Aber Sie legen auch ein bewundernswertes Interesse an neuen Entwicklungen und Trends an den Tag. Vielleicht kommen Sie zum Schluß, daß es sich lohnen kann, die alten Einstellungen aufzugeben.

Fragebogen 4: Wie groß ist Ihr Einfluß?

Das Ergebnis des letzten Fragebogens sagt etwas über den Einfluß aus, den Sie selbst auf das Unternehmen ausüben können. Veränderungen jeder Art werden immer von einer Schlüsselperson in Gang gebracht. Diese Schlüsselpersonen haben die Aufgabe, eine Zukunftsvision zu entwickeln, die den Beschäftigten zeigt, was mit den neuen Strukturen bewirkt werden soll und wie dadurch ihre persönliche Entwicklung sowie die des Unternehmens gefördert wird.

Zudem haben sie auch die wichtige Aufgabe, den Beschäftigten ein Gefühl der Sicherheit zu geben, denn jede Veränderung bringt nun einmal Ungewißheit mit sich. Schließlich brauchen sie auch ein gewisses Maß an Einfluß in der Kultur, die sie zu verändern versuchen. Dies mag selbstverständlich erscheinen, aber trotzdem ist es besser, sich dieses Einflusses vorher zu vergewissern. Er bestimmt letztlich über den Erfolg – oder Mißerfolg – jeden Versuchs, die Richtung eines Unternehmens zu verändern.

Meiner Erfahrung nach unterschätzen die Beschäftigten, die dem Management nicht angehören, ihren Einfluß oft, während ihn die meisten Manager eher überschätzen. Entscheidend ist jedenfalls immer das Ausmaß, in dem sich andere an Ihnen orientieren.

Um Ihre Einflußmöglichkeiten im Unternehmen zu bewerten, kreuzen Sie bitte in der folgenden Frageliste die zutreffende Antwort an:

Fragen	Selten	Manchmal	Häufig
• Werden Sie bei schwierigen Fragen um Rat gebeten?	☐	☐	☐
• Werden Sie bei persönlichen Fragen um Rat gebeten?	☐	☐	☐
• Wenn Sie anfangen, ein Modewort zu verwenden, werden Sie dann nachgeahmt?	☐	☐	☐
• Organisieren Sie manchmal Feiern, oder laden Sie Ihre Kollegen zu einer Party ein?	☐	☐	☐
• Zählen viele Unternehmensangehörige zu Ihrem persönlichen Freundeskreis?	☐	☐	☐

• Betrachtet man Sie als anerkannten Experten auf Ihrem Gebiet?	□	□	□
• Betrachtet man Sie im allgemeinen als charismatisch und sympathisch?	□	□	□
• Gelten Sie als loyaler Mitarbeiter?	□	□	□
• Haben Sie das Gefühl, daß Ihre Kollegen Ihre Meinung wirklich respektieren?	□	□	□
• Respektieren Sie die Meinungen Ihrer Kollegen?	□	□	□

Für jede Frage, die Sie mit «Häufig» beantwortet haben, erhalten Sie 10 Punkte. Für jedes «Manchmal» erhalten Sie 5 Punkte und für jedes «Selten» 0 Punkte. Tragen Sie die Summe in das Kästchen ein.

Punktezahl Einfluß: ______

Auswertung:

- 80–100 Punkte: Sie üben einen sehr deutlichen Einfluß auf. Sie gelten als Rollenmodell, und Ihrer Meinung wird großes Gewicht beigemessen. Wenn Sie versuchen wollen, die Kultur Ihres Unternehmens in einem bestimmten Bereich zu verändern, haben Sie hervorragende Erfolgsaussichten.
- 55–75 Punkte: Ihr Einfluß ist eher bescheiden. Ihre Meinung wird zwar durchaus geschätzt, doch um sinnvolle Veränderungen im Unternehmen herbeiführen zu können, benötigen Sie vermutlich noch zusätzliche Unterstützung.
- 30–50 Punkte: Sie verfügen nicht über die Voraussetzungen, um einen Veränderungsversuch wagen zu können. Setzen Sie sich deshalb am besten für die Bemühungen um kulturelle Veränderungen ein, die andere in die Wege geleitet haben.
- 0–25 Punkte: Sie arbeiten in einem Umfeld, in dem Sie wenig bis gar keinen Einfluß auf die Kultur ausüben können. Möglicherweise leisten Sie exzellente Arbeit, doch man orientiert sich nicht an Ihnen. Das stellt an sich kein Problem dar, könnte aber auch ein Zeichen dafür sein, daß Ihre Bindung zum Unternehmen zu schwach ist.

Die Auswertung der Fragebogenergebnisse

Nehmen Sie nun die Ergebnisse der vier Fragebögen, und kreuzen Sie die entsprechenden Stellen in den vier Zeilen von Tabelle 8.1 ein.

Tabelle 8.1. Bewertung des kulturellen Entwicklungsstandes

1	10	20	30	40	50	60	70	80	90	100	
☐	☐	☐	☐	☐	☐	☐	☐	☐	☐	☐	Branche
☐	☐	☐	☐	☐	☐	☐	☐	☐	☐	☐	Unternehmen
☐	☐	☐	☐	☐	☐	☐	☐	☐	☐	☐	Persönlich
☐	☐	☐	☐	☐	☐	☐	☐	☐	☐	☐	Einfluß

Nun können Sie Ihre kulturelle Umgebung bewerten. Achten Sie besonders darauf, in welchem Verhältnis die Ergebnisse stehen, die Sie für Ihr Unternehmen sowie für die Branche insgesamt erzielt haben. Da sich die meisten Branchen mehr oder weniger schnell auf das Informationszeitalter hinbewegen, sollte Ihr Unternehmen im Idealfall etwa 10 Punkte über der Branchenbewertung liegen. Damit befindet es sich in der beneidenswerten Position, reaktionsschneller und zukunftsorientierter als die meisten Konkurrenten zu sein. Aber vermutlich schneiden viele Unternehmen schlechter ab als die Branche insgesamt. Je größer der Abstand des Unternehmens zum Branchenergebnis ist, desto wahrscheinlicher steht eine Krise bevor.

Sehen Sie sich als nächstes den Stand Ihrer persönlichen Entwicklung an. Harmoniert die Kultur, die Sie schaffen müssen, um Ihr Unternehmen voranzubringen, mit Ihren eigenen Neigungen und Vorlieben? Die Punktezahl in dieser Zeile sollte mindestens so hoch sein wie die Punktezahl, die Sie sich für die Kultur Ihres Unternehmens wünschen. Wenn der Test für Ihr derzeitiges Unternehmen eine Punktezahl von 50 ergeben hat und 70 Punkte notwendig sind, damit es wettbewerbsfähig wird, dann sollte Ihr persönlicher Entwicklungsstand mindestens bei 70 Punkten liegen, um den Anforderungen der neuen Kultur gewachsen zu sein.

Im folgenden sind einige Beispieldiagramme abgebildet. Tabelle 8.2 repräsentiert einen neuen CEO, der ein kleines Unternehmen übernommen hat, das Elektronikteile herstellt. Der CEO ist in der Branche relativ gut bekannt und hat eine gewinnende Persönlichkeit. Das Unternehmen hinkt im Moment etwas hinter der Entwicklung her, doch er ist zuversichtlich, daß er einen Aufschwung herbeiführen kann. Da er sich an den Paradigmen der Digitalen Elite orientiert, weiß er, daß er sich in der Kultur wohl fühlen wird, die er aufbauen will.

Tabelle 8.2. Bewertung des kulturellen Entwicklungsstandes – Beispiel 1

1	10	20	30	40	50	60	70	80	90	100	
☐	☐	☐	☐	☐	☒	☐	☐	☐	☐	☐	Branche
☐	☐	☐	☐	☒	☐	☐	☐	☐	☐	☐	Unternehmen
☐	☐	☐	☐	☐	☐	☐	☐	☒	☐	☐	Persönlich
☐	☐	☐	☐	☐	☐	☐	☐	☒	☐	☐	Einfluß

Das in Tabelle 8.3 dargestellte Diagramm stammt von einem Marketingleiter, der herausfinden wollte, ob es für ihn sinnvoll war, in seinem derzeitigen Unternehmen gemeinsam mit dem Management an kulturellen Veränderungen zu arbeiten, oder ob er das Unternehmen besser verlassen sollte, um woanders sein Glück zu versuchen.

Tabelle 8.3. Bewertung des kulturellen Entwicklungsstandes – Beispiel 2

1	10	20	30	40	50	60	70	80	90	100	
☐	☐	☐	☐	☐	☐	☐	☒	☐	☐	☐	Branche
☐	☐	☐	☐	☐	☒	☐	☐	☐	☐	☐	Unternehmen
☐	☐	☐	☐	☐	☐	☐	☐	☐	☒	☐	Persönlich
☐	☐	☐	☐	☒	☐	☐	☐	☐	☐	☐	Einfluß

Das Unternehmen des Marketingleiters liegt in der Entwicklung der Kultur weit hinter dem Branchendurchschnitt zurück. Gleichzeitig paßt die Persönlichkeit des Marketingleiters sehr gut zu einem zukunftsorientierten Unternehmen, doch er verfügt derzeit kaum über Einflußmöglichkeiten. Er zog aus den Fragebogenergebnissen die Schlußfolgerung, daß er zu unterschiedliche Vorstellungen hatte, um das Unternehmen in seinen

Veränderungsbemühungen unterstützen zu können. Er beschloß, die Stelle zu wechseln.

Eine derartige Schnellanalyse ist natürlich kein Ersatz für die genaue Untersuchung, die notwendig ist, um die spezifischen Probleme eines Unternehmens mit Stumpf und Stiel auszurotten. In manchen Fällen kann ein strategischer Berater, der sich mit Fragen der Unternehmenskultur auskennt, dabei helfen, obwohl relativ wenige Berater die notwendige Erfahrung mitbringen, um Unternehmensveränderungen als kulturelles Problem zu sehen. Vergessen Sie nicht, daß manche Unternehmensberater ebenso im traditionellen Unternehmensdenken verwurzelt sind wie ihre Klienten.

Strategie 21: Kulturelle Vorbilder finden

Für diese Strategie müssen Sie Ihr Augenmerk nach außen richten, denn Sie sollen kulturelle Vorbilder suchen. Kulturelle Rollenmodelle kommen für gewöhnlich aus der eigenen Branche. Daher ist es immer zu empfehlen, die größten Konkurrenten zu untersuchen, um herauszufinden, wo ihre Stärken liegen. Dann können Sie die kulturellen Merkmale, die diese Stärken ermöglicht haben, näher eingrenzen.

Aber Sie finden kulturelle Vorbilder durchaus auch in anderen Branchen, mit denen Sie gar nichts zu tun haben. Wenn Sie sich die Kulturen der besten Unternehmen anderer Branchen ansehen, erkennen Sie vielleicht, was Ihrem Unternehmen zum Erfolg fehlt. So machte die Schreibwarenkette Staples and Office Depot Anleihen bei den gewöhnlichen Supermarktketten. Die Manager von Staples and Office Depot übernahmen die besten Methoden und Strategien, die sie bei den Supermarktketten beobachteten, und paßten sie an ihr Geschäft an. Wenn Sie ein klares Bild der Spitzenleistungen entwerfen können, dann wird es Ihnen auch gelingen, die Beschäftigten von den neuen Konzepte und Methoden zu überzeugen.

Vor der Auswahl eines kulturellen Vorbilds steht jedoch ein bißchen Marktforschung. Sie müssen die Eigenschaften der Unternehmenskultur eingrenzen, an der Sie sich orientieren wollen. Dazu sind die folgenden Fragen hilfreich:

- Welche Arbeitseinstellung haben die Beschäftigten im Vorbildunternehmen? Macht ihnen ihre Arbeit Spaß? Welche Persönlichkeitstypen fühlen sich zu diesem Unternehmen hingezogen? Welche bleiben ihm lange treu, und welche verlassen es bald wieder?
- Wie ist die Einstellung zum Aufbau von Geschäftsbeziehungen? Geht das Unternehmen gerne Partnerschaften mit anderen Firmen ein? Um welche Art von Partnerschaften handelt es sich dabei? Suchen die Beschäftigten den Kontakt zu den Kunden, und hören sie ihnen zu?
- Welche Einstellung haben die Mitarbeiter zum unternehmerischen Denken? Glauben sie, daß sie die Ertragslage beeinflussen können? Werden sie an Gewinnen beteiligt? Wenn es sich um eine Aktiengesellschaft handelt: Welche Beschäftigten erhalten Aktienoptionen?
- Wie sieht es mit der Kontrolle aus? Wer erteilt die Anweisungen? Wer führt sie aus? Was geschieht, wenn Anweisungen nicht befolgt werden? Erteilen die Manager Anweisungen, oder machen sie Vorschläge?
- Warum ist das Vorbildunternehmen so erfolgreich? Welche Stärken haben seinen bisherigen Erfolg ermöglicht? Auf welchen Grundlagen basieren seine Methoden? Was müssen Sie tun, um diese Erfolge in Ihrem eigenen Unternehmen nachzuahmen?
- Was können Sie von diesem Unternehmen lernen? Orientiert es sich ebenfalls an Rollenmodellen, und wenn ja, an welchen?

Das Zusammentragen dieser Informationen kann sich als sehr schwierig erweisen, vor allem, wenn es sich beim fraglichen Vorbild um ein Konkurrenzunternehmen handelt. In vielen Fällen wird die Beauftragung eines Marktforschungsunternehmens unumgänglich sein. Durch diese externe Hilfe können auch neue Perspektiven in den kulturellen Veränderungsprozeß eingebracht werden.

Die Ergebnisse der Suche nach einem Vorbild sollten dem gesamten Unternehmen in Form einer Präsentation oder eines Berichts vorgelegt werden. Ein solcher Bericht wird Ihre Kollegen und Kolleginnen nicht nur veranlassen, über neue Geschäftsmethoden nachzudenken, sondern er schafft auch ein Bewußtsein dafür, daß es bessere und effektivere Wege der Unternehmensgestaltung und -führung gibt. Je mehr positive Informationen über das Vorbildunternehmen verbreitet werden, desto leichter können sich die Beschäftigten die Kultur vorstellen, mit der sie ihre zukünftige Wettbewerbsfähigkeit sichern.

Strategie 22: Der Vorstellungskraft freien Lauf lassen

Nachdem Sie den Zustand Ihrer kulturellen Entwicklung bestimmt und einige Rollenmodelle gefunden haben, dürfen Sie sich entspannen. Lassen Sie nun Ihrer Vorstellungskraft freien Lauf, und malen Sie sich eine Unternehmenskultur aus, die flexibler, stärker und effektiver als die Ihrer Konkurrenten ist. Dies ist ein wichtiger Schritt im Prozeß des kulturellen Wandels, wie Eckhard Pfeiffer, CEO von Compaq, meinte:

> *Wir haben eine neue Richtung vorgegeben und neue Ziele geschaffen, die sich die Mitarbeiter gut vorstellen konnten und mit denen sie sich auf Anhieb identifiziert haben. Das heißt nicht, daß man sich einfach nur der Mehrheit anschließt. Sie müssen von den neuen Zielen überzeugt sein. Nur dann können Sie sie auch gut vermitteln und die volle Unterstützung der Beschäftigten gewinnen. Danach gilt es, den Elan und die Aufbruchstimmung aufrechtzuerhalten und gleichzeitig gute Arbeit zu leisten, die Termine einzuhalten und sich zu engagieren.*

Um all dies zu erreichen, braucht man ein hohes Maß an kreativer Vorstellungskraft. Verwenden Sie die sechs kulturellen Paradigmen der Digitalen Elite (Kapitel 2–7) als Rahmen für ein mentales Bild dessen, wie Ihr Unternehmen im Idealfall aussehen könnte. Beantworten Sie für jedes Paradigma die folgenden sechs Fragen:

1. Wie würden sich Ihre Mitarbeiter und Mitarbeiterinnen verhalten, wenn Sie wirklich daran glauben würden?
2. Mit welchem Gefühl würden sie morgens zur Arbeit kommen?
3. Welche Auswirkungen hätte das Paradigma auf Ihre Organisationsstruktur?
4. Inwiefern würden sich Ihre Vergütungssysteme verändern?
5. Welche Partnerschaften würde Ihr Unternehmen eingehen?
6. Inwiefern würde das Paradigma Ihr Unternehmen erfolgreicher machen?

Zur Illustration nehmen wir an, daß Sie für eine Firma arbeiten, die Messingteile für große Bauunternehmen herstellt. Ihr Marktanteil sinkt, weil die Konkurrenz aus dem Ausland ähnliche Produkte zu niedrigeren Kosten anbieten kann. Sie wissen, daß es auch die Möglichkeit gibt, Messingzubehör per Katalog und anderen Kanäle an Hobbyhandwerker zu verkaufen, aber dazu müssen Sie viele verschiedene Zubehörteile herstellen, die sich jedes Jahr wieder ändern. Derzeit können Sie nur einige Zubehörtypen herstellen, diese aber in riesigen Mengen.

Darüber hinaus müssen Sie neue Partner finden, um den neuen Kundenkreis überhaupt ansprechen und erreichen zu können. Mit anderen Worten: Um auf diesen Markt zu gehen, müssen Sie wesentliche kulturelle Veränderungen durchsetzen, um die verkürzten Produktzyklen und die neuen Geschäftspartnerschaften zu realisieren.

Zur Illustration sind in der folgenden Liste die Antworten enthalten, die mir ein Produktmanager dieser Messingzubehörfirma gab, als ich ihn nach dem Paradigma Geschäftsleben = Ökosystem fragte.

1. *Wie würden sich Ihre Mitarbeiter und Mitarbeiterinnen verhalten, wenn sie wirklich daran glauben würden?* «Es gäbe weit weniger Konflikte zwischen einzelnen und Gruppen. Die Leute würden besser miteinander zurechtkommen. Es gäbe sehr viel mehr Kooperation.»

2. *Mit welchem Gefühl würden sie morgens zur Arbeit kommen?* «Ich wette, sie würden sich viel mehr darüber freuen, einander wiederzusehen. Sie hätten auch nicht mehr so viel Angst davor, ihren Vorgesetzten über den Weg zu laufen.»

3. *Welche Auswirkungen hätte das Paradigma auf Ihre Organisationsstruktur?* «Das mittlere Management könnte abgespeckt werden, und die Führungskräfte könnten uns dann helfen, neue Märkte zu finden oder neue Produkte zu entwickeln. Einige unserer mittleren Manager haben großes Talent, und es ist eine Schande, daß sie nur Papier hin- und herschieben.»

4. *Inwiefern würden sich Ihre Vergütungsysteme verändern?* «Die Leute würden auch auf der Basis ihrer Ergebnisse und nicht nur ihrer Position bezahlt. Das wird vielen bestimmt nicht passen.»

5. *Welche Partnerschaften würde Ihr Unternehmen eingehen?* «Wir wären mit alternativen Geschäftsmethoden besser bedient. Für uns wäre vieles einfacher, wenn wir einige Partner hätten, die unsere Produkte für uns verkaufen.»

6. *Inwiefern würde das Paradigma Ihr Unternehmen erfolgreicher machen?* «Wir wären besser in der Lage, neue Märkte für unsere Produkte zu erschließen. Die Produktentwicklung würde nicht mehr im Bürokratismus ersticken.»

Im Laufe einer solchen Befragung stößt man bis zu den Wurzeln der derzeitigen Kultur vor. Gleichzeitig stellt man sich neue Verhaltensweisen, eine neue Organisationsform und neue Arbeitshaltungen vor. Es ist wichtig, eine Kultur zu visualisieren, in der jede Chance sofort genutzt wird, und in der die Beschäftigen sich stark verbunden fühlen.

Nachdem Sie die Fragen für jedes Paradigma beantwortet haben, können Sie auf der Basis der gewonnenen Erkenntnisse eine Aussage darüber entwickeln, wie Ihre neue Kultur aussehen wird. Diese Aussage sollte positiv formuliert werden und einen emotionalen Appell enthalten, der die Beschäftigten in Ihrem Unternehmen mitreißen wird.

Das folgende Beispiel einer überzeugenden Aussage über die Kultur stammt von Hewlett-Packard. Das Beispiel ist deshalb so bedeutungsvoll, weil Hewlett-Packard seinen Erfolg jahrelang verteidigen und ihn letztlich nur deshalb erringen konnte, weil sich die Beschäftigten der Unternehmensvision voll und ganz verschrieben hatten.

Bei Hewlett-Packard gelten fünf grundlegende Unternehmenswerte, an denen wir uns orientieren, während wir auf unsere gemeinsamen Ziele hinarbeiten:

1. ***Wir vertrauen und respektieren den einzelnen.*** *Wir gehen in jeder Situation davon aus, daß die Menschen gute Arbeit leisten möchten und das auch tun werden, wenn man ihnen die richtigen Werkzeuge und die richtige Unterstützung gibt. Wir möchten leistungsorientierte, innovative Menschen anziehen und erkennen ihre Beiträge zum Unternehmenswohl an. Die Mitarbeiter und Mitarbeiterinnen von HP sind mit Begeisterung bei ihrer Arbeit und partizipieren an den Erfolgen, die sie möglich gemacht haben.*

2. ***Wir konzentrieren uns auf Spitzenleistungen.*** *Unsere Kunden erwarten, daß die HP-Produkte von höchster Qualität und dauerhaftem Wert sind. Um dies zu erreichen, müssen alle Mitarbeiter und Mitarbeiterinnen, insbesondere die Führungskräfte, in der Lage sein, andere zu begeistern und mit ganz besonderem Einsatz für die Befriedigung der Kundenbedürfnisse zu sorgen. Methoden und Führungspraktiken, die heute noch effektiv sind, können schon morgen überholt sein. Damit wir bei allen unseren Aktivitäten an vorderster Front bleiben, sollten die Beschäftigten immer nach neuen und besseren Arbeitsmethoden suchen.*

3. ***Wir führen unser Geschäft mit kompromißloser Integrität.*** *Wir erwarten von unseren Mitarbeitern und Mitarbeiterinnen, daß sie offen und ehrlich sind, um sich das Vertrauen und die Loyalität anderer zu erwerben. Von den Beschäftigten jeder Ebene wird erwartet, daß sie die höchsten Standards der Geschäftsethik einhalten und wissen, daß alles andere völlig unakzeptabel ist. Das ethische Verhalten kann nicht durch schriftliche Vorgaben gewährleistet werden. Vielmehr muß es ein integraler Bestand des Unternehmens sein, eine tief verwurzelte Tradition, die von einer Mitarbeitergeneration an die nächste weitergegeben wird.*

4. ***Wir erreichen unsere gemeinsamen Ziele durch Teamarbeit.*** *Wir erkennen an, daß wir unsere Ziele nur durch eine effektive Zusammenarbeit mit anderen Unternehmen erreichen können. Wir möchten uns weltweit dafür engagieren, die Erwartungen unserer Kunden, Aktionäre und aller anderen, die sich auf uns verlassen, zu erfüllen. Die Arbeit wird ebenso wie die Gewinne unter allen Mitarbeitern und Mitarbeiterinnen aufgeteilt.*

5. ***Wir ermutigen zu Flexibilität und Innovation.*** *Wir schaffen ein Arbeitsklima, in dem die Verschiedenheit unserer Mitarbeiter und Mitarbeiterinnen und ihre unterschiedlichen Ideen gefördert werden. Wir suchen nach übergreifenden Zielen, die klar formuliert und konsensfähig sind, und die den Mitarbeitern und Mitarbeiterinnen noch genügend Freiräume ermöglichen. Sie sind persönlich dafür verantwortlich, ihre Fähigkeiten durch ständige Weiterentwicklung auszubauen. Dies ist im High-Tech-Bereich besonders wichtig, wo der Fortschritt schnell vonstatten geht und wo man von den Beschäftigten erwarten muß, daß sie sich an die Veränderungen anpassen.*

Mittlerweile dürfte deutlich geworden sein, daß Sie derartige Ziele nur erreichen können, wenn Sie in Ihrem Unternehmen tatsächlich ein sehr hohes Maß an Einfluß haben. In den meisten Fällen wird es sogar notwendig sein, die Hilfe Ihrer Kollegen und Kolleginnen in Anspruch zu nehmen, um die kulturellen Veränderungsprozesse voranzutreiben. Indem Sie andere Menschen in die Vision einbeziehen, erweitern Sie auch Ihre Einflußmöglichkeiten.

Strategie 23: Andere in die Vision einbeziehen

Nachdem Sie den ersten Entwurf einer Aussage über die Kultur entwickelt haben, müssen Sie sich die Unterstützung weiterer wichtiger Schlüsselpersonen sichern. Dies ist unumgänglich, weil diese Personen ihre eigenen Kollegen und Mitarbeiterinnen durch den kulturellen Veränderungsprozeß führen werden.

Das Ziel lautet, eine *gemeinsame* Vision Ihrer idealen Unternehmenskultur zu entwickeln. Dazu müssen Sie in gemeinsamer Arbeit eine Aussage formulieren, in der Ihre besten Ideen enthalten sind. Denken Sie daran, daß diese Schlüsselpersonen keine Manager sein müssen. In der Tat sind häufig die einflußreichsten Menschen in einem Unternehmen diejenigen, die beliebt sind und respektiert werden. Der Begriff «Führungspersönlichkeit» bezieht sich auf die Fähigkeit eines Menschen, Veränderungen herbeizuführen und anderen zu helfen, sie zu akzeptieren. Eine Führungspersönlichkeit braucht also nicht unbedingt einen Managertitel. Der ehemalige CEO von Lotus, Jim Manzi, drückte das so aus:

> *Es ist ein Trugschluß zu glauben, daß kulturelle Veränderungen nur aus einer Top-down-Struktur heraus entstehen könnten, oder daß das Topmanagement ein Monopol für gute Ideen hätte.*

Wenn Sie einflußreiche Menschen in einem Unternehmen finden, die sich den geplanten Veränderungen in den Weg stellen, liegt es an Ihnen, sie auf den richtigen Weg zu bringen. Das kann eine schwierige Aufgabe sein. Aber mit etwas Geduld werden Sie feststellen, daß Sie die meisten Zauderer auf Ihre Seite bringen können.

Manchmal ist dazu auch ein gewisses Maß an sanfter Überzeugung notwendig, wie Masayoshi Son, CEO von SOFTBANK, berichtete:

> *Wenn man ein Unternehmen verändert, muß man erklären, von welcher Philosophie und welchen Methoden man sich leiten läßt. Nur dann können die Beschäftigten die neue Kultur allmählich verdauen, und es kann Jahre dauern, bis sie wirklich umgesetzt ist. Die neue Kultur muß den jeweiligen Entwicklungsstand des Unternehmens berücksichtigen. Bei SOFTBANK in Japan haben wir beispielsweise angefangen, zuerst eine Division in kleine Teams zu verwandeln, dann die nächste, und jetzt kommt einem das im gesamten Unternehmen ganz normal vor.*

Zu den wunderbarsten menschlichen Eigenschaften gehört die Fähigkeit, sich anzupassen und zu verändern, und mit Verstand und Gefühl neue Umgebungen zu schaffen. Selbst der konservativste Unternehmensbürokrat sehnt sich danach, Freude und Begeisterung bei seiner Arbeit zu empfinden. Und jeder Mensch arbeitet gerne in einer Atmosphäre, in der er mit Respekt behandelt wird.

Manchmal müssen Sie auch kreativ sein, um einen besonders sturen Menschen dazu zu bewegen, die positiven Seiten eines kulturellen Wandels zu sehen.

Neulich arbeitete ich mit einem Manager zusammen, der den traditionellen Denkweisen sehr verhaftet war. Wie so viele Beschäftigte der traditionellen Unternehmen des Industriezeitalters intrigierte der Manager gerne, stellte Fallen und hatte eine sehr distanzierte Einstellung zu seiner Arbeit. Bevor ich ihn als einen Unbelehrbaren abschreiben wollte, erfuhr ich aus einigen beiläufigen Bemerkungen, daß sein Lieblingshobby das Segeln war. Es gab für ihn keinen glücklicheren Augenblick als den, sich der Unvorhersehbarkeit der Winde auszusetzen und alles loszulassen. Das war seine Art, einer Arbeit zu entfliehen, die er haßte, und einen Arbeitsstil zu vergessen, der ihn zum Verrat seiner eigentlichen Natur gezwungen hatte, die sich durch Ehrlichkeit, Mut und Direktheit auszeichnete. Diesen persönlichen Äußerungen war es zu verdanken, daß ich mich schließlich traute, das Thema der neuen Paradigmen anzusprechen. Ich wies darauf hin, daß das Geschäftsleben auf den heutigen schnellebigen Märkten viele Ähnlichkeiten mit dem Segeln aufweise. Um erfolgreich zu sein, müsse er seinen Freiheitsdrang einbringen und sich dem Wind des Wandels überlassen. Bald entspannte er sich in seinen Meetings zusehends und nahm die Dinge leichter.

Ich habe Präsentationen, Vieraugengespräche, Memos, E-Mails, Berichte und Videos verwendet, um die Notwendigkeit der kulturellen Weiterentwicklung zu predigen. Unabhängig von den eingesetzten Medien sollten Sie aber dafür sorgen, daß alle Beschäftigten über das entsprechende Material verfügen, um mitreden zu können. Sie sollen ermutigt werden, den Veränderungsprozeß zu diskutieren und ihre Meinung dazu zu sagen. Selbst wenn der Tenor der Gespräche skeptisch ist, trägt alleine schon das Reden dazu bei, alte Gewohnheiten aufzuweichen, die den Experimenten mit dem Neuen im Weg stehen.

Der wichtigste Aspekt bei der Einbeziehung anderer in die Vision ist der, daß man ein Gefühl der Unvermeidbarkeit heraufbeschwört. Sie und Ihre Kollegen müssen vermitteln, daß die Veränderung nicht nur das langfristige Überleben Ihres Unternehmens sichert, sondern sich auch auf den Arbeitsalltag jedes einzelnen positiv auswirkt. Eckhard Pfeiffer formulierte dies folgendermaßen:

> *Letztlich sind es die Menschen, die die Dinge geschehen lassen. Das sagen wir immer, aber manchmal vergessen wir es auch. Wir tragen die Verantwortung dafür, eine Unternehmensvision zu entwickeln, und wir müssen uns bewußt sein, daß das Wohlergehen des Unternehmens in unseren Händen liegt. Die Vision muß durch langfristige Strategien und Ziele unterstützt werden, und man muß sie im Alltag umsetzen. Und vergessen Sie dabei niemals, daß ihre Konkurrenten genau dasselbe tun!*

Sie haben nun Ihre derzeitige Kultur bewertet, die Vision einer neuen und flexibleren Kultur entwickelt und sich der Unterstützung Ihrer Kollegen und Kolleginnen versichert, um eine gemeinsame Zukunftsvision zu entwickeln. Herzlichen Glückwunsch! Im nächsten Kapitel erfahren Sie, wie Sie diese Vision in die Realität umsetzen.

9 Die Fesseln der alten Kultur sprengen

Auch wenn eine Vision noch so mitreißend sein mag, sind die meisten Unternehmen doch tief in ihren alten Gewohnheiten verwurzelt. Sie haben eine gewisse Trägheit entwickelt. Selbst diejenigen, die sich Veränderungen wünschen und sie aktiv unterstützen, haben oft Schwierigkeiten, alte Arbeitsmethoden und Verhaltensmuster aufzugeben. Eckhard Pfeiffer, CEO von Compaq, meinte dazu:

> *Auch wenn sich ein Unternehmen seiner Probleme bewußt geworden ist, dauert es noch eine Weile, bis es sich weiterentwickelt und ernsthaft nach Lösungen, neuen Ideen und einer neuen Richtung sucht. Dazu ist sehr viel Kommunikation erforderlich. Mit einem Memo ist es nicht getan, und der Vorgang kann auch nicht auf eine oder zwei Führungsebenen beschränkt werden. Es dauert lange Zeit, bis alle Zweifler und Zauderer überzeugt werden können.*

Vor der Umsetzung kultureller Veränderungen im Unternehmen stehen vier große Hürden:

1. *Verleugnung des Problems.* Es ist nicht ungewöhnlich, daß einzelne Mitarbeiter und sogar ganze Unternehmen, die unter Streß stehen, alle Schwierigkeiten und Probleme schlichtweg abstreiten. Sie setzen sich über wichtige Marktdaten hinweg, weil deren Implikationen Veränderungen unumgänglich machen würden.

2. *Skepsis gegenüber dem kulturellen Wandel.* Menschen, die ihr ganzes Berufsleben in traditionell geführten Unternehmen verbracht haben, stehen meist jedem Veränderungsprozeß mit Skepsis gegenüber. Dies trifft ganz besonders dann zu, wenn sie schon andere Veränderungprogramme erlebt haben (Reengineering, Total Quality Management etc.), die scheiterten, weil sie in Widerspruch zur existierenden Kultur standen.

3. *Veraltete Sprachmuster.* Die sprachlichen Gepflogenheiten in einem Unternehmen sind oft ein guter Indikator dafür, wie sich die Mitarbeiter und Mitarbeiterinnen bestimmten Problemen nähern. So haben Unternehmen mit einer stark militärisch geprägten Terminologie Schwierigkeiten, sich vom Paradigma Geschäftsleben = Krieg zu lösen, selbst wenn sie verstandesmäßig längst eingesehen haben, daß es überholt ist.

4. *Veraltete Regeln und Methoden.* Strukturen, Regeln, Vorschriften und Richtlinien müssen zumeist aufgegeben und durch ein neues Fundament ersetzt werden, auf dem die neue Kultur gedeihen kann. Andernfalls werden die alten Regeln und Methoden den Wachstumsprozeß blockieren.

In diesem Kapitel werden Strategien aufgezeigt, um diese Hindernisse zu überwinden. Zuvor soll aber noch am Beispiel der Wang Laboratories, die nach einer beispiellosen Talfahrt wieder wie Phönix aus der Asche stiegen, die gelungene Erneuerung einer Unternehmenskultur beschrieben werden.

Fallstudie: Die Wiedergeburt von Wang

Wang Laboratories gehörte zu den traditionellen Computerherstellern, die die Entwicklung im PC-Bereich zunächst ignorierten. Wie die anderen traditionellen Hersteller verschloß Wang jahrelang die Augen vor der Bedeutung des PCs für die Computerbranche.

Wangs Niedergang war das unvermeidliche Ergebnis einer Unternehmenskultur, die den Anforderungen der am schnellsten wachsenden Branche der Welt in keiner Weise gerecht wurde. Die Merkmale der heutigen Computerbranche sind kurze Produktzyklen, ein rapider Preisverfall, miteinander konkurrierende Vertriebskanäle und die völlige Unvorhersehbarkeit der Marktentwicklung. In einem solchen Umfeld haben nur diejenigen Unternehmen eine Chance, die extrem schnell reagieren können. Dazu brauchen sie Organisationsstrukturen und Prozesse, die flexibel sind und eine schnelle Anpassung erlauben.

Die alten Wang Laboratories stellten das genaue Gegenteil dar. Gegründet von einem Autokraten, war Wang wie ein kaiserlicher Hof organisiert. Der Konzern wurde durch eine komplizierte Hierarchie von Bürokraten massiv geschwächt, die alle danach strebten, ihr Terrain zu verteidigen. Zwischen internen Fraktionen tobten erbitterte Kämpfe um Macht und Einfluß.

Währenddessen veränderte sich jedoch die Computerbranche mit Lichtgeschwindigkeit. Die Produkte von Wang waren bald weit abgeschlagen, und es begann eine lange und auszehrende Phase des Niedergangs. Eine Entlassungswelle jagte die nächste. Die zahllosen Umstrukturierungen und der Personalabbau beanspruchten die Aufmerksamkeit der Manager weit mehr als die Produkte und Kunden. Schließlich mußte Wang Konkurs beantragen. Die Aktie, einstiger Liebling der Wall Street, wurde praktisch wertlos.

Dieser Abstieg forderte einen enormen Tribut von den Ingenieuren, Marketingmitarbeitern, Verkäufern und anderen Angestellten, die das Fundament des Konzerns bildeten. Viele der talentiertesten Mitarbeiter und Mitarbeiterinnen wechselten zu anderen Firmen. Diejenigen, die blieben, hegten einen enormen Groll gegenüber dem Management, dessen Machtkämpfe und eklatante Führungsschwächen ein einst starkes Unternehmen in den finanziellen Ruin getrieben hatten.

Aber Wang verfügte zumindest über den Vorteil, daß es nun nicht mehr tiefer sinken konnte. Die verbleibenden Unternehmensmitglieder wußten, daß sich irgendetwas verändern mußte.

Heute präsentiert sich Wang mit einem völlig neuen Gesicht, nämlich als Software-Unternehmen. In gewisser Hinsicht war es das schon immer gewesen. Wang hatte sich durch die exzellente Software für seine Textverarbeitungsgeräte einen Namen in der Branche geschaffen und war bekannt für innovative Softwareprodukte für Büroanwendungen. Erst der Schock des Konkurses ermöglichte es Wang, seine wahren Stärken zu erkennen. Wang gab neue Aktien heraus und fand neue Investoren. Der Konzern verwandelte sich von einem praktisch erledigten Hardwareanbieter in ein interessantes Softwarehaus mit den besten Aussichten auf zukünftiges Wachstum.

Zu den Führungskräften, die eine zentrale Rolle bei diesem erstaunlichen Turnaround spielten, gehörte Dan Cerutti, der in diesem Buch schon zitiert wurde. Man könnte Dan als professionellen Bilderstürmer bezeichnen. Bei IBM, wo er für die Software der Workstations zuständig war, trat er als wortgewaltiger Gegner der Kleiderordnung von Big Blue auf. Er trotzte jeder Konvention, indem er selbst bei Kundengesprächen Jeans trug. Dan verließ IBM und ging als Vice President für Software zu Wang, wo er eine der Schlüsselfiguren für den kulturellen Wandel war. Schließlich gründete er Amulet, sein eigenes Softwareunternehmen, um Software für das Internet zu entwickeln.

Mein Gespräch mit Dan fand statt, als er noch als Vice President bei Wang fungierte und der kulturelle Umbau in vollem Gang war. Dan erzählte mir, wie er und seine Kollegen und Kolleginnen das Unternehmen veränderten:

> *Wir haben bei Wang eine kulturelle Revolution durchgeführt. Ich glaube nicht, daß [der ehemalige CEO] Miller wirklich wußte, wie tiefgreifend die Veränderungen sein mußten. Aber mittlerweile haben die Beschäftigten die Denkweisen des Informationszeitalters völlig verinnerlicht, und sie haben den aufrichtigen Wunsch, ein neues Wang zu schaffen. Ich nehme dabei eine Extremposition ein und gebe das auch gerne zu. Ich habe mir das Ziel gesetzt, die Kultur neu aufzubauen und keinen Stein auf dem anderen zu lassen.*

Dan entwickelte gemeinsam mit den anderen Mitgliedern des Managements das Bild eines erneuerten Unternehmens, das mehr Ähnlichkeiten mit Microsoft hatte als mit dem Hardwarehersteller, der es einmal gewesen war. Mit ihrer Vision konnten sie die verbliebenen Mitarbeiter und Mitarbeiterinnen begeistern, und sie war auch überzeugend genug, um neue Talente anzuziehen. Die Investoren sprangen auf den Zug auf. Zwei Wagniskapitalgeber legten ein Angebot über 55 Millionen Dollar auf den Tisch, um Starthilfe zu leisten. Die Beschäftigten erhielten spezielle Gründeraktien, so daß es potentiell lukrativ war, bei Wang zu arbeiten.

Das Management fand Mittel und Wege, um das Unternehmen aus seiner Selbstgefälligkeit herauszureißen. Die neuen Mitarbeiter und Mitarbeiterinnen trugen mit ihren Erfahrungen viel dazu bei, den neuen Weg zu verfolgen. Dan Cerutti meinte dazu:

Wir mußten frisches Blut hereinholen, aber natürlich auch nicht zu viel. Ein Drittel ist meiner Erfahrung nach das Maximum, das ein Team verkraften kann. Fünfzig Prozent neue Leute schaffen zu viel Verwirrung. Aber wenn von drei Mitarbeitern zwei schon in der Vergangenheit mit dem Unternehmen verbunden waren, dann ist das genau richtig, wie sich herausgestellt hat.

Auch das fein gesponnene Netz von Managementprivilegien wurde aufgelöst, das den Beschäftigten das Gefühl gab, Bürger zweiter Klasse zu sein. Der Fahrstuhl für die Führungskräfte, der direkt in die Etage des Topmanagements fuhr, wurde in einen normalen Fahrstuhl verwandelt. Auch einige Veranstaltungen wurden durchgeführt, die ein Zeichen für das neue Wang setzen sollten. Dan Cerutti nannte folgendes Beispiel:

Wir veranstalteten einfach eine Art Betriebsfest auf dem Parkplatz. Wir hatten einen Wasserbehälter aufgestellt und spielten ein Spiel, bei dem selbst die oberen Führungskräfte nicht darum herumkamen, naßgemacht zu werden. Die Beschäftigten waren begeistert. Sie warfen Bälle auf die Bosse, um sie ins Wasser zu befördern. Es war eine tolle Erfahrung für alle, die früher niemals möglich gewesen wäre.

Auch der Umgang der Beschäftigten untereinander veränderte sich. Dan Cerutti erklärte:

So wichtig wie die sichtbaren großen Schritte waren auch die kleinen Veränderungen im Alltag. Wir erkannten den Beitrag der Mitarbeiter und Mitarbeiterinnen zum Unternehmenserfolg an und machen das auch deutlich. Umgekehrt respektieren sie, daß das Management das Recht, ja die Pflicht hat, Entscheidungen zu treffen.

Wangs Wandlung vom «größten Fehlschlag in der Computerbranche» (wie es ein Branchenanalyst ausdrückte) zum milliardenschweren neuen Unternehmen beweist, daß eine fundamentale kulturelle Erneuerung nicht nur möglich, sondern auch auch praktisch durchführbar ist. Wenn es selbst einem konkursreifen Konzern gelang, sich selbst zu erneuern, dann ist es in jedem anderen Unternehmen grundsätzlich ebenso möglich.

An der Unternehmensgeschichte von Wang lassen sich vier Strategien ablesen, wie man Hindernisse vor dem kulturellen Wandel überwinden kann.

Hindernis	Strategie
Verleugnung des Problems	Direkte Konfrontation
Skepsis gegenüber dem kulturellen Wandel	Heilige Kühe opfern
Veraltete Sprachmuster	Erneuerung des Vokabulars
Veraltete Regeln und Methoden	Stärkung der neuen Kultur

Strategie 24: Direkte Konfrontation

Wie schon erwähnt, behindert nichts die Weiterentwicklung eines Unternehmens mehr als die sture Leugnung aller Krisen und Probleme. In einem solchen Fall ist es unmöglich, Fakten und Gegebenheiten zu bewerten. Eckhard Pfeiffer, CEO von Compaq, äußerte sich dazu:

> *Man muß den Prozeß der Verleugnung durchbrechen, was gar nicht so einfach ist, weil er ja im Unterbewußtsein abläuft. Man ist einfach gewohnt, in diesen Bahnen der Verleugnung zu denken. Deshalb prüfe ich mich jeden Tag. Ich frage immer: Geschieht im Unternehmen irgendetwas, wovor wir die Augen verschließen? Gibt es Dinge, die wir nur deshalb tun, weil wir es so gewohnt sind? Man muß immer darauf gefaßt sein, zur Schlußfolgerung zu gelangen, daß man nicht mehr die richtige Strategie, das richtige Produkt, die richtige Kostenstruktur, das richtige Vertriebskonzept, die richtigen Allianzen oder die richtige Technologie hat.*

Ein gutes Beispiel dafür, wie sehr der Verleugnungsprozeß die betroffenen Unternehmen schwächt, sind die amerikanischen Automobilhersteller. Wie lange hat es gedauert, bis sie auf die Nachfrage der Verbraucher nach zuverlässigen Autos reagierten, die nicht mehr Unmengen von Benzin schluckten? Zehn Jahre? Oder waren es 15 Jahre? Auch IBM ist ein unrühmliches Beispiel. IBM fuhr 1991 die ersten großen Verluste der Firmengeschichte ein. Damals schrieb der CEO John Akers das Problem der «schwierigen Konjunkturlage» zu, obwohl Firmen wie Microsoft und Intel im gleichen Jahr ein gigantisches Wachstum verzeichneten. IBM verlor im Laufe von drei Jahren 15 Milliarden Dollar, bis das Management endlich einräumte, daß das Problem bei IBM und nicht bei der Konjunkturlage zu suchen war. Die hohen Verluste hätten vermieden werden können, wenn sich das Management von Anfang an der Realität gestellt hätte.

Meist fällt es gerade den erfolgreichsten Unternehmen am schwersten zuzugeben, daß ihre gewohnten Strategien und Methoden überholt sind. So wie IBM warten sie dann so lange ab, bis sie keine andere Wahl mehr haben als Veränderungen vorzunehmen. Bevor sie aber deren Notwendigkeit einsehen, haben sie schon massive Verluste eingefahren, scharenweise Personal entlassen und vielleicht sogar den Konkurs herbeigeführt. Manchmal ist es dann auch schon zu spät. Der CEO von Compaq, Eckhard Pfeiffer, sagt über die Bereitschaft zum Wandel:

> *Es ist leichter, es zu schaffen [Veränderungen herbeizuführen], wenn man sich in einer Krise befindet. Wirklich schwierig ist es jedoch, wenn die Geschäfte auf Hochtouren laufen und jeder bis zum Hals in Arbeit steckt. Auch dann muß man sich stets fragen: Bemerken wir die Anzeichen für die Veränderungen, die sich in dieser Branche so schnell vollziehen? Haben wir schon den nächsten Produktzyklus im Auge, oder auch den übernächsten?*

Die Fehler von Digital Equipment zu Beginn der neunziger Jahre sind ein weiteres gutes Beispiel dafür, wie teuer es werden kann, die Augen vor der Branchenentwicklung zu verschließen. Alle Anzeichen deuteten unmißverständlich darauf hin, daß dezentral organisierte Unternehmen mit autonomen, produktorientierten Teams (wie Microsoft, HP, Novell) effektiver waren als zentralisierte, monolithische Unternehmen (wie IBM und Digital). Trotzdem bestand die erste wichtige Maßnahme, die Bob Palmer bei seiner Amtsübernahme als CEO durchführte, darin, Digital weiter zu zentralisieren. Er stärkte die Macht der Bürokratie in der Zentrale, indem er eine Organisation nach Branchenkategorien vornahm. Dies schien den Niedergang von Digital weiter zu beschleunigen anstatt das Unternehmen in die Gewinnzone zurückzuführen.

1995 hatte Digital seine Philosophie schon etwas geändert. Die zentrale Organisation der alten Tage wurde durch einen lockeren Zusammenschluß von Bereichen ersetzt, die verschiedene Marktsegmente ansprachen. Im wesentlichen war dies ein Versuch, die Organisation in autonome Divisionen nachzuahmen, die bei HP so gut funktionierte. Prompt besserte sich die finanzielle Misere von Digital, und das Unternehmen schrieb bald wieder schwarze Zahlen. Allerdings konnte diese Richtungsänderung nur unter großen Mühen erreicht werden, weil einflußreiche Kräfte bei Digital Equipment hartnäckig abstritten, daß die zentralen Strukturen des Unternehmens ein großer Schwachpunkt waren.

Welche Möglichkeiten gibt es nun, den Prozeß der Verleugnung zu beenden? Das Unternehmen insgesamt sowie die einzelnen Mitglieder müssen der Wahrheit ins Auge sehen. Diese Konfrontation mit der Realität kann durch einen ehrlichen, detaillierten Bericht erfolgen, in dem die Schwächen des Unternehmens erläutert und ihre Verflechtung mit der aktuellen Kultur aufgezeigt werden. Schon daran wird grundsätzlich deutlich, daß die Kultur sich verändern muß, wenn das Unternehmen wieder auf Erfolgskurs gebracht werden soll.

Die Erstellung und Präsentation dieses Berichts darf nicht Sache eines einzelnen sein, so wie auch die neue Kultur nicht von einer einzigen Person vorgegeben werden sollte. Dieser Punkt ist sehr wichtig, denn sonst besteht die Gefahr, daß wie im alten Griechenland der Überbringer einer schlechten Nachricht für ihren Inhalt verantwortlich gemacht wird. Sind aber mehrere Personen daran beteiligt, stehen nicht sie selbst im Mittelpunkt, sondern die von ihnen angesprochenen Probleme.

Um diese Strategie umzusetzen, listen Sie die Mißerfolge auf, die das Unternehmen in den vergangenen drei Jahren erlebt hat. Dann führen Sie für jeden Mißerfolg die Aspekte der aktuellen Kultur auf, die dazu beigetragen haben. Die folgenden Beispiele illustrieren dies:

- Es ist uns dreimal mißlungen, eine Partnerschaft mit einem wichtigen Vertriebspartner einzugehen. Ursache: Unsere Bürokratie arbeitete zu langsam, weil die Leute Angst hatten, eine falsche Entscheidung zu treffen.
- Wir haben ein wichtiges Produkt nicht rechtzeitig auf den Markt gebracht, oder das Budget nicht eingehalten. Ursache: Für jede Korrektur, die im Verlauf der Entwicklung notwendig war, mußten wir komplizierte Begründungen schreiben und zahllose Genehmigungen einholen.
- Unsere Division fährt ständig Verluste ein, weil wir die Gemeinkosten nicht reduzieren oder den Umsatz nicht steigern. Ursache: Wir kümmern uns nicht um neue Chancen, weil unsere Herstellungs- und Vertriebsmethoden phantasielos und reglementiert sind.

Auf der Basis der Erkenntnisse, die Sie beim Erstellen dieser Liste gewonnen haben, arbeiten Sie nun eine Präsentation aus, in der Sie eine direkte Verbindung zwischen der aktuellen Kultur und den Mißerfolgen des Unternehmens herstellen. Arbeiten Sie dabei mit Kollegen und Kolleginnen zusammen, die den Prozeß des kulturellen Wandels schon unterstützen.

Sie sollten dabei nicht vergessen, daß Emotionen bei Veränderungsprozessen stets eine wichtige Rolle spielen. Immerhin verlangen Sie von den Beschäftigten, die Sie mit Ihrer Präsentation ansprechen, daß sie neue Denkweisen entwickeln, betriebliche Aspekte neu bewerten und sich entsprechende neue Verhaltensweisen aneignen. Dies fällt manchen Mitarbeitern und Mitarbeiterinnen sicher schwer, vor allem denjenigen, die vom Paradigma Veränderungen = Gefahr geprägt sind. Sie lassen sich nicht gerne auf Mißerfolge hinweisen und tun lieber so, als sei alles in bester Ordnung. Aber genau dies dürfen Sie nicht zulassen. Nach meiner eigenen Erfahrung gibt es drei wichtige Regeln, die man befolgen sollte, wenn man das Phänomen der Verleugnung anspricht:

1. *Werden Sie nie persönlich!* Machen Sie ganz deutlich, daß die Probleme des Unternehmens nicht von einzelnen Mitarbeitern und Mitarbeiterinnen verursacht wurden, sondern durch die Kultur und die Methoden des Unternehmens. Damit vermeiden Sie unnötige Ängste und fördern die Offenheit gegenüber Ihren Vorschlägen.

2. *Vergessen Sie den Humor nicht!* Suchen Sie nach Mitteln, um eine entspannte Atmosphäre zu schaffen. Setzen Sie Cartoons ein, um Ihre Botschaft zu vermitteln. Je mehr Spaß die Beschäftigen mit dem Veränderungsprozeß assoziieren, desto bereitwilliger werden sie ihn auch akzeptieren.

3. *Zeigen Sie konkrete Wege auf!* Schlagen Sie Alternativen zu den derzeitigen – erfolglosen – Methoden vor. Geben Sie die Richtung an, in die sich die Unternehmenskultur Ihrer Meinungen nach entwickeln sollte. Sie wollen ja nicht erreichen, daß Ihr Publikum völlig beschämt von dannen zieht, sondern daß es sich für die vorgeschlagenen Veränderungen aufrichtig begeistert.

Vor kurzem war ich für ein High-Tech-Unternehmen tätig, das eine Werbekampagne für eine neue Produktkategorie entwickeln wollte. Dies wäre an sich keine schwierige Aufgabe gewesen – tägliches Marketinghandwerk –, aber das Unternehmen stand unter der eisernen Leitung eines autokratischen Chefs.

Die Lage wurde weiter erschwert, weil jeder Mitarbeiter mehr als nur einem Vorgesetzten unterstellt war. Dieses «Matrixmanagement» sollte die Teamarbeit fördern, führte jedoch nur dazu, daß niemand sich mehr für etwas verantwortlich fühlte und niemand über Erfolge und Mißerfolge Rechenschaft ablegen konnte. Unter diesen Umständen waren nur wenige Beschäftigte motiviert, sich durch echten Arbeitseinsatz hervorzutun.

Natürlich waren dies nicht gerade ideale Voraussetzungen, um neue Produkte effektiv zu vermarkten, denn dazu sind immerhin Engagement und Anpassungsfähigkeit erforderlich. Meine Aufgabe bestand nun darin, einem kleinen Bereich dieses reglementierten Unternehmens ein Feuerwerk an Aktivitäten zu entlocken. Zunächst einmal mußte das Marketingteam begreifen, daß «Business as usual» in diesem Fall nicht funktionieren würde. Dazu mußte ich sie dazu bewegen, sich mit ihren derzeitigen Methoden auseinanderzusetzen. Ich beschäftigte mich mit der Vergangenheit des Unternehmens und stieß auf mehrere Fälle, in denen Projekte, die mit der anstehenden Aufgabe vergleichbar waren, gescheitert waren.

Dann erstellte ich eine Vorlage, auf der ich diese Mißerfolge detailliert beschrieb. Schließlich stellte ich dem Marketingteam drei Fragen:

1. Was wird Ihrer Meinung nach geschehen, wenn wir dieselben Methoden wieder anwenden?
2. Warum sollten wir nicht mal etwas anderes ausprobieren?
3. Was haben wir zu verlieren?

Es war auf diese Weise gar nicht notwendig, in komplizierte Fragen der Unternehmenskultur einzutauchen. Ich stellte lediglich eine Verbindung zwischen dem Status quo und den Mißerfolgen her. Mit meinen drei Fragen eröffnete ich die Möglichkeit neuer Verhaltensmuster, damit das Team anfangen konnte, sich positivere Methoden vorzustellen.

Bei der Präsentation reagierten einige Anwesende sehr emotional auf die Frage: «Was haben wir zu verlieren?» Sie fürchteten um ihren Arbeitsplatz, wenn sie nicht alle Regeln befolgten, auch wenn diese Regeln zum Mißerfolg führten. Ich erstellte daher eine weitere Vorlage mit der Überschrift: «Was will unser Team erreichen?» Darunter listete ich drei Grundsätze auf, an denen unsere Aktivitäten im Rahmen der Kampagne gemessen werden sollten:

1. Wir werden eine Weltklassekampagne durchführen.
2. Wir werden unsere Karriere fördern, indem wir Neues ausprobieren.
3. Wir werden eine Menge Spaß haben.

Auch dieser Schritt war eigentlich sehr einfach. Die Angst vor dem Verlust des Arbeitsplatzes wurde durch den Grundsatz aufgefangen, daß man sich langfristig nur dann auf dem Arbeitsmarkt behaupten kann, wenn man neue Fähigkeiten erwirbt. Dazu mußten die Teammitglieder bereit sein, Neues auszuprobieren.

Mit dieser einfachen Präsentation konfrontierte ich das Team mit seinen Verleugnungsmechanismen, während ich es gleichzeitig dabei unterstützte, sich mit besseren und möglicherweise erfolgreicheren Verhaltensweisen auseinanderzusetzen. Schließlich entwickelte das Team die erfolgreichste Marketingkampagne der Unternehmensgeschichte. Die Kampagne gewann einen internen Marketingpreis und brachte die Karriere der Teammitglieder voran, die neue Fähigkeiten erworben hatten. Dieses Beispiel zeigt, daß kulturelle Veränderungen nicht immer von der Spitze ausgehen müssen, sondern durchaus auch von der Basis initiiert werden können.

Strategie 25: Heilige Kühe opfern

Alte Gewohnheiten sind zäh. Auch wenn das ganze Unternehmen schon hellauf begeistert von der Aussicht auf eine neue Kultur ist und sich den Fehlern der Vergangenheit gestellt hat, sind die alten Verhaltensweisen noch längst nicht überwunden. Ich nenne diese tief verankerten Verhaltensmuster gerne «heilige Kühe», weil sie – wie die Kühe in Indien – unantastbar sind.

Zu den heiligen Kühen bei Wang gehörte beispielsweise die Unterwürfigkeit, mit der das Management behandelt werden wollte. Dies war ein Relikt aus der einst extrem autokratischen Unternehmenskultur. Auf dem obenerwähnten Betriebsfest wurde diese heilige Kuh geschlachtet, als die Mitarbeiter sich durch den Rang der Manager nicht einschüchtern ließen und sie ins Wasser beförderten.

Eine heilige Kuh zu opfern, ist dies in der Regel ein sehr drastischer Vorgang. Wenn man zu sanft vorgeht, verfehlt man leicht das Ziel, die Verhaltensmuster ein für alle Mal zu zerschlagen. Es handelt sich um einen Akt der Zerstörung, aus dem etwas Neues entsteht. Dies wird auch im folgenden Beispiel deutlich, in dem ein einzelner einen großen Einfluß auf die ganze Unternehmenskultur ausübte.

Der Vorfall fand in einem Softwareentwicklungscenter statt, das weitab von der Zentrale eines Großrechnerherstellers lag. Etwa 100 Programmierer hatten Tag und Nacht an einer sehr komplizierten Software gearbeitet. Aus heiterem Himmel beschloß das Topmanagement, einen neuen Direktor für das Center zu ernennen, der in der Zentrale ausgebildet worden war.

Die Entscheidung hätte zu keinem ungünstigeren Zeitpunkt verkündet werden können. Es hatte schon immer eine gewisse Spannung zwischen dem Entwicklungscenter, in dem viele Nonkonformisten vertreten waren, und der Zentrale, in der alles streng nach alter Schule ablief, geherrscht. Schnell entstanden Gerüchte: «Das Entwicklungscenter soll geschlossen werden», «Das Projekt soll abgebrochen werden», «Jeder muß eine Krawatte tragen», und anderer Klatsch machte die Runde.

Ein Programmierer der oberen Ebenen verließ sogar das Unternehmen und sorgte dafür, daß jeder den Grund dafür erfuhr, nämlich seine Unzufriedenheit mit dem Wechsel im Management. Prompt entstanden weitere Gerüchte, und die Ungewißheit unter den Beschäftigten wurde immer größer. Der ehrgeizige Termin für die Auslieferung der Software wurde vergessen, und die Arbeit am Softwareprojekt kam zum Stillstand. Eine Delegation aus der Zentrale sollte das Entwicklungscenter besuchen, um den neuen Direktor offiziell in sein Amt einzuführen. In den Köpfen der Programmierer war dies der Anfang vom Ende.

Einer der Programmierer jedoch ließ sich durch all das Durcheinander nicht aus der Ruhe bringen. Er war der Projektleiter und trug die Verantwortung für die fristgemäße Fertigstellung des Softwareprojekts. Aus seiner Sicht hatte der neue Direktor herzlich wenig mit seinem Ziel zu tun, die Software rechtzeitig fertigzustellen und die Kunden zufriedenzustellen, die auf die Auslieferung warteten. Er versuchte deshalb, seine Mitarbeiter zu überzeugen, daß sie ihre Arbeit wie gewohnt fortsetzen sollten, doch vergeblich.

Aus Frustration mietete der Projektleiter schließlich ein Gorillakostüm – einen schwarzen Fellanzug mit schwarzen Gummihänden und -füßen. Dieses Kostüm brachte er an dem Tag mit zur Arbeit, an dem die Delegation aus der Zentrale kommen sollte. Er wartete, bis die Führungskräfte sich alle im Konferenzraum niedergelassen hatten. Dann zog er den Gorillaanzug an und kam in seiner ganzen haarigen Pracht aus den Toilettenräumen. Er lief durch die Flure und ignorierte dabei mutig die offenen Münder seiner Mitarbeiter und den Schrei einer Sekretärin, die ihm über den Weg lief. Er marschierte schnurstracks zum Konferenzraum, öffnete die Tür und trat ein.

Zwölf Manager starrten ihn fassungslos an. Knurrend und wilde Laute ausstoßend stapfte er um den Konferenztisch herum und lieferte eine hervorragende Imitation eines verärgerten Gorillas. Dann verließ er den Raum, ohne ein Wort zu sagen, kehrte in sein Büro zurück und schlüpfte wieder in Jeans und T-Shirt.

Nach diesem Vorfall geschahen drei Dinge. Erstens vergaßen die Programmierer alles, was sie über die bevorstehenden Neuerungen gehört hatten und kehrten lachend an ihre Arbeit zurück. Zweitens merkte der neue Direktor, das in diesem Center andere Regeln als in der Zentrale galten. Drittens beschloß die Delegation, das Entwicklungscenter in Zukunft nach Möglichkeit in Frieden zu lassen.

Der Coup des Projektleiters wurde schließlich zu einer Legende. Mit einer einzigen aufsehenerregenden Aktion hatte der Projektleiter dafür gesorgt, daß die Software rechtzeitig fertiggestellt wurde, und dieses Ziel war für das Unternehmen weit wichtiger als eine Veränderung im Organigramm.

Ebenso wichtig war, daß der Auftritt des Managers als Gorilla die Kultur des Entwicklungscenters veränderte. Er räumte mit einem Gedanken auf, der in vielen Organisationen verbreitet ist, daß nämlich die interne Politik, nicht aber die Produkte über den Erfolg bestimmen. Er schlachtete also eine heilige Kuh. Ich will mit diesem Beispiel nicht sagen, daß Sie sich nun schleunigst ein Gorillakostüm zulegen sollten. Aber ich will deutlich machen, daß einzelne Mitarbeiter und Mitarbeiterinnen durchaus in der Lage sind, die Kultur eines Unternehmens zu ändern. Dazu gehören Mut und die Bereitschaft, auch ungewohnte Schritte zu tun.

Heilige Kühe können dann am besten geopfert werden, wenn dieser Prozeß auch gewisse humorvolle Elemente aufweist. So war ich einmal für ein Unternehmen tätig, in dem es an der Tagesordnung war, daß man sich in Besprechungen ereiferte und angriff. Dadurch entwickelte sich fast jedes Meeting früher oder zu später zu einem reinen Schlagabtausch. Diese Gewohnheit war eine heilige Kuh, die enorm viel Energie verschlang, ohne einen spürbaren Nutzen zu bringen.

Es war mir klar, daß die heilige Kuh geopfert werden mußte, wenn das Team effektiver werden sollte. Beim nächsten Meeting wartete ich, bis die Anwesenden wieder anfingen, sich verbal zu attackieren. Dann holte ich eine PEZ-Figur heraus. (PEZ-Figuren sind kleine längliche Behälter gefüllt mit Bonbons, an deren oberem Ende jeweils der Kopf einer Zeichentrickfigur sitzt). Ohne ein Wort zu sagen, nahm ich mir ein Bonbon von der PEZ-Figur und aß es. Dann steckte ich das bunte Plastikspielzeug wieder in die Tasche.

Diese Handlung war so ungewöhnlich und unpassend, daß die Anwesenden ihren Ärger erst einmal vergaßen. Sie nahmen ihre Diskussion wieder auf, aber mit einer größeren Gelassenheit. Doch bald darauf erhitzten sich die Gemüter erneut. Wieder zog ich die PEZ-Figur heraus, aber dieses Mal hielt ich sie meinem Nachbarn hin und fragte ihn (mit ganz ernster Stimme): «Möchten *Sie* auch ein PEZ haben?» Einige der Anwesenden lachten, und das Meeting wurde fortgesetzt. Mittlerweile hatte sich die ganze Atmosphäre verändert. Die Anwesenden sahen ständig in meine Richtung um zu sehen, ob ich die PEZ-Figur noch einmal herausholen würde. Als die Teilnehmer sich wieder angriffen, zog ich die

Figur heraus, reichte sie weiter und sagte: «Ich denke, wir alle könnten jetzt ein PEZ gebrauchen.» Der PEZ-Spender wurde herumgereicht und die Manager grinsten linkisch, während sie sich die Bonbons in den Mund steckten.

Von nun brauchte ich nur noch die PEZ-Figur herauszuholen, und die Anwesenden fingen an zu lächeln. PEZ wurde zum geflügelten Wort im Team, das dazu beitrug, daß sich jeder mehr auf den Spaß als auf den Ärger in der Zusammenarbeit konzentrierte. Es war vielleicht nur ein kleiner Sieg, aber er veränderte die Unternehmenskultur und machte sie produktiver.

Heilige Kühe zu opfern ist eher eine Kunst als eine Wissenschaft. Zunächst müssen die heiligen Kühe identifiziert werden. Dann muß man eine Methode finden, um sie in der Öffentlichkeit opfern zu können, damit die emotionale Botschaft verinnerlicht werden kann. Die spezifische Methode hängt vom jeweiligen Unternehmen und von der Natur der heiligen Kühe ab. Doch mit ein wenig Kreativität kann diese Strategie ein effektives Vehikel zur Beschleunigung des kulturellen Wandels sein.

Strategie 26: Erneuerung des Vokabulars

Unternehmen haben, ebenso wie Branchen, ihre eigenen Modeworte, die in Gesprächen, Besprechungen und Aktennotizen verwendet werden. Diese Begriffe reflektieren und stärken die Unternehmenskultur.

Wenn ein Mitarbeiter oder eine Mitarbeiterin von Digital Equipment beispielsweise einen Kunden besuchte, dann hieß das: «mit dem Kunden reden.» Ein Marketingmanager bei Digital beklagte beispielsweise, daß er zu wenig Zeit dafür aufwandte, «auf die Straße zu gehen und mit den Kunden zu reden.» Die Teilnahme an einer Messe wiederum war eine gute Gelegenheit, um «sich vor vielen Kunden zu zeigen und mit ihnen über unsere Produkte zu reden.» Dieser Begriff enthielt eine versteckte Information über die Kultur von Digital. Wenn nämlich die Vertreter von Digital die Kunden besuchten, dann redeten sie immer – und hörten fast nie zu. So reflektierte der Begriff «mit dem Kunden reden» eine gewisse Arroganz, die sich bei Digital entwickelt hatte.

Sie können eine Unmenge von Informationen über die internen Denkweisen eines Unternehmens gewinnen, indem Sie einfach auf die Worte achten, die in einem typischen Meeting häufig verwendet werden. Sobald ich höre, daß ein Manager seine Mitarbeiter als «Armee» oder «Truppen» bezeichnet, weiß ich, daß er – und vermutlich der Rest des Unternehmens – im Paradigma Geschäftsleben = Krieg gefangen ist. Dasselbe gilt für die Paradigmen der Digitalen Elite. Wenn ich höre, daß in einem Meeting über «Marktnischen», den «Aufbau von Geschäftsfeldern» und die «Früchte unserer Investitionen« geredet wird, dann handelt es sich sehr wahrscheinlich um ein Unternehmen, das sich am Paradigma Geschäftsleben = Ökosystem orientiert.

Die Terminologie reflektiert die Kultur aber nicht nur, sondern sie verstärkt sie auch. Jedes Mal, wenn ein Manager davon redet, «die Situation in den Griff zu bekommen», sendet er unterschwellige Signale aus, die dem Paradigma Management = Kontrolle zu noch mehr Einfluß verhelfen.

Wenn Sie also ein Vokabular einführen, das die neue Kultur stärkt und die Loslösung von den alten Gewohnheiten fördert, tragen Sie unmittelbar zur Veränderung des Unternehmens bei.

Eine Methode, die sich in diesem Zusammenhang als sehr effektiv erwiesen hat, ist die Vokabelliste. Darin werden Worte und Begriffe identifiziert, die die alte Kultur symbolisieren, und es werden Ersatzworte vorschlagen, die die neue Kultur unterstützen. Beispiele:

Versagerworte	**Erfolgsworte**
Mit den Kunden reden	Den Kunden zuhören
Eine Schlacht schlagen	Spitzenleistungen anstreben
Das System besiegen	Den Kunden dienen

In einem Unternehmen der Fortune 100 entwarf ich einmal eine einseitige Vokabelliste, die etwa 10 Begriffe enthielt, und teilte die Kopien in einer kleinen Besprechung aus. Ohne daß ich noch etwas zu tun brauchte, wurde die Liste weiter kopiert, und innerhalb von zwei Wochen befand sie sich in allen Büros des Unternehmens, einschließlich des CEO-Büros.

Man kann auch jedem Beschäftigten im Unternehmen eine Kopie der Vokabelliste geben und darum bitten, daß die Versagerworte zehn Tage lang nicht verwendet werden. Sie wären überrascht, wie effektiv das sein kann. Jedes Mal, wenn man im Gespräch innehält, weil man gerade eines der Versagerworte verwenden wollte, trainiert man das Gehirn dazu, neue Denkweisen zu entwickeln. Und jedes Mal, wenn jemand ein Erfolgswort verwendet, hilft das, eine neuere, positivere Kultur zu verankern.

Aber Erfolgsworte können ihre ursprüngliche Bedeutung durch Mißbrauch oder inflationären Gebrauch auch verlieren. Ich habe einmal mit einem Unternehmen gearbeitet, in dem der neue CEO die Mitarbeiter und Mitarbeiterinnen dazu aufforderte, «kundenorientiert» zu sein. Bei einer Präsentation, in deren Verlauf das Wort «Kunde» ständig fiel, fragte ich schließlich, was der Vortragende mit dem Begriff meinte. Es stellte sich heraus, daß der «Kunde» in diesem Fall die eigene Zentrale war. Für den Vortragenden hatte sich der Begriff «kundenorientiert» so verzerrt, daß damit die Konzentration auf die «Unternehmenspolitik» bezeichnet wurde. Der Vortragende hatte ein Modewort verwendet, aber dessen eigentlichen Sinn nicht zur Kenntnis genommen.

Ein neuer Begriff muß einen echten kulturellen Wandel zum Gegenstand haben. Er darf kein Modewort sein, mit dem lediglich der Status quo übertüncht werden soll. Dann kann die Verwendung eines erfolgsorientierten Vokabulars, gekoppelt mit anderen Strategien, den Veränderungsprozeß enorm beschleunigen.

Strategie 27: Stärkung der neuen Kultur

Jeder Versuch, eine Unternehmenskultur zu verbessern, ist zum Scheitern verurteilt, wenn die anderen Prozesse, die im Unternehmen am Werk sind, die alte Kultur weiter verstärken. Der kulturelle Wandel kann zwar den konzeptuellen Rahmen für eine neue Kultur liefern, aber ohne entsprechendes Handeln wird die alte Kultur weiterbestehen. Deshalb müssen Sie unbarmherzig vorgehen, um die alten Verhaltensweisen, Regeln, Strukturen, Verfahren, Bürokratien und andere Elemente der alten Kultur auszumerzen. Dan Cerutti, ehemaliger Vice President bei Wang, sagte über die Notwendigkeit, die alten Methoden immer wieder in Frage zu stellen:

Jeden Tag müssen Sie den Beschäftigten andere Methoden beibringen. Ich stelle alles in Frage. Jemand bespricht mit mir irgendeinen Prozeß und sagt: «Wir müssen dies tun.» Ich frage nur: «Warum?» Wenn die Antwort ungefähr lautet: «Weil wir das hier so tun», dann handelt es sich meist um einen Vorgang, mit dem nur Zeit verschwendet wird. Wenn eine Sache den «Warum»-Test nicht besteht, dann ist sie vermutlich überflüssig. Mit anderen Worten: Es kann sein, daß man nicht mehr weiß, warum man etwas tut, auch wenn es vor 10 oder 15 Jahren einen sehr guten Grund dafür gegeben hat.

Die neue Kultur umzusetzen bedeutet, unermüdlich diejenigen Verhaltensweisen zu unterstützen, mit denen die neue Kultur verstärkt wird. Mike Maples, ehemaliger Executive Vice President bei Microsoft, hat folgenden Rat, wie man eine starke Unternehmenskultur aufbauen kann:

Die Unternehmenskultur ermöglicht Ihnen, eine gemeinsame Richtung zu verfolgen. Sie ist das Glaubenssystem, durch dessen Filter die Leute ihre Handlungen bewerten. Um die Art und Weise zu verändern, wie ein Unternehmen reagiert oder sich verhält, müssen Sie wirklich die Unternehmenskultur verändern. In den meisten Fällen entwickeln sich Unternehmen von einer freieren zu einer strukturierteren Organisation. Die Unternehmer gründen die Firma, aber die Wagniskapitalgeber oder die Aktionäre besetzen das Management dann nach und nach mit Leuten, die kontrollorientierter und prozeßorientierter sind. So hat man immer mehr Kontrolle und mehr Prozesse. Wenn Sie eine kulturelle Veränderung in einem Unternehmen vornehmen wollen, dann müssen Sie genau den umgekehrten Weg gehen. Sie müssen entscheiden, welches die kulturellen Verhaltensweisen sind, für die Sie stehen. Wenn ich ein Unternehmen hätte und die Kultur verändern müßte, würde ich zuerst zusehen, daß ich die aktuelle Kultur genau verstehe. Ich würde den Mitarbeitern und Mitarbeiterinnen ganz genau sagen, welchen Teil der Kultur wir behalten und welchen Teil wir verändern wollen, und in welche Richtung wir ihn verändern. Dann würde ich alles tun, um die Kultur zu unterstützen, die wir einmal haben wollen. Im Zweifel würde ich mich immer für die neue Kultur einsetzen.

Wie erreichen Sie das? Die Antwort ist einfach, denn wenn Sie das Buch schon bis hierhin gelesen haben, wissen Sie schon, wie es geht. Sie schaffen eine neue Kultur, indem Sie die Strategien in diesem Buch lesen und so schnell und gründlich wie möglich umsetzen. Dies ist vielleicht einfacher als Sie denken. Schließlich haben Sie Ihr Unternehmen schon darauf konditioniert, eine neue Kultur zu begrüßen. Die Beschäftigten warten nur noch ab, ob dieser «Kram über die kulturelle Veränderung» nicht einfach nur das übliche Gerede ist. Wenn Sie dann anfangen, die Strategien umzusetzen, wird man Ihre Absicht begrüßen, die Vision des kulturellen Wandels zu einer Realität im Alltag werden zu lassen.

Sie haben nun gelernt, wie Sie die Hindernisse überwinden, die vor der Übernahme der neuen Kultur im ganzen Unternehmen stehen. Sie haben auch erfahren, wie Sie die praktischen Strategien implementieren, die auf dieser Kultur basieren. In Kapitel 10 erfahren Sie nun, wie die Digitale Elite die elektronische Post verwendet, um ihre Unternehmenskultur zu unterstützen, und sie noch stärker und reaktionsschneller zu machen. Außerdem erfahren Sie, warum die E-Mail so gefährlich für Unternehmen sein kann, die noch in den traditionellen Paradigmen verhaftet sind.

10 *Elektronische Post*

Zu den wichtigsten Technologien, die heute die Unternehmenswelt verändern, gehört die elektronische Post. Die elektronische Post sowie die dafür erforderlichen Computernetzwerke gehören zu den am schnellsten wachsenden Segmenten der Computerbranche. Zehntausende von Firmen vernetzen ihre PCs, damit die Mitarbeiter und Mitarbeiterinnen Botschaften mit Lichtgeschwindigkeit austauschen können. Auch das Internet spielt hier eine Rolle, weil die Unternehmen darüber ihre internen E-Mail-Systeme verbinden können. In vielen Unternehmen werden E-Mails an Geschäftspartner auf der ganzen Welt geschickt.

Grundsätzlich kann die elektronische Post die Produktivität enorm steigern. Denn die Kommunikation zwischen vielen verschiedenen Menschen und die Koordination ihrer Aktivitäten erweisen sich oft als sehr schwierig. Dies trifft sogar heute in besonderem Maß zu, denn Geschäftsreisen und Voice Mail-Systeme scheinen eine zuverlässige Garantie dafür zu sein, daß man die Menschen mit denen man reden möchte, nie persönlich erreicht. Im Gegensatz zur Voice Mail kann man die E-Mail auch dazu verwenden, lange Dokumente zu versenden, die prallvoll mit interessanten Informationen sind. Nach wenigen Minuten befindet sich das Dokument auf dem PC des Empfängers.

Natürlich könnte man auch jederzeit ein Fax schicken, aber die E-Mail ist sauberer, schneller und preiswerter. Nehmen wir an, daß Sie 50 Empfängern eine Mitteilung zukommen lassen wollen. Mit der E-Mail können Sie dies innerhalb von Sekunden erledigen. Mit dem Fax müssen Sie möglicherweise stundenlang wählen.

Diese Vorteile sind sehr einleuchtend und veranlassen daher auch immer mehr Unternehmen, die E-Mail als Mittel zur Produktivitätssteigerung zu verwenden. Selbst traditionelle Unternehmen sind auf den E-Mail-Zug aufgesprungen. Es herrscht die allgemeine Ansicht vor, daß mit der elektronischen Post jede Organisation, selbst ein monolithisches Unternehmen des Industriezeitalters, reaktionsschneller, flexibler und produktiver wird. Wir werden gleich noch darauf eingehen, ob diese Verallgemeinerung tatsächlich haltbar ist.

Aber die E-Mail wird nicht erst seit neuestem als Patentrezept zur Produktivitätssteigerung gepriesen. Schon 1970 beschrieben die Computerwissenschaftler Uhlig, Farber und Bair in ihrem einflußreichen Buch *The Office of the Future* eine Reihe von Technologien, die damals in den Forschungslabors entwickelt wurden. Zu diesen Technologien gehörte auch die E-Mail. Die Autoren äußerten sich begeistert über ihre möglichen Auswirkungen auf die Unternehmenswelt. Den Autoren zufolge bot die E-Mail «überwältigende Vorteile», und sie sollte sich «äußerst positiv» auswirken. Sie prognostizierten, daß die Fehlerquote bei der Arbeit sinken und damit die Qualität steigen würde. Außerdem sagten sie eine Beschleunigung wichtiger Geschäftsprozesse, flexiblere Arbeitszeiten und eine Steigerung der Verfügbarkeit wichtiger Informationen voraus. All dies sollte zu einer größeren Zufriedenheit der Beschäftigten mit ihrer Arbeit führen. Kurz: Die Autoren glaubten, daß die E-Mail eine wesentliche Rolle bei der Entwicklung einer produktiveren und menschlicheren Arbeitswelt spielen würde.

In den Jahren nach Erscheinen des Buches wurden die technologischen Voraussagen von *The Office of the Future* zur Realität in den Unternehmen. 1980 verfügten die meisten traditionellen Großrechner- und Minicomputerhersteller über ein unternehmensweites E-Mail-System und fingen an, derartige Produkte auch ihren Kunden anzubieten. Durch die Mikroprozessor-Revolution wurde der Einsatz der E-Mail dann auf preiswerten PCs und Servern mit Intel-Prozessoren möglich. Gleichzeitig begann die US-Regierung, das Computernetzwerk Arpanet aufzubauen, aus dem schließlich das Internet hervorging. Die spannende Frage lautet nun: War die Voraussage in *The Office of the Future* vor über 25 Jahren zutreffend, daß die E-Mail grundsätzlich die Produktivität steigern würde? Dieser Frage soll in der folgenden Fallstudie nachgegangen werden.

Fallstudie: E-Mail und die traditionellen Computerhersteller

Im Jahr 1992 nahm ich an einer Tagung über Büroautomation teil. Auf dem Podium saßen Vertreter von IBM, Digital und Wang – die drei traditionellen Branchenführer im Bereich unternehmensinterner E-Mail-Systeme. Alle drei verkauften ihre Systeme seit über einem Jahr. Obwohl die auf PCs einsetzbaren Mail-Produkte wie cc:Mail von Lotus ihnen schon Marktanteile abgenommen hatten, verfügten alle drei Unternehmen über eine solide Kundenbasis.

Die Firmenrepräsentanten auf dem Podium trugen makellose Business-Anzüge und ähnelten sich wie ein Ei dem anderen. Ihre Präsentationen waren sich ebenso ähnlich. Alle drei Vertreter waren sich einig darin, daß die E-Mail die Firmen produktiver machen würde. Die Versprechen klangen vertraut:

«Die Führungskräfte werden besser informiert sein.»

«Die Manager und Mitarbeiter können schneller kommunizieren.»

«Viel lästiger Papierkram wird entfallen.»

«Es kann viel Geld gespart werden.»

Die Zuhörer bestanden größtenteils aus konservativ gekleideten Computerexperten, die ihre Karriere darauf begründet hatten, die Vorzüge der Geräte von IBM, Digital und Wang in ihrer eigenen Firma zu vermitteln.

Der Gesprächsmoderator forderte zu Fragen aus dem Publikum auf. Einige Anwesende hoben die Hände und stellten Fragen zu Details. Dann herrschte Schweigen – jenes respektvolle Schweigen, das häufig am Ende einer guten, aber nicht kontroversen Diskussion entsteht. Der Moderator wollte die Tagung schon schließen, als sich ein junger Mann aus den letzten Reihen zu Wort meldete. Er hob sich rein äußerlich von den anderen Anwesenden deutlich ab, denn er trug Jeans, T-Shirt und Turnschuhe.

«Ich habe einige Fragen», begann er. Der IBM-Vertreter lächelte nachsichtig: «Aber bitte sehr, mein Lieber.» «Setzen Sie Ihre eigenen Produkte ein?» Der IBM-Vertreter warf seinen Kollegen in der Runde einen Blick zu, und sie nickten ihm zu. «Ja, natürlich. Wir würden unseren Kunden nichts verkaufen, was wir nicht auch selbst verwenden.»

Der junge Mann im Publikum kratzte sich nachdenklich am Kopf. «Wenn die E-Mail so großartig ist, wenn sie Produktivität der Beschäftigten steigert und wenn sie den Firmen wirklich solche ‹Wettbewerbsvorteile› verschafft, wie kommt es dann, daß die Umsätze von IBM, Digital und Wang alle den Bach runtergehen?» Die Tagung fand immerhin im Jahr 1992 statt, und alle drei Konzerne befanden sich in großen finanziellen Schwierigkeiten.

Die Podiumsteilnehmer sahen aus, als hätte man ihnen gerade eine Ohrfeige verpaßt. Im Publikum machte sich leichte Unruhe breit. Schließlich hört niemand gerne, daß der Kaiser keine Kleider trägt, vor allem dann nicht, wenn man beim selben Schneider einkauft. Der Vertreter von Digital murmelte einen lahmen Witz über die «unbeabsichtigte Gemeinnützigkeit» seines Unternehmens, aber es war schon zu spät. Die Atmosphäre der Selbstzufriedenheit und des gegenseitigen Schulterklopfens war unwiderruflich dahin. Als der Moderator die Tagung schloß, unterhielten sich die Anwesenden beim Hinausgehen leise miteinander und mieden den jungen Mann, der die provokante Frage gestellt hatte.

Aber seine Frage war berechtigt gewesen. Jahrelang hatten die traditionellen Mainframe- und Minicomputerhersteller behauptet, daß die E-Mail die Wettbewerbsfähigkeit und die Anpassungsfähgkeit eines Unternehmens steigere. Gleichzeitig hatten sie die E-Mail jahrelang eingesetzt, ohne diese Vorzüge bei sich verzeichnen zu können. Die Technologie alleine bewirkt also noch nicht allzu viel.

Wenn die Unternehmenskultur für eine neue Technologie nicht bereit ist, führt diese auch nicht zu Verbesserungen. In der Tat kann sich die Kombination von E-Mail und traditioneller Geschäftskultur sogar höchst kontraproduktiv auswirken. Dies zeigt das Beispiel Wang Laboratories. Wang war ein Pionier im E-Mail-Bereich und brachte die intern verwendeten Systeme auch auf den Markt. Obwohl Wang sehr viele Erfahrungen mit der Technologie gesammelt hatte, setzte das Unternehmen sie wenig effektiv ein. Darauf wies die ehemalige Wang-Mitarbeiterin Ann Palermo hin, die jetzt bei International Data Corporation, einer der größten Computermarktforschungsfirmen der Welt, für die Groupware zuständig ist:

Ich bin mir nicht sicher, ob die E-Mail die Firmen effizienter macht. Eigentlich handelt es sich doch nur um eine von mehreren Kommunikationsmöglichkeiten. Bei Wang war beispielsweise ein formales Protokoll für jede E-Mail vorgeschrieben. Wenn man eine Nachricht an einen Empfänger schickte, der ein paar Ebenen über Ihnen angesiedelt war, mußte man auch Kopien für die dazwischenliegenden Ebenen verschicken. Das heißt, daß es den freien Informationsfluß gar nicht gab, den man gemeinhin mit der E-Mail assoziiert. Das Ganze war eine sehr politische Angelegenheit. Man mußte sehr auf der Hut sein, wie man sich ausdrückte und welche Themen man ansprach. Es war wie das Schreiben einer Aktennotiz, nur schneller. Aber es gab viel mehr Durcheinander und hektische Betriebsamkeit, die zu nichts führte.

Das E-Mail-System im alten Wang beschleunigte die Kommunikation zwar, doch das Management versuchte, aus diesem Vorsprung eine größere Kontrolle über die Mitarbeiter zu gewinnen. Die Anzahl der Anweisungen aus der Zentrale stieg, ebenso die Zahl der Anfragen nach Statusberichten. Die Wang-Mitarbeiter beschäftigten sich mehr mit sich selbst als mit der Produktentwicklung und den Kunden. Das E-Mail-System wurde als Instrument mißbraucht, um die Mitarbeiter zu überwachen, sie zu kontrollieren und sich in ihre Arbeit einzumischen.

Vor der Einrichtung der E-Mail hatte bei Wang eine – wenn auch eine heikle – Machtbalance zwischen der Zentrale sowie den Ingenieuren, Marketingleuten und Verkäufern bestanden. Mit Hilfe der E-Mail jedoch konnte die Macht fest in der Wang-Zentrale verankert werden. Durch die Zentralisierung wurde Wang aber weiter geschwächt, weil das Unternehmen immer unfähiger wurde, auf Marktveränderungen zu reagieren. Natürlich trugen viele andere Faktoren zum Niedergang von Wang bei, doch die E-Mail machte die Dinge nur noch schlimmer.

Die Gefahr bei der E-Mail besteht darin, daß sie einen Cyberspace im Unternehmen schafft, in dem die Manager der Versuchung des Mikromanagements erliegen, weil sie unmittelbaren Zugriff auf so viele Informationen haben. Die E-Mail wird dann nicht mehr als Instrument zur Koordinierung von Aktivitäten verwendet, sondern degeneriert zu einem Hilfsmittel, um die Zentralisierung des Unternehmens voranzutreiben. Damit wird jede Eigeninitiative im Keim erstickt. Ein Manager, der sich stark am Paradigma Unternehmen = Maschine orientiert, wird die E-Mail wahrscheinlich nur dazu verwenden, die Organisation noch starrer und unflexibler zu machen.

Die Bürokraten bei IBM nutzten die E-Mail in den achtziger Jahren als Instrument, um zu gewährleisten, daß nichts ohne ihre vorherige Zustimmung geschah. Der Konzern hatte immer größere Schwierigkeiten, neue Produkte auf den Markt zu bringen, und wurde immer schwerfälliger. Ein ehemaliger Vice President bei IBM beurteilte den Einsatz der E-Mail bei IBM folgendermaßen:

> *Die E-Mail sollte den Beschäftigten die Arbeit erleichtern, aber statt dessen machte sie aus ihnen Gefangene des Systems. Viele Verfahren sind unter dem Gesichtspunkt der Effizienz automatisiert worden. Aber nur selten wird die Frage gestellt: «Wozu dient dieses Verfahren?» Leider ist es fast unmöglich, automatisierte Verfahren noch zu ändern. Die Verantwortlichen halten sich für besonders schlau, wenn sie einen Ablauf nach dem anderen automatisieren, aber in Wirklichkeit legen sie sich damit einen Mühlstein um den Hals.*

Die Hauptgefahr besteht darin, daß die Unternehmensbürokratie die E-Mail zum Ausbau ihrer Kontrollemöglichkeiten verwendet. In diesem Fall wird wahrscheinlich etwas sehr Merkwürdiges passieren. Statt mit der E-Mail die Geschwindigkeit zu erhöhen, mit der Genehmigungen erteilt werden, verlangt die Bürokratie Genehmigungen für immer mehr Aktivitäten. Anders ausgedrückt: Wenn ein Bürokrat ein E-Mail-System erhält, steigt seine Macht, was wiederum dazu führt, daß das Unternehmen bürokratischer und damit unproduktiver wird. Der CEO von Sybase, Mitchell Kertzman, bemerkte:

> *Die meisten Unternehmen sehen die elektronischen Technologien nur als Modernisierung ihrer bestehenden Kommunikationsmethoden, und erkennen nicht, daß sie das Potential großer Veränderungen bergen.*

Je einflußreicher die Technologie und je größer ihr möglicher Nutzen, desto höher ist auch das Mißbrauchspotential. Mit einem E-Mail-System kann man ein gut geführtes Unternehmen noch besser führen, weil die Informationen schneller fließen. Ein schlecht geführtes Unternehmen dagegen wird einfach nur noch dysfunktionaler werden.

Ein gutes Beispiel dafür ist die Digital Equipment Corporation Ende der siebziger und Anfang der achtziger Jahre. Wie Glenn Rifkin und

George Harrar in ihrem hervorragenden Buch *The Ultimate Entrepreneur* berichten, war Digital damals eine Brutstätte für interne politische Intrigen, die größtenteils über E-Mails ausgetragen wurden. Einem Produktmanager zufolge «mußte man seine Mails lesen, *bevor* man zur Arbeit ging, weil immer unzählige Kopien verschickt wurden. Das heißt, daß vielleicht schon tausend Leute über einen billigen Witz lachten, dessen Opfer man war, bevor man überhaupt am Schreibtisch saß.» Dieser Mißbrauch der E-Mail setzte die Topmanager unter außerordentlichen Druck. Von mindestens einem Manager ist bekannt, daß er regelmäßig um vier Uhr früh aufstand, nur um sich über die politische Lage zu informieren. Den Autoren Rifkin und Harrar zufolge entwickelte sich die E-Mail zu einem beliebten Mittel, um die beiden Grundpfeiler der bürokratischen Herrschaft zu stärken: «Unterstellungen und Gerüchte».

Bei Wang, IBM und Digital diente die E-Mail nur dazu, dysfunktionale Verhaltensweisen zu verstärken, die ohnehin schon vorhanden waren. Das Problem besteht nicht in der grundsätzlichen Technologie der E-Mail. Die Digitale Elite weiß, wie man die E-Mail einsetzt, um eine ohnehin schon starke Unternehmenskultur zu festigen. Sie nutzt die E-Mail, um die Strukturen weiter abzuflachen und die Macht noch besser zu verteilen. Ich fragte Mike Maples, den ehemaligen Executive Vice President von Microsoft, inwiefern die E-Mail bei Microsoft anders genutzt wurde als bei den traditionellen Konzernen wie Wang und IBM:

> *Wenn ein hoher Prozentsatz der Kommunikation über E-Mail läuft – wie das bei Microsoft der Fall ist –, dann erhöht sich die Zahl der Interaktionen pro Tag. Es finden keine fünfzehnminütigen Meetings mehr über Themen statt, die in einer Minute abgehandelt werden können. Sie gehen also effektiver mit Ihrer Zeit um und erfahren mit einer höheren Wahrscheinlichkeit genau das, was Sie wissen müssen. Die E-Mail fördert flachere, viel demokratischere Organisationsstrukturen, setzt diese jedoch nicht voraus. In gewissem Ausmaß stellt die Akzeptanz dieser organisatorischen Veränderung wahrscheinlich sogar einen der wichtigsten Aspekte der E-Mail dar. Ich glaube nicht, daß flache, demokratische Strukturen alleine durch die E-Mail geschaffen werden, aber sie bietet gute Voraussetzungen dafür. Wenn Sie jedoch eine strikte hierarchische Organisation beibehalten, wenn Sie Ihre Mails nur an Ihren direkten Vorgesetzten schicken dürfen und dieser sie wiederum an seinen Boss weiterleiten muß, dann verfestigen Sie nur die Vorschriften und Verfahren der Vergangenheit, und dann hat die E-Mail Ihnen überhaupt nichts gebracht.*

Die Lektion läßt sich auf einen einfachen Nenner bringen: *Die E-Mail löst keine Probleme – sie beschleunigt die Kommunikation.* Wenn das Kommunikationsverhalten in einem Unternehmen grundsätzlich produktiv ist, dann stehen die Chancen gut, daß die Produktivität mit der E-Mail weiter steigt. Dagegen verschlimmert die E-Mail die Lage in einem Unternehmen, in dem die Kommunikation schon erheblich gestört ist. Bill Gates von Microsoft hat dies auf den Punkt gebracht:

> *Ich sage voraus, daß im Jahr 2005 die Welt Ihr Büro sein wird – und Ihr Markt. In dieser neuen Geschäftsumgebung wird kein Manager mehr in der Lage sein, Informationen als ein Mittel zur Kontrolle der Mitarbeiter zu verwenden. Diese Manager alter Schule werden bald aussterben, denn die Unternehmenshierarchien werden immer flacher. Das Markenzeichen der zahlreichen umstrukturierten Firmen der neunziger Jahre werden Arbeitsgruppen mit einem hohen Maß an Entscheidungsfreiheit sein.*

Die Auswirkungen der E-Mail – ob positiv oder negativ – hängen also von den jeweils vorherrschenden Paradigmen in einem Unternehmen ab. Firmen, in denen die traditionelle Kultur des Industriezeitalters noch sehr stark ist, werden feststellen, daß die E-Mail diese Kultur weiter verfestigt:

1. *Geschäftsleben = Krieg.* Unternehmen verwenden die E-Mail, um die eigenen Interessen zu fördern und interne politische Kämpfe auszutragen. Ergebnis: Das Unternehmen konzentriert sich auf sich selbst und entwickelt eine immer stärkere Paranoia vor «Feinden».

2. *Unternehmen = Maschine.* Firmen verwenden die elektronische Post, um möglichst viele Verfahren zu automatisieren. Ergebnis: Die Eigeninitiative der Mitarbeiter und Mitarbeiterinnen wird erstickt, und sie fühlen sich den Unternehmenszielen nicht mehr verpflichtet.

3. *Management = Kontrolle.* Firmen verwenden die E-Mail, um Projekte bis ins kleinste Detail zu überwachen und die Übereinstimmung mit Regeln und Vorschriften zu kontrollieren. Ergebnis: Das Unternehmen wird immer unflexibler, da sich die Macht an der Spitze konzentriert.

4. *Mitarbeiter = Kinder.* Firmen verwenden die E-Mail, um die täglichen Aktivitäten der Beschäftigten zu überwachen. Ergebnis: Die Beschäf-

tigten ärgern sich über die Überwachung und konzentrieren sich darauf, das System zu überlisten.

5. *Motivation = Angst.* Firmen verwenden die E-Mail, um Gerüchte zu verbreiten, die Ängste schüren, und um persönliche Angriffe zu starten. Ergebnis: Die Beschäftigten verstricken sich in einem Geflecht aus Intrigen und vernachlässigen die Kunden.

6. *Veränderungen = Gefahr.* Firmen verwenden die E-Mail, um Geschäftsprozesse zu formalisieren und automatisieren, die den Status quo verfestigen. Ergebnis: Es wird immer schwieriger, Veränderungen in Gang zu setzen.

Im Gegensatz dazu bietet die Kultur der Digitalen Elite perfekte Voraussetzungen für einen effektiven Einsatz der E-Mail:

1. *Geschäftsleben = Ökosystem.* Unternehmen verwenden die E-Mail – und das Internet –, um neue Chancen zu suchen und neue Geschäftsfelder aufzubauen. Ergebnis: Kontinuierliches und rentables Wachstum durch die schnelle Umsetzung neuer Chancen.

2. *Unternehmen = Gemeinschaft.* Firmen verwenden die E-Mail, um ihre Beschäftigten dabei zu unterstützen, funktionierende interne und externe Beziehungen aufzubauen. Ergebnis: Die Beschäftigten sind selbst in den abgelegensten Niederlassungen loyal und fühlen sich den Unternehmenszielen verpflichtet.

3. *Management = Service.* Firmen verwenden die E-Mail, um den Zugang zum Management zu erleichtern. Ergebnis: Die Beschäftigten fühlen sich vom Management unterstützt, nicht unterdrückt.

4. *Mitarbeiter = Partner.* Firmen verwenden die E-Mail, um den Beschäftigten mehr Verantwortung und Autorität zu übertragen. Ergebnis: Die Beschäftigten fühlen sich für ihre Projekte persönlich verantwortlich.

5. *Motivation = Vision.* Firmen verwenden die E-Mail, um positive Erfahrungen auszutauschen und die Unternehmensvision zu verbreiten. Ergebnis: Die Mitarbeiter und Mitarbeiterinnen konzentrieren sich auf die wirklich wichtigen Ziele.

6. *Veränderungen = Wachstum.* Firmen verwenden die E-Mail, um die Möglichkeiten der Kommunikation immer mehr zu erweitern. Ergebnis: Die Kommunikation fließt freier, so daß die einzelnen Beschäftigten schneller lernen und sich anpassen können.

Die Unternehmen der Digitalen Elite verwenden die E-Mail also als wirksames Instrument der kulturellen Anpassung und nicht als einen Pfeiler zur Unterstützung des Status quo. Jim Manzi, der ehemalige CEO von Lotus, sagte dazu:

> *Die moderne Bürotechnologie stellt grundlegende Machtbeziehungen in Frage, weil Informationen, die früher eifersüchtig gehütet und zum Ausbau individueller Machtpositionen genutzt wurden, nun allen zugänglich sind – und so soll es auch sein. Heute kommt es darauf an, die Auffassung durchzusetzen, daß es viel besser ist, Informationen zu teilen als Informationen zu horten. Wenn Informationen geteilt werden, führt dies zu besseren Produkten, einem besserem Kundendienst, einer besseren Arbeitsmoral und so weiter. Diese Einstellung steht in direktem Widerspruch zum hierarchischen, machtorientierten Denken, das nun seit 2000 Jahren in den Unternehmen geherrscht hat.*

Die Digitale Elite verläßt sich hauptsächlich auf vier Strategien, um die E-Mail-Technologie effektiv zu verwenden. Die erste Strategie ist Ausdruck einer Vision über die Nutzung der E-Mail; mit den anderen drei Strategien wird gewährleistet, daß die E-Mail in den Unternehmen der Digitalen Elite möglichst effektiv eingesetzt wird:

- Aufbau einer digitalen Gemeinschaft
- Sorgfältiger Umgang mit der E-Mail
- Nachrichten kurz und einfach halten
- Gnadenlos Prioritäten setzen.

Strategie 28: Aufbau einer digitalen Gemeinschaft

Für die Digitale Elite ist die E-Mail viel mehr als nur eine schnelle Methode zur Versendung von Memos. Vielmehr ist sie ein Mittel, um die Unternehmen noch reaktionsschneller und flexibler zu machen, damit sie produktiv auf die Marktbedingungen reagieren können. Die Wagniskapitalgeberin und Branchenkennerin Ann Winblad erzählte mir folgendes:

Bei Microsoft durchdringt die Kommunikation das gesamte Unternehmen. Keine Führungskraft bei Microsoft geht ohne Notebook auf Reisen, und es ist selbstverständlich, die eingegangenen Nachrichten regelmäßig abzurufen. Die E-Mail wird auf allen Ebenen eingesetzt. Vom Standpunkt der Kommunikation sind die Strukturen sehr viel flacher als im traditionellen Unternehmen.

Mike Maples, ehemaliger Executive Vice President von Microsoft, schreibt es auch der E-Mail zu, daß Microsoft von den politischen Machtspielen und Intrigen verschont blieb, die so viele Unternehmen des Industriezeitalters lähmen:

Die E-Mail hat die Konsequenz, daß keine politischen Spielchen mehr gespielt werden, wie es immer dann der Fall ist, wenn man jedem etwas anderes sagt. In einer flachen Organisation, in der alle ständig mitreden, wird die Zahl der Absprachen «ganz unter uns» enorm reduziert. Da jede Mitteilung so leicht kopiert und verbreitet werden kann, müssen die Leute sich viel klarer und deutlicher ausdrücken. Wir versuchen, keine konkurrierenden Missionen oder Ziele zu verfolgen. Wir möchten erreichen, daß die Bereiche einander nicht als Konkurrenten im Erfolgskampf betrachten. Das wird uns natürlich nie völlig gelingen, aber wir arbeiten zumindest hart daran und versuchen, den Teams möglichst viel Eigenständigkeit zu ermöglichen.

Dies läßt sich auch auf kleinere Unternehmen übertragen. So erklärte Sally Narodick, ehemalige CEO von Edmark, wie sie die E-Mail nutzte, um die Beschäftigten in den Entscheidungsfindungsprozeß einzubinden:

Wir verwenden Voice Mail und E-Mail sehr intensiv und haben viel Zeit investiert, die Systeme einzurichten. Das hat sich aber schon tausendfach wieder ausgezahlt, was die Fähigkeit der Teams zur Zusammenarbeit angeht. Es gibt so viele Dinge, die Sie mit den neuen Technologien erreichen können: Sie können gewährleisten, daß die Informationen alle Betroffenen erreichen, und daß diese Gelegenheit haben, ihren Standpunkt in eine Diskussion einzubringen. Wir glauben, daß Information Macht bedeutet, und wir versuchen, die wichtigsten geschäftlich relevanten Informationen einer breiten Mitarbeiterbasis zu vermitteln. Wir haben selbst ein Groupware-Programm entwickelt, um Dokumente und Dateien gemeinsam zu nutzen. Das ist das Herz unserer Kultur und unseres Managements. Bei uns muß also in der Regel niemand irgendwelche hierarchischen Wege einhalten, um mit jemandem zu reden. Wir kommunizieren einfach über alle Ebenen hinweg, um unsere Arbeit zu tun und möglichst viel Input zu bekommen.

Auch Sun Microsystems nutzt die E-Mail in großem Ausmaß. Scott McNealy, CEO des Unternehmens, stellt seinen Laptop nicht einmal während eines Interviews beiseite, um seine E-Mails jederzeit lesen zu können. Scott sagte über den Einsatz der E-Mail bei Sun:

Wir haben eine richtige E-Mail-Kultur und verbreiten Informationen sofort im ganzen Unternehmen. Gerade eben, während wir uns unterhalten haben, habe ich eine E-Mail bekommen, in der steht, mit welchem Aktienkurs der Markt heute geschlossen hat. Heute morgen habe ich aus einer Mail erfahren, daß IBM den Pentium-Chip vom Markt nimmt. Ich erhalte also unheimlich viele Informationen ohne Zeitverzögerung. Ich brauche nicht zu warten, bis eine Zeitung gedruckt wird. Viele Dinge, die mich interessieren, erreichen mich per E-Mail. Durch die E-Mail können wir die Strukturen flacher machen, weil der Informationsstand der Beschäftigten sich angleicht.

Die Digitale Elite hat keinerlei Bedenken, die Nutzung der E-Mail sämtlichen Beschäftigten zu ermöglichen. Mike Maples meinte dazu:

Bei Microsoft wird jeder, der über eine Angelegenheit laufend informiert sein muß, auf den Verteiler der ursprünglichen Mail gesetzt. Damit wird jeder unerwünschten Filterung von Informationen vorgebeugt. Vom Zeitpunkt eines Vorgangs bis zum Zeitpunkt, an dem alle davon erfahren, vergeht eine viel kürzere Zeitspanne. Dadurch werden die Beschäftigten verschiedener Ebenen ermutigt, gleichzeitig in eine Debatte einzusteigen. Dies wiederum hat den Effekt, daß man keine Arbeitsgruppen braucht, die über ein Thema diskutieren, die Ergebnisse dem Manager vorlegen, wieder darüber diskutieren und es einem anderen Manager vorlegen, um nochmals darüber zu diskutieren. Die Filterung der Informationen von unten nach oben findet nicht mehr statt. Statt dessen erfolgt die Entscheidungsfindung gemeinsam mit den Beschäftigten aller Ebenen in Echtzeit.

Im Idealfall ist die E-Mail ein Vehikel für die schnelle Entscheidungsfindung, die in den Unternehmen der Digitalen Elite eine so große Rolle spielt. Voraussetzung dafür ist jedoch auch, daß die E-Mail-Nutzer wissen, wie sie das System möglichst effektiv verwenden. Um dieses Thema geht es bei der Beschreibung der nächsten drei Strategien.

Strategie 29: Sorgfältiger Umgang mit der E-Mail

Die elektronische Post kann ein wirkungsvolles Instrument in der Unternehmensführung sein. Aber wie alle Werkzeuge, die potentiell weitreichende Auswirkungen haben, ist auch sie mit Vorsicht zu genießen. Der ständige Informationsfluß in der E-Mail-Kommunikation bietet wunderbare Chancen, birgt aber auch große Gefahren.

Während Sie jederzeit mit jeder beliebigen Person im Unternehmen kommunizieren können, befinden Sie sich praktisch in einem öffentlichen Raum. Das bedeutet, daß Sie sich innerhalb von Sekunden zu einem vollkommenen Trottel vor allen anderen E-Mail-Nutzern machen können. Umgekehrt können sie sich natürlich auch mit einem Mausklick Respekt und Bewunderung für Ihre Ideen und Ihre Fähigkeit, diese auszudrücken, verschaffen.

Besonders Manager müssen in dieser Hinsicht vorsichtig sein, um sich nicht selbst zu schaden. William Campbell, CEO von Intuit, berichtete:

Ich habe mit einem Manager gearbeitet, der seine Führungsaufgaben per E-Mail erledigte. Er las die eingegangenen Nachrichten, und wenn er mit ihrem Inhalt nicht einverstanden war, antwortete er ungefähr folgendermaßen: «Ich halte das für das Blödeste, das ich je gelesen habe». Diese Mitteilung schickte er an ungefähr sechs Leute in der betreffenden Arbeitsgruppe. Das führte dazu, daß jede Person in der Arbeitsgruppe ihm eine weitere, zwei bis drei Seiten umfassende E-Mail schickte, um ihm genau zu erklären, warum ihr Standpunkt berechtigt sei. Jeder von ihnen verbrachte etwa eine Dreiviertelstunde damit, sich eine elektronische Antwort auszudenken. In der Regel stellte der Manager dann fest, daß die Arbeitsgruppe von vornherein recht gehabt hatte. Ich weiß nicht, wie viele Stunden wir verschwendeten, nur um E-Mails über ein Thema zu verfassen, das man auch in einem kurzen Gespräch auf dem Flur hätte erledigen können.

Es ist auch sehr wichtig, sich emotional unter Kontrolle zu haben, wenn man E-Mails schreibt. Schicken Sie nie eine E-Mail ab, wenn Sie sich gerade fürchterlich geärgert haben! Machen Sie lieber einen Spaziergang. Nehmen Sie eine Dusche. Spielen Sie Solitär. Tun sie alles, aber schreiben Sie keine E-Mail. Sie werden sich am nächsten Morgen dazu beglückwünschen. Ein Mausklick, und Ihre Unbeherrschtheit wäre in die Firmengeschichte eingegangen! Es gibt nämlich keine Möglichkeit, eine E-Mail zurückzuholen. Die einzige Möglichkeit der Schadensbegrenzung besteht darin, eine Entschuldigung hinterherzuschicken und zu hoffen, daß sie auf Verständnis stößt.

Ein beklagenswerter Auswuchs der E-Mail-Nutzung sind die sogenannten «E-Mail-Kriege». Ein Mail-Krieg entsteht dann, wenn zwei oder mehr Beschäftigte eine Auseinandersetzung elektronisch austragen und sie ins Rampenlicht der Öffentlichkeit zerren. Die Streithähne schicken

Kopien aller Botschaften und Reaktionen an Empfänger, die sie in ihre Kontroverse einbeziehen möchten. Ein solches Verhalten kann ein Unternehmen extrem schwächen und muß schnellstens unterbunden werden. Diese Meinung vertritt auch Jonathan Seybold, ehemaliger Präsident von Seybold Seminars:

> *Der Erfolg meines Unternehmens steht und fällt mit der Fähigkeit der Beschäftigten zur Kommunikation und zu Teamarbeit. Die E-Mail spielt dabei eine sehr wichtige Rolle. Im großen und ganzen leistet sie uns auch sehr gute Dienste. Wenn es Probleme gibt, müssen wir uns eben darum kümmern. So hatten wir einmal zwei Mitarbeiter, die sich nicht ausstehen konnten und nicht zusammenarbeiteten. Sie fingen an, sich per E-Mail mit Dreck zu bewerfen. E-Mails können extrem destruktiv sein, zum einen deshalb, weil es eine unpersönliche Form der Kommunikation ist, die man auch leichter mißverstehen kann; zum anderen, weil man sehr leicht andere Leute ins Spiel bringen kann. Wir haben schließlich mit den beiden Mitarbeitern gesprochen – persönlich, nicht per E-Mail – und ihnen gesagt, daß ihr Verhalten nicht akzeptabel sei. Wir haben versucht, ihnen zu helfen, aber schließlich mußten sie aufgrund der Einstellungen, die sich in ihren E-Mails spiegelten, das Unternehmen verlassen.*

Strategie 30: Nachrichten kurz und einfach halten

Selbst wenn ein Unternehmen mit der elektronischen Post sehr sorgfältig umgeht, kann sie zur Last für die Mitarbeiter und Mitarbeiterinnen werden. Immerhin stellt die E-Mail nur eines von vielen Elementen in einer Revolution der Bürotechnologie dar, die zu einer gewaltigen Informationsexplosion geführt hat. Nach der Delphi Consulting Group aus Boston, einer auf EDV spezialisierten Unternehmensberatungsgesellschaft, produzieren Computer heute alleine in den Vereinigten Staaten über eine *Milliarde* Seiten täglich. Zur Verdeutlichung: Wenn man eine Milliarde Seiten aneinander reiht, würde die Papierschlange zwanzig Mal um die Erde reichen. Aufeinander gestapelt wäre der Stapel zehn Mal so hoch wie der Mount Everest. Der weltweite Papierausstoß würde ein durchschnittlich großes Büro in nur zwei Sekunden vom Boden bis zur Decke füllen.

Diese schiere Menge an Informationen macht es immer schwieriger, das richtige Material zur richtigen Zeit zu finden. Die Robert Half Consulting hat ausgerechnet, daß Topmanager heute über eine Stunde täglich damit verbringen, Informationen zu suchen. Manche Manager wenden nach Ansicht des Zeitmanagementgurus Alec Mackenzie etwa 94 Tage im Jahr nur für den Umgang mit Dokumenten auf.

Die E-Mail kann zwar in gewissem Ausmaß die Papierflut eindämmen, aber wenn sie unkontrolliert eingesetzt wird, verschärft sie das Problem der Überflutung mit Informationen. Denken Sie daran, daß eine E-Mail mit einem einzigen Mausklick an Hunderte von Empfängern geschickt werden kann. Wenn die Empfänger diese Informationen tatsächlich benötigen, ist das eine großartige Sache. Die Erfahrung hat jedoch gezeigt, daß viele E-Mail-Nutzer die Bedeutung ihrer Mitteilungen überschätzen. Dies führt zu elektronischer «Junk Mail» und erschwert es dem Empfänger, die wirklich wichtigen Informationen auszusortieren.

Die Lösung kann nur in einem verantwortungsbewußten Umgang mit der neuen Technologie liegen. Möglicherweise müssen dazu einige Richtlinien vorgegeben werden. Das bedeutet nicht, daß das Management einen Komplex von Regeln diktieren muß. Vielmehr reichen schon einige wenige Vorgaben, um die Nutzung des E-Mail-Systems zu optimieren. Die Beschäftigten sollten in die Definition dieser Richtlinien von vornherein einbezogen werden. Die folgenden Hinweise können für den Anfang hilfreich sein:

1. *Informieren, nicht überfrachten.* Fragen Sie sich immer: «Brauchen die anderen diese Information wirklich?» Vermeiden Sie es, den Ruf eines Mitarbeiters zu erwerben, der ständig unwichtige Botschaften abschickt. Denn sonst werden die Empfänger dazu übergehen, Ihre Botschaften ungelesen zu löschen, weil sie glauben, sie seien ohnehin nicht wichtig. Versuchen Sie, nur dann eine E-Mail abzusenden, wenn ihr Inhalt wirklich relevant ist. Dann werden Ihre Nachrichten auch immer zuerst gelesen.

2. *Verwenden Sie eine Überschrift.* Nutzen Sie die Betreff-Angabe, die in der Liste der eingegangenen Nachrichten beim Empfänger angezeigt wird. Geben Sie darin möglichst eindeutig an, zu welchem Thema Sie Ihre Mail schreiben. Viele Empfänger werden mit Mails über-

schwemmt, so daß sie die Betreff-Angaben benötigen, um sie zu sortieren.

3. *Nachrichten müssen kurz und durchdacht sein.* Nach Möglichkeit sollte Ihre Nachricht auf einer Bildschirmseite Platz finden. Wenn Sie eine längere Nachricht zu schreiben haben, fassen Sie das Dokument auf der ersten Bildschirmseite zusammen und beenden diese mit dem Hinweis: «Einzelheiten siehe nächste Seite.» E-Mail-Nachrichten sollten wie Zeitungsartikel aufgebaut sein: Überschrift, wichtige Punkte, Details in der Reihenfolge ihrer Wichtigkeit.

Wenn Sie diese Richtlinien beherzigen, haben Sie schon viel getan, um sich und Ihr Unternehmen vor den Gefahren der Informationsflut zu schützen. Wenn Sie an weiteren Empfehlungen zum effektiven Verfassen von Mails interessiert sind, sollten Sie das Buch *The Elements of E-Mail Style* von David Angell und Brent Heslop lesen.

Strategie 31: Gnadenlos Prioritäten setzen

Wenn man E-Mail-Kriege vermeidet und die Kommunikation auf ein handhabbares Minimum begrenzt, hat man das Problem der Informationsüberflutung zwar nicht vollständig aus der Welt geschaffen, aber doch immerhin gelindert. Als Empfänger von E-Mails müssen Sie auch einen Weg finden, um Ihren Briefkasten zu verwalten. Wahrscheinlich werden Sie es nützlich finden, die eingehenden Mails nach Prioritäten zu ordnen. Zunächst einmal sollten Sie es sich angewöhnen, Nachrichten schnellstens zu löschen, die nichts mit Ihren anstehenden Aufgaben zu tun haben. In diesem Zusammenhang lohnt es sich, Schnellesetechniken zu beherrschen, wie Scott McNealy, CEO von Sun Microsystems, es tut:

> *Ich habe noch niemanden kennengelernt, der eine falsche Entscheidung deshalb traf, weil er zu viele Informationen hatte. Ich finde die E-Mail großartig. Weil ich schnellesen kann, klicke ich auf jedes Thema, das mich nicht interessiert und lösche es. Wenn ich eine Information sofort benötige, lese ich sie auch sofort. Weniger eilige Mitteilungen drucke ich aus oder lade sie mir auf den Laptop und nehme sie mit. Ich habe noch nie zu viele Informationen gehabt.*

Wenn Sie in einem Unternehmen arbeiten, das eine klare Vision verfolgt und eine eindeutige Mission formuliert hat, ist es einfacher, Prioritäten zu setzen. Sind diese beiden Voraussetzungen nicht erfüllt, gestaltet sich die Aufgabe schwieriger, denn Sie haben keine Grundlage um zu beurteilen, was wahrscheinlich wichtig ist. Dies ist ein weiterer Grund dafür, warum die Firmen der Digitalen Elite so gerne autonome Teams einsetzen. Die Ziele werden in den einzelnen Teams definiert, so daß ein Großteil der Kommunikation auf das Team begrenzt bleibt und es nicht notwendig ist, ständig unzählige andere Stellen über die eigenen Aktivitäten zu informieren. Damit ist es auch einfacher, die Informationen nach Prioritäten zu ordnen.

Wenn Sie jedoch in einem Unternehmen arbeiten, in dem diese Gegebenheiten fehlen, liegt es an Ihnen, die notwendige Selbstdisziplin zu entwickeln. Sie müssen selbst dafür sorgen, daß sie nicht in elektronische Diskussionen hineingezogen werden, die zwar interessant sein mögen, aber nicht unmittelbar wichtig sind und viel Zeit kosten. Mike Maples, der ehemalige Executive Vice President von Microsoft, meinte dazu:

> *Es wird immer Diskussionen geben, zu denen Sie etwas beitragen könnten und die wichtig sind, für die Sie aber einfach keine Zeit haben. Entweder verfolgen Sie sie als Beobachter weiter, oder Sie ignorieren sie.*

Sie sollten auch die Möglichkeit nutzen, schon Prioritäten zu setzen, bevor die Mails überhaupt an Sie abgeschickt werden. Wenn Sie zu viele E-Mails erhalten, stehen Sie vielleicht auf zu vielen Verteilerlisten. Wohlmeinende Zeitgenossen schicken Ihnen vielleicht Informationen, die Sie gar nicht benötigen. Lassen Sie sich deshalb von allen Verteilerlisten streichen, die Ihnen unnötig erscheinen. Als Manager sollten Sie genau definieren, worüber Sie informiert werden möchten, und sich aus Phasen der Kommunikation ausklinken, in denen Ihr Beitrag nicht erforderlich ist. Damit demonstrieren Sie außerdem Ihr Vertrauen in die Fähigkeiten Ihrer Mitarbeiter und Mitarbeiterinnen.

Der Schlüssel dafür, in der Informationsflut nicht unterzugehen, liegt in der persönlichen Organisation. Software-Wagniskapitalgeberin Ann Winblad berichtete aus ihrer eigener Erfahrung:

Die persönliche Organisation ist von wesentlicher Bedeutung für das Überleben. Ich habe Voice Mail. Ich habe E-Mail. Ich habe Federal Express. Ich habe den Briefträger. Und abends biegt sich mein Schreibtisch unter der Last der Informationen. Wenn ich nicht gute Fähigkeiten zur persönlichen Organisation hätte, wäre ich verloren. Das ist eine wichtige Voraussetzung in flachen, partizipativ orientierten Unternehmen mit einem freien Kommunikationsfluß. Wer gut organisiert ist und die tägliche Informationsflut bewältigt, hebt sich schnell von den anderen ab.

In diesem Kapitel wurde beschrieben, wie man es vermeidet, sich mit der E-Mail einen potentiellen Produktivitätskiller ins Unternehmen zu holen, und worauf man achten muß, wenn man mit dieser Technologie die Produktivität steigern will. Im letzten Kapitel dieses Buches wird nun die Frage behandelt, wie man ein Gleichgewicht zwischen Beruf und Privatleben erreichen kann.

11 *Die richtige Balance*

Die Mitglieder der Digitalen Elite malen sich das Büro der Zukunft in den rosigsten Farben aus. Sie setzen schon längst in die Praxis um, was sie in ihren Reden verkünden – und auf den Märkten verkaufen – und sind deshalb überzeugt davon, daß die elektronische Post, Voice Mail-Systeme, Mobiltelefone und tragbare Computer die Produktivität steigern. Sie glauben, daß die Bürotechnologie der Zukunft dazu prädestiniert sei, die Geschäftswelt zu verändern. Bill Gates von Microsoft drückte es so aus:

> *Im Büro der Zukunft werden intelligente Anwendungen, Breitbandnetze und innovative Geräte die Menschen dort miteinander verbinden, wo sie sich gerade aufhalten – zuhause, im Auto oder in der Öffentlichkeit. So könnte ein «virtuelles Team» von Experten auf der ganzen Welt zusammenarbeiten, um einen Bericht zu erstellen. Sie könnten sich treffen, Informationen weitergeben, Dokumente, Bilder und große Dateien hin- und herschicken oder sie gemeinsam prüfen und dabei eine Menge Zeit und Reisekosten sparen. Das Netzwerk wird ihr «virtueller Konferenzraum». Es werden weniger und kleinere Büros benötigt, man kann die Mitarbeiter und Mitarbeiterinnen effektiver weiterbilden und mit ihnen kommunizieren, und man kann die Kunden viel flexibler betreuen. All dies ergibt in der Summe bessere Geschäftsergebnisse. Außerdem gewinnen die Unternehmen einen besseren Zugriff auf globale Ressourcen. Damit meine ich, daß sie für jede Aufgabe genau die richtigen Informationen und die richtigen Leute bekommen – wodurch wiederum Produktivität und Qualität zunehmen.*

Gates sieht in der Verwendung tragbarer Computer eine Möglichkeit, den Mitarbeitern und Mitarbeiterinnen die Freiheit einzuräumen, fast überall zu arbeiten, entweder alleine oder im Team. Ich selbst habe große Teile dieses Buchs mit einem Blick über die Wälder New Hampshires sowie in Los Angeles mit einem Blick auf den pazifischen Ozean geschrieben. Durch die geographische Unabhängigkeit von einem bestimmten

Arbeitsplatz gewann ich mehr Flexibilität, um mein Leben so zu leben, wie ich es gerade wollte. Außerdem konnte ich meine Zeit viel effektiver nutzen. Ich kann mich nicht erinnern, wann ich das letzte Mal ein Flugzeug bestiegen habe, ohne ein Notebook mitgenommen zu haben.

Der Nachteil dieser Flexibilität besteht allerdings darin, daß es manchmal schwierig ist, die Grenzen zwischen Arbeit und Privatleben zu ziehen. Nur allzu häufig nimmt man seine Arbeit überall hin mit und ist dank Mobilfunk niemals außer Reichweite der Firma.

Juliet Schor, Wirtschaftswissenschaftlerin in Harvard, stellte fest, daß die Beschäftigten in den Vereinigten Staaten heute durchschnittlich 164 Stunden pro Jahr mehr arbeiten als noch im Jahr 1970, vor dem Siegeszug der Computer. Daran wird ein beunruhigender Trend offensichtlich, denn in vielen Branchen scheint man Urlaub und Freizeit nicht mehr zu tolerieren. Die durch den Computer ermöglichte Unabhängigkeit zwingt viele Beschäftigte dazu, praktisch rund um die Uhr zu arbeiten. Wer hat nicht schon in den frühen Morgenstunden auf einem Flughafen die Geschäftsreisenden gesehen und bemitleidet, die mit rotgeränderten Augen auf ihre Laptops einhackten?

Diese Entwicklung ist so beunruhigend, weil mit der Nutzung der modernen Bürokommunikationsgeräte auch erhebliche gesundheitliche Gefahren verbunden sind. Im August 1992 berichtete *Supervision* über eine Studie mit 11 Frauen, die in einem automatisierten Büro arbeiteten. Die Fehlgeburtenrate dieser Frauen übertraf den Durchschnittswert um ein Vielfaches. In einem Artikel in *Office Systems* (August 1991) wurde gewarnt, daß die zunehmende Verbreitung der Büroautomation schon zu einem Anstieg der durch Computer verursachten Gesundheitbeschwerden führte: Kopfschmerzen, Muskelverspannungen, Sehstörungen, Karpaltunnelsyndrom, Sehnenscheidenentzündung und Rückenschmerzen.

Die Kombination aus langen Arbeitszeiten und computerbedingten Gesundheitsgefahren kann ein sehr ungesundes Arbeitsklima schaffen. Auch die Beschäftigten der Digitalen Elite sind gegen diese Probleme nicht gefeit. Im Gegenteil, sie sind sich der Tatsache sehr wohl bewußt, daß sie der Gefahr der Überarbeitung und totalen Erschöpfung ständig ausgesetzt sind. Sie haben zwar auch kein Mittel gegen Überstunden, achten aber gleichzeitig darauf, daß sie weder psychischen noch physischen Schaden nehmen. Deshalb bemühen sich die Unternehmensführer der Digitalen Eite sehr darum, sich selbst und ihren Beschäftigten ein Gleichgewicht zwischen Beruf und Privatleben zu ermöglichen. Mitchell Kertzman, CEO von Sybase, erläuterte seine Philosophie:

Meine Philosophie lautet, daß man ein Gleichgewicht zwischen Arbeitsleben und Privatleben braucht. Ich möchte, daß die Leute hier sehr hart arbeiten, und das tun sie auch. Aber sie sollen zu Hause ebenso glücklich sein wie bei der Arbeit, und sie sollen ihren Familien so viel geben wie sie Sybase geben. Langfristig erhält man so das beste Arbeitsklima. Glückliche Menschen leisten die beste Arbeit. Ausgeglichene Menschen leisten die beste Arbeit. Also ist es mir sehr wichtig, daß meine Mitarbeiter und Mitarbeiterinnen dieses Gleichgewicht erreichen.

Im Lauf der Zeit und mit zunehmendem Alter nutzt sich der Reiz der durchgearbeiteten Nächte mit Kaffee und Pizza ohnehin ab. Das bedeutet nicht, daß die Beschäftigten nun nicht mehr so hart wie früher arbeiten würden. Sie haben lediglich ein besseres Verständnis dafür entwickelt, wie man ein Gleichgewicht im Leben herstellt. Die folgende Fallstudie illustriert, welche Konsequenzen es hat, wenn man diesen Ausgleich nicht findet.

Fallstudie: Apple Computer und die grafische Benutzeroberfläche des Macintosh

Anfang der achtziger Jahre gehörte Apple Computer zu den interessantesten Neugründungen in der Computerbranche. Die Firma, die von zwei jungen Männern in einer Garage in Kalifornien gegründet wurde, entwickelte sich zu einer der berühmtesten Erfolgsgeschichten in der Geschäftswelt. Der Mitbegründer und ehemalige Präsident Steven Jobs glaubte, daß die Arbeit mit Computern noch viel leichter würde, als es damals der Fall war, und er stellte sich vor, daß man einen Computer einmal so einfach bedienen könne wie irgendein beliebiges Haushaltsgerät.

Jobs verfolgte seine Vision in Gestalt des Macintosh-PCs. Der Macintosh setzte neue Maßstäbe für die Bedienbarkeit von Computern. Obwohl ihm andere gute Computer vorausgegangen waren, war der

Macintosh der erste preiswerte und leicht bedienbare Rechner mit einer grafischen Benutzeroberfläche. Mit der Macintosh-Oberfläche wurde das Konzept der Symbole eingeführt: Um auf ein Programm zuzugreifen, brauchte man nur noch mit einer Maus ein Symbol anzuklicken. Diese Oberfläche erscheint uns heute ganz selbstverständlich, doch damals war sie außerhalb der Forschungslabors praktisch unbekannt.

Als der Macintosh auf den Markt kam, war der am weitesten verbreitete PC der IBM-PC – so wie heute. Der IBM-PC lief mit einem Betriebssystem namens MS-DOS, einem Microsoft-Produkt, das sich den Wünschen der Anwender nur dann fügte, wenn sie schwer zu merkende kryptische Befehle eintippten. Da der Macintosh so viel einfacher zu bedienen war, konnte Apple einen stolzen Preis dafür verlangen, so daß Apple bald zu den rentabelsten Unternehmen der Computerbranche zählte.

Aber Apple konnte den hohen Preis für den Macintosh nur so lange halten, wie die Nachteile von MS-DOS nicht beseitigt wurden. Als Microsoft im Jahr 1990 Windows 3.0 auf den Markt brachte, sank die Zahl der Anwender rapide, die bereit waren, für einen Macintosh erheblich mehr Geld zu bezahlen. Microsoft Windows hinkte der Bedienerfreundlichkeit des Macintosh zwar immer noch hinterher, aber der Wettbewerbsvorteil von Apple schrumpfte. Apple war gezwungen die Preise zu senken. Die Gewinne gingen zurück, und die Apple-Aktien verloren beträchtlich an Wert.

Apple hätte sich gegen diese Entwicklung wappnen können, wenn die Verantwortlichen genug Vorausblick gehabt hätten, um die Macintosh-Oberfläche so zu codieren, daß sie auch auf den IBM-PCs mit Intel-Prozessor lief. Dann hätte sich Windows längst nicht so schnell durchsetzen können, und Apple befände sich möglicherweise heute sogar in einer ähnlich günstigen Position wie Microsoft. Natürlich hätte Apple die Preise für die Macintosh-Hardware immer noch senken müssen, auch wenn die Macintosh-Oberfläche portiert worden wäre, aber daran führte ohnehin kein Weg vorbei. Es wäre viel besser gewesen, wenn Apple aus eigenem Antrieb gehandelt hätte, statt schließlich dazu gezwungen zu werden, auf Microsoft zu reagieren.

Warum versäumte es Apple, diesen so wichtigen Schritt zu tun? Um dies zu verstehen, muß man die Unternehmenskultur von Apple kennen.

Apples Gründer Steven Jobs war ein Visionär. Als Verantwortlicher für den Macintosh schwor Steve seine Mitarbeiter und Mitarbeiterinnen darauf ein, dieses Produkt erfolgreich zu machen. Lange Arbeitszeiten waren die Regel. 1983 tauchte das Macintosh-Entwicklungsteam bei der Arbeit in T-Shirts auf, die mit dem Motto bedruckt waren: «Ich arbeite 90 Stunden pro Woche und liebe jede einzelne Minute davon.»

Aber dieser Enthusiasmus hatte auch eine Kehrseite. Die Überstunden, auf die einst jeder stolz gewesen war, galten bald als selbstverständlich. Bei Apple zu arbeiten, bedeutete mittlerweile, einen sehr ungesunden Arbeitsplatz zu haben. Einem Gerücht zufolge fingen manche Manager an, die Produktivität nach der Zahl der Scheidungen in ihrem Team zu messen – je höher die Scheidungsquote war, desto härter arbeitete das Team. Statistische Daten untermauern diesen Zusammenhang: Die Scheidungsrate in Silicon Valley, wo Apple seinen Sitz hatte, war unübertroffen, wie Dennis Hayes in *Behind the Silicon Curtain: The Seductions of Work in a Lonely Era* schrieb. Die mangelnde Berücksichtigung normaler menschlicher Bedürfnisse hatte vorhersehbare Konsequenzen. Hayes schätzte, daß sich 1988 65 Prozent der Apple-Mitarbeiter «in Therapie» befanden. Die Lage hatte sich so sehr verschlimmert, daß Apple Angebote für eine interne psychotherapeutische Einrichtung einholte.

Zahllose Überstunden und ein kompromißloser Arbeitseifer, der bis zur Selbstaufopferung ging, hatten viele wichtige Apple-Mitarbeiter in ausgebrannte Veteranen verwandelt. Unter diesen Umständen war es fast unvermeidlich, daß Apple früher oder später ins Stolpern geriet. Das Unternehmen wurde schlißlich von einer schweren Krise erfaßt, und zwar zur schlimmstmöglichen Zeit, gerade dann nämlich, als der erste echte Konkurrent für die berühmte Benutzeroberfläche auf den Plan trat.

Obwohl sicherlich noch viele andere Faktoren zu den Fehlentscheidungen bei Apple beitrugen, stellte die völlige Erschöpfung vieler Apple-Mitarbeiter zweifellos ein zentrales Problem dar. Ausgebrannte Mitarbeiter treffen in der Regel schlechte Entscheidungen, und so war es auch bei Apple. Die Kreativität versiegte. Der für den Erfolg so wichtige freie Ideenfluß wurde blockiert. Menschen, die nur noch automatisch funktionieren, handeln irrational. Beziehungen brechen zusammen, in der Familie ebenso wie am Arbeitsplatz. Aus diesem Grund wird in den Unternehmen der Digitalen Elite großer Wert auf eine gesunde Balance gelegt. In meinen Interviews fragte ich die Mitglieder der Digitalen Elite nach den spezifischen Strategien, die sie dazu einsetzen. Die folgenden Punkte wurden am häufigsten genannt:

- Neue Herausforderungen suchen
- Abschalten lernen
- Häufig Auszeiten nehmen.

Strategie 32: Neue Herausforderungen suchen

Die Mitglieder der Digitalen Elite glauben, daß es hauptsächlich von der Motivation abhängt, ob lange Arbeitszeiten einen Beschäftigten auslaugen oder stimulieren. Wer hart arbeitet, weil er hart arbeiten *will,* leidet sehr viel seltener unter einem Burnout-Syndrom als Mitarbeiter, die hart arbeiten *müssen.* Deshalb versucht die Digitale Elite ein Klima zu schaffen, in dem lange Arbeitszeiten nicht als Last empfunden werden, weil die Aufgaben interessant und herausfordernd sind. Scott McNealy, CEO von Sun Microsystems, formulierte es so:

> *Man fühlt sich nur dann ausgebrannt, wenn man eine frustrierende oder langweilige Arbeit hat. Wenn man jemandem 50 Karten gibt und ihm befiehlt: «Los, jetzt werden die Karten gemischt, dann sortiert und wieder gemischt, und das den ganzen Tag lang«, dann wird er höchstwahrscheinlich nach vier Stunden völlig ausgelaugt sein. Aber wenn man jemandem eine aufregende Aufgabe stellt, in der er dazulernt, neue Technologien voranbringt und interessante Kundenprobleme löst, wird er nach einem langen Arbeitstag mit einem Lächeln auf den Lippen nach Hause gehen, sich großartig fühlen, und stolz auf sich und seine Leistung sein. Wenn Sie ein faires, ehrliches, vielfältiges, gerechtes und spannendes Umfeld schaffen, dann haben Sie alles getan, um Ihre Mitarbeiter und Mitarbeiterinnen mit Energie zu erfüllen. Sie sind einfach voller Elan. Ich hatte nie ein schlechtes Gewissen dabei, andere zu harter Arbeit anzuhalten, solange es uns allen Spaß machte.*

Sally Narodick, ehemalige CEO von Edmark, bestätigte dies:

> *Wir versuchen den Beschäftigten dabei zu helfen, am Ball zu bleiben, bis das Produkt ausgeliefert wird. Wir sind ein sehr zielorientiertes Unternehmen, aber wir versuchen gleich-*

zeitig, sensibel zu bleiben und auch an die Familien zu denken. Aber die Wahrheit ist auch, daß man in dieser Branche nur arbeiten sollte, wenn man sich der Arbeit mit Leib und Seele verschreibt und eine gute Portion Unternehmergeist hat. Unsere Mitarbeiter und Mitarbeiterinnen geben sehr viel von sich, und wir wissen das zu schätzen und erkennen ihren Einsatz auch an. Wenn jemand sein Potential entfalten kann und dafür anerkannt wird, empfindet er die Arbeit als anregend, nicht als auslaugend. Das versuchen wir zu erreichen.

In den vielen Jahren, in denen ich nun schon mit den Unternehmen der Digitalen Elite zusammenarbeite, habe ich erstaunlich viele Menschen gesehen, die sich von ihrer Arbeit aufgebaut und aufgeputscht fühlen, mehr als in jeder anderen Branche. Wenn ich die Einstellung eines durchschnittlichen Mitarbeiters von Microsoft, Sybase, Novell oder Compaq mit derjenigen eines durchschnittlichen Angestellten von der Straße vergleiche, dann glaube ich tatsächlich daran, daß die Digitale Elite die Arbeitswelt gesünder und produktiver machen wird.

Trotzdem bedeutet dies nicht, daß jeder Mitarbeiter in den Unternehmen der Digitalen Elite seinen Job über alles andere stellen würde. Es gibt ganz verschiedene Motive für einen hohen Arbeitseinsatz: Manche haben aufgrund ihrer Aktienoptionen ein großes Interesse am Firmenerfolg. Wenn es dem Unternehmen gut geht, werden sie reich belohnt. Andere Mitarbeiter arbeiten lange, um ihre Kollegen zu beeindrucken. Und wieder andere arbeiten nur deshalb lange, weil es von ihnen erwartet wird – das kommt auch in den Unternehmen der Digitalen Elite vor. Aber letztere versuchen stets, ihre Arbeitsplätze interessant, spannend und anspruchsvoll zu gestalten.

Strategie 33: Abschalten lernen

Selbst wenn man seinen Beruf uneingeschränkt liebt, ist es wichtig, eine Balance herzustellen. Michael Dell, CEO von Dell Computer, bekannte:

Unsere Branche bietet mir und jedem anderen täglich aufs neue die Chance dazuzulernen. Wir sind immer mit spannenden neuen Aufgaben beschäftigt, ob wir nun in Asien expandieren oder ein neues Produktsegment lancieren. Aber gleichzeitig gibt es einfach eine Grenze für die Zahl der Stunden, in denen man wirklich produktiv arbeiten kann. Wenn ein gewisser Punkt überschritten ist, kann die Arbeit einfach keinen Spaß mehr machen.

Da es jedoch immer Stoßzeiten gibt, in denen Überstunden unvermeidlich sind, achten die Mitglieder der Digitalen Elite darauf, regelmäßig abzuschalten. Manche nehmen beispielsweise prinzipiell keine Arbeit mit nach Hause. Sie wollen im Privatleben nichts mit der Arbeit zu tun haben und verwandeln die knappe Zeit, die ihnen für ihre Familie bleibt, in echte «Qualitätszeit». Jim Manzi, ehemaliger CEO von Lotus, erzählte, wie er sich abgrenzt:

Ich gehe morgens sehr früh zur Arbeit, und wenn ich nicht auf Reisen bin, fahre ich zum Mittagessen nach Hause, aber ich nehme keine Arbeit mit. So einfach ist das. Härter als derzeit kann ich einfach nicht arbeiten, und wenn ich es versuchen würde, würde ich mich selbst betrügen. Ich wende enorm viel Zeit und Energie für meine Arbeit auf, aber es gibt auch Grenzen. Ich propagiere im Unternehmen immer wieder, daß jeder sein eigenes Gleichgewicht finden muß. Jeder muß individuell entscheiden, welche Balance für ihn richtig ist. So etwas kann man nicht diktieren. Jeder weiß selbst am besten, was ihm im Leben wichtig ist und wie er ein Gleichgewicht findet.

Ann Palermo, Vice President für Marketing im Softwareunternehmen PC-DOCS (und Mutter von zwei Kindern), vertritt eine ähnliche Meinung:

Wenn ich zu Hause bin, rede ich überhaupt nicht über die Arbeit. Ich habe gelernt, um halb sechs Uhr abends meine Sachen zu packen und das Büro zu verlassen. Man muß einfach akzeptieren, daß die Arbeit ohnehin nie aufhört. Nichts ist je «fertig». Selbst wenn ich drei Mal so viel Zeit im Büro verbringen würde, bliebe immer noch eine Menge Arbeit übrig. Man kann das Wochenende nicht zu Hause verbringen und dabei ständig denken: «Ich werde dieses Projekt niemals schaffen.» Man muß solche Gedanken schlicht und einfach verbannen können. Das hat etwas mit geistiger Disziplin zu tun, auch wenn manche behaupten, daß ich nur verdränge. Ich weiß nicht, wie man in dieser Branche überleben soll, wenn man nicht abschalten kann.

Die von Ann Palermo beschriebene Strategie ist bei den Beschäftigten der Digitalen Elite weit verbreitet. Sie betrachten ihr Privatleben als Refugium, in dem sie völlig abschalten. Während sie ihre Arbeit eine Zeitlang aus ihren Gedanken verscheuchen, tanken sie neue Energie und kehren mit neuer Kraft an ihre anspruchsvollen Aufgaben zurück.

Die Mitarbeiter und Mitarbeiterinnen der Digitalen Elite pflegen oft Hobbies und Interessen, die ihnen helfen, die Arbeit eine Zeitlang zu vergessen. Mike Maples, ehemaliger Executive Vice President von Microsoft, sagte über die Beschäftigten von Microsoft:

Es ist wirklich schwierig zu sagen, was für Leute bei Microsoft arbeiten, weil ihre Charaktere und ihre Interessen so unglaublich vielfältig sind. In den meisten einschlägigen Büchern werden unsere Mitarbeiter und Mitarbeiterinnen ziemlich eindimensional dargestellt. Aber das stimmt überhaupt nicht. Es sind viele Musiker darunter, viele Leute mit ausgefallenen Hobbies, praktisch alles, was man sich vorstellen kann. Der Kompromiß, den sie bei Microsoft eingehen, besteht darin, daß sie nur drei oder vier Schwerpunkte im Privatleben setzen statt einem Dutzend, wie sie es vielleicht gerne täten. Ob diese Schwerpunkte die Familie, die Kirche oder Hobbies wie Bergsteigen oder was auch immer sind – fast jeder bei Microsoft verfolgt neben seinem Beruf auch noch andere Interessen. Aber die Zahl dieser Interessen liegt wahrscheinlich niedriger als bei anderen Firmen.

Der Schlüssel für die Balance besteht also darin, über die Fähigkeit zu verfügen, sich dem Sog der Arbeit vorübergehend zu entziehen. Branchenguru Jonathan Seybold erklärte, wie er dieses Gleichgewicht erreicht:

Man muß sich bewußt bremsen. Es gibt Zeiten, in denen ich meine E-Mail ganz absichtlich nicht lese oder meine Voice Mails nicht beantworte. Dann gibt es wieder Zeiten, in denen wichtige Entwicklungen stattfinden und ich sogar am Wochenende mehrmals hereinschaue. Wenn es wichtige Neuigkeiten gibt, möchte ich mich einschalten und erfahren, was passiert. Ebenso können wir, wenn die Situation es erfordert, eine Menge Arbeit zwischen Freitagabend und Montagmorgen erledigen. Aber das möchte ich natürlich auf diejenigen Gelegenheiten beschränken, die einen solchen Einsatz wirklich wert sind. Wenn man sich die ständige Präsenz zur Gewohnheit macht, kann man auch keine guten Entscheidungen treffen. Man wird am Ende mehr Zeit damit verbringen, das Chaos zu beseitigen und kaum noch Ressourcen haben, um die eigentliche Arbeit zu erledigen.

Strategie 34: Häufig Auszeiten nehmen

Der Arbeitsanfall in den Unternehmen der Digitalen Elite ist großen Schwankungen unterworfen. So kommt es oft zu Stoßzeiten, bevor ein neues Produkt fertiggestellt wird oder wenn Messepräsenzen vorbereitet werden. Eine Methode, um ein Gleichgewicht zu finden, besteht darin, den Rhythmus des Privatlebens auf dieses Auf und Ab abzustimmen. Carol Bartz, CEO von AutoDesk, meinte dazu:

Die Leute verbringen zu viel Zeit mit dem Versuch, die perfekte Führungskraft zu sein, der perfekte Ingenieur, die perfekte Mutter oder der perfekte Vater, der perfekte Partner, der perfekte Mitarbeiter oder Bürger, und so weiter. Wenn man das über längere Zeit hinweg versucht, ist man irgendwann völlig ausgelaugt. Daran gibt es keinen Zweifel. Es kommt vor, etwa vor einer Produkteinführung, daß man zu seiner Familie sagt: «Wir sehen uns in einem Monat wieder.» Es kommt aber auch vor, daß man zur Firma sagt: «Wir haben ein Baby bekommen, oder meine Tochter feiert Geburtstag, und wir sehen uns nächste Woche wieder.» Man muß sich klar darüber werden, wann man welche Prioritäten setzt. Niemand kann ständig alles gleich wichtig nehmen. Das bedeutet nicht, dem Privatleben einen höheren Stellenwert als dem Berufsleben einzuräumen, oder umgekehrt. Es bedeutet nur, daß jeder Bereich für sich betrachtet werden muß.

Die Führungskräfte der Digitalen Elite fördern die Balance, indem sie ihren Beschäftigten gewisse Freiräume geben, was die Arbeitszeiten angeht, vor allem dann, wenn gerade nicht so viel zu tun ist. Bill Gross, CEO von Knowledge Adventure, erklärte:

Ich mache mir schon Gedanken darüber, wie die Beschäftigten ihr Pensum bewältigen können, ohne ausgebrannt zu werden. Wir haben gute Erfahrungen damit gemacht, ihnen zusätzliche freie Tage zu geben, wenn sie wieder ein strapaziöses Projekt abgeschlossen haben. Wir versuchen auch, die Abstände zwischen den Stoßzeiten etwas zu verlängern, damit sie sich regenerieren können. Wenn jemand völlig erschöpft ist, kann er sich einen Laptop nehmen und ein paar Tage in die Berge fahren oder von zu Hause aus arbeiten, um sich zu erholen und trotzdem den Kontakt zum Projekt nicht zu verlieren.

Einige Firmen gewähren sogar längere Beurlaubungen und geben ihren Mitarbeitern und Mitarbeiterinnen so die Möglichkeit, zur Ruhe zu kommen und das Gleichgewicht in ihrem Leben wiederherzustellen. Carol Bartz, CEO von AutoDesk, erzählte über das Beurlaubungsprogramm in ihrer Firma:

Nach vier Jahren bekommen die Beschäftigten eine sechswöchige Beurlaubung, die sie oft mit ihrem regulären Urlaubsanspruch kombinieren, so daß sie 8 oder 10 Wochen Ferien machen können. So etwas ist in unserer Branche sehr umstritten, und man hat uns gewarnt, daß die Leute nicht mehr zurückkommen und so weiter. Aber ich glaube, daß eine Beurlaubung sehr positive Auswirkungen hat. Die Menschen haben Gelegenheit, für ein paar Monate ganz abzuschalten, eine neue Perspektive zu gewinnen, um die Welt zu reisen, Zeit mit der Familie zu verbringen, sich um ein Neugeborenes zu kümmern, was auch immer, und sie kehren voller Energie an den Arbeitsplatz zurück. Ich habe mich immer deutlich dafür ausgesprochen, daß jeder sein Gleichgewicht finden muß.

Auch bei Silicon Graphics gibt es ein offizielles Beurlaubungsprogramm. Der CEO Edward McCracken glaubt daran, daß dies ein Grund dafür ist, warum die Beschäftigten so loyal sind:

> *Die Fluktuation bei uns ist extrem niedrig. Wir haben ein sehr gutes Arbeitsklima. Wir haben ein Beurlaubungsprogramm, in dem jeder Beschäftigte alle vier Jahre sechs Wochen bezahlten Urlaub nehmen kann, um Dinge zu tun, zu denen er sonst nie kommt. Damit wollen wir vermeiden, daß unsere Mitarbeiter und Mitarbeiterinnen von der Arbeit völlig aufgefressen werden, auch wenn sie sehr hart arbeiten.*

In diesem Kapitel wurde beschrieben, wie man eine Unternehmenskultur entwickelt, die nicht nur flexibel und produktiv ist, sondern auch gesund und human. Der Siegeszug des Computers hat die Beschäftigten vor neue Aufgaben gestellt: Sie müssen neue Technologien meistern und einen neuen Umgang mit ihrer Zeit lernen. Wenn sie in der Lage sind, ein Gleichgewicht in ihrem Leben herzustellen, können sie ihre Produktivität langfristig sichern, sie bleiben motiviert und energiegeladen, und sie reagieren erfolgreich auf die Anforderungen der sich rasant entwickelnden Märkte.

Epilog

Am Ende unseres Lebens haben wir etwa ein Viertel der im Wachzustand verbrachten Zeit für unseren Beruf aufgewandt, höchstwahrscheinlich mehr als für jede andere Tätigkeit. Möchten Sie diese wertvolle Zeit wirklich an einem Arbeitsplatz verbringen, der Ihnen keinen Spaß macht, mit Kollegen und Kolleginnen, denen Sie nicht vertrauen, und mit Vorgesetzten, denen Sie insgeheim nur Verachtung entgegenbringen?

Wo auch immer ich hingehe, treffe ich Menschen, die zutiefst unzufrieden mit ihrer Arbeit sind. Sie können ihr Potential nicht entfalten und fühlen sich überarbeitet, bevormundet und gegängelt, gleichgültig und unmotiviert. Ich kenne zahllose Angestellte aus dem mittleren Management, die einsam, unglücklich und paranoid sind, die ihre Arbeit hassen und trotzdem nichts mehr fürchten, als sie zu verlieren. Ich beobachte Topmanager, die hohe Gehälter einstreichen und wie benebelt Geschäftsstrategien verfolgen, die schon längst ihren Sinn verloren haben. Wie traurig und wie unnötig!

Jede Unternehmenskultur wird täglich weiter gefestigt, wenn die Beschäftigten ihre Arbeit mit den gewohnten Einstellungen erledigen. Die meisten bemerken nicht – oder wollen nicht glauben –, daß es ganz alleine in ihrer Macht steht, neue Methoden und Strategien anzuwenden, die ihnen mehr Erfolg bringen werden. Warum vollziehen aber nicht mehr Firmen den Übergang zu einer starken und flexiblen Kultur? Warum warten sie, bis der Markt sie brutal dazu zwingt?

In den traditionellen Unternehmenskulturen entstehen oft Situationen, in denen die Paradigmen sich verändern müssen, bevor die Menschen eigentlich reif für eine solche Veränderung sind. Die Beschäftigten in den Unternehmen des Industriezeitalters sind meist fest davon überzeugt, daß Veränderungen per definitionem gefährlich, kompliziert und schmerzlich sind. Ihnen ist der Gedanke fremd, daß alles sich *sofort* ändern könnte, wenn sie einfach beschließen würden, neue Einstellungen anzunehmen und umzusetzen.

In der Tat: Es ist *wirklich* so einfach. Der Prozeß der kulturellen Erneuerung setzt sich letztlich aus nichts anderem als aus einer Reihe von Entscheidungen zusammen, die von den Menschen im ganzen Unternehmen getroffen werden. Wenn nur ein einziger Mensch den Mut besitzt, laut über eine pompöse Präsentation zu lachen, oder die Weisheit, Kollegen und Kolleginnen als Gleichrangige zu respektieren, dann wird ein Unternehmen schon gesünder. Damit sind Führungsqualifikationen gefordert, nicht nur an der Unternehmensspitze, sondern überall dort, wo Menschen interagieren und zusammenarbeiten. Die Beschäftigten müssen eine *Entscheidung* darüber treffen, was sie wirklich wollen.

Das kann bedeuten, daß Sie Ihre derzeitige Stelle kündigen und ein Unternehmen suchen, das den Anforderungen des Informationszeitalters und Ihren eigenen Denkweisen besser entspricht. Aber wenn Sie bleiben, wo sie sind, sollten Sie Ihr Wissen und Ihre Führungsfähigkeiten dazu einzusetzen, ein Arbeitsumfeld zu schaffen, das produktiv und human ist und in dem die Arbeit Spaß macht.

Ein Satz, den Sie in den Unternehmen der Digitalen Elite häufig hören werden, lautet: «Wir möchten die Welt verändern». Die Digitale Elite weiß, daß die Computertechnologie einen unglaublichen Einfluß auf jeden Aspekt des Alltagslebens hat. Sie sieht, wie das Tempo der Innovationen jedes Jahr weiter beschleunigt wird, während die Rechenleistung immer preiswerter wird. Aber sie weiß auch, daß es die Kultur und nicht die Technologie ist, die darüber bestimmt, wie effektiv die technischen Möglichkeiten genutzt werden.

Die Technologie macht zwar den Weg für den kulturellen Wandel frei, aber sie ist nicht ihr eigentlicher Motor. Es ist schade, daß man den Produkten der Digitalen Elite so viel und ihren einzigartigen Unternehmenskulturen so wenig Aufmerksamkeit schenkt. Dieses Buch, so hoffe ich, füllt diese Lücke. In hundert Jahren werden Bill Gates und Co. der Vergangenheit angehören, und die High-Tech-Computer von heute werden im Museum verstauben. Langfristig liegt das Vermächtnis der Digitalen

Elite vielleicht nicht in ihren Technologien, sondern in der neuen Unternehmenskultur, die sie geprägt hat. Vielleicht ist es das, was die Digitale Elite *wirklich* meint, wenn sie sagt: «Wir möchten die Welt verändern!»

Nehmen Sie an dieser Revolution teil!

Nachbemerkung zur internationalen Ausgabe

Die Idee einer internationalen Ausgabe von *Digitale Elite* stieß zunächst auf Skepsis. Martin Liu vom Verlag Orion Books meldete erhebliche Zweifel am Sinn eines solchen Unterfangens an. Die amerikanische Ausgabe des Buches basierte nämlich auf Interviews mit den Chefs der erfolgreichsten High-Tech-Unternehmen in den Vereinigten Staaten. In dem Buch wurde eine neue Unternehmenskultur beschrieben, die es einem Kreis kleiner, neu gegründeter Firmen ermöglicht hatte, rasant zu wachsen und die großen, etablierten Konkurrenten von ihrem Sockel zu stoßen. Liu war jedoch sehr skeptisch, ob diese neue Unternehmenskultur auch außerhalb der Vereinigten Staaten Fuß fassen könnte. Er forderte mich deshalb auf, Beispiele für internationale Unternehmen zu finden, die die in diesem Buch beschriebenen Grundsätze erfolgreich anwandten und sich damit neue High-Tech-Geschäftsbereiche auf scharf umkämpften Märkten erschlossen. Mit anderen Worten: Er wollte wissen, ob es außerhalb der Vereinigten Staaten ein weiteres Microsoft gab – oder demnächst geben würde.

Daraufhin nahm ich die großen europäischen Computerhersteller unter die Lupe um herauszufinden, ob sie jenes explosive Wachstum erlebten, das mit der neuen Unternehmenskultur so oft verbunden zu sein scheint. Ich stellte fest, daß Konzerne wie Olivetti, Siemens Nixdorf und Groupe Bull von einer Krise in die nächste stolperten und im Computergeschäft entweder Verluste einfuhren oder nur (gelegentlich) minimale Gewinne erzielten. Als ich diese Firmen näher betrachtete, entdeckte ich, daß es sich im großen und ganzen um Bastionen eines Managements handelte, das für das Industriezeitalter typisch war. Ich fand dagegen kaum

Spuren des radikalen Unternehmergeistes, der für die Kultur der Digitalen Elite so charakteristisch ist.

Es gibt keine einzige europäische Computerfirma, der es gelungen ist, den Marktanteil gegenüber den amerikanischen High-Tech-Firmen zu steigern, nicht einmal in Europa selbst. So standen im Jahr 1995 auf den ersten vier Plätzen im europäischen PC-Geschäft amerikanische Unternehmen, allen voran Compaq mit einem enormen Marktanteil von 13 Prozent. Diese Angaben stammen von Context, einem Unternehmen mit anerkannten Analysten der Computerbranche. Eckhard Pfeiffer, CEO von Compaq und gebürtiger Deutscher, erklärte, warum sich die europäischen Computerfirmen im Wettbewerb oft so schwertun:

> *Amerikanische Firmen sind nicht so konservativ. Die Bereitschaft, etwas Neues auszuprobieren, die Bereitschaft, neue Technologien anzuwenden und damit auch Risiken einzugehen, ist in Amerika viel ausgeprägter als in Europa. Die Leute sind einfach sehr neugierig und finden es spannend, sich neuen Ideen und Herausforderungen zu stellen.*

Bedeutet dies, daß die US-amerikanischen Firmen – mit der Unternehmenskultur der Digitalen Elite – dazu vorherbestimmt wären, die High-Tech-Branchen zu dominieren? Wohl nicht. Allerdings bedeutet es, daß die europäischen Computerfirmen ihre Unternehmenskulturen verändern müssen, um in den kommenden Jahren zu florieren.

Wer bezweifelt, daß solche Veränderungen möglich sind, sollte einen Blick in die asiatischen High-Tech-Schmieden werfen. Viele von ihnen integrieren die Methoden der Digitalen Elite aktiv in ihre Unternehmenskulturen. Die drei wichtigsten Beispiele sind Acer in Taiwan, SOFTBANK in Japan und HCL in Indien.

Die taiwanische Firma Acer war in den vergangenen Jahren der am schnellsten wachsende Computerhersteller der Welt. Bezeichnenderweise hat sich Acer sowohl weltweit wie auch in den Vereinigten Staaten – der «Heimat» der Digitalen Elite – einen Platz unter den Top Ten im PC-Geschäft gesichert. Stan Shih, CEO von Acer, führt das Wachstum des Konzerns hauptsächlich auf die Art und Weise zurück, wie Freiheit und Autonomie auf allen Unternehmensebenen gefördert werden. Es handelt sich um ein Managementkonzept, das eindeutig aus den Vereinigten Staaten kommt, wie Stan selbst bestätigte, als er gegenüber dem *Wall Street*

Journal erklärte: «Acer ist amerikanischer als die Amerikaner... Acer ist heute sehr flexibel, es gibt wenig starre Strukturen.»

Ein anderes Unternehmen, das trotz des scharfen Wettbewerbs schnell wachsen konnte, ist SOFTBANK. SOFTBANK ist heute der weltweit größte Herausgeber von Computerzeitschriften und -büchern, der weltweit größte Technologiemesseveranstalter, und außerdem der größte Anbieter von Computersoftware, Peripheriegeräten und Rechnersystemen in Japan. Masayoshi Son, CEO von SOFTBANK, erklärt, wie die japanischen Unternehmen heute von der Digitalen Elite lernen:

Ein neuer Führungsstil bildet sich heraus, sogar in Japan. Die japanischen Unternehmen waren bisher immer sehr bürokratisch und folglich sehr langsam. Jetzt müssen sie sich verändern, und die besten Vorbilder dafür befinden sich in den Vereinigten Staaten. Die amerikanischen Unternehmen sind im allgemeinen viel zukunftsweisender, und die Unternehmen der Computerbranche wiederum sind viel fortschrittlicher als die anderer Branchen. Dafür gibt es einen einfachen Grund: Das Internet wurde in den Vereinigten Staaten geschaffen, und die Menschen müssen über das Netz viel schneller und offener als je zuvor kommunizieren und Führungsarbeit leisten.

Das indische Unternehmen HCL ist ein weiteres High-Tech-Unternehmen, das enorme Erfolge verzeichnen konnte, und zwar in der Softwareentwicklung. HCL ist der zweitgrößte Softwareexporteur Indiens und besitzt Niederlassungen in 16 weiteren Ländern. Shiv Nadar, Chairman von HCL, erzählte mir, daß er die amerikanische Ausgabe dieses Buchs gelesen habe und seinem Inhalt «voll und ganz zustimmte». Er wies dann darauf hin, daß die darin enthaltenen Grundsätze nicht nur für US-Unternehmen gelten:

Diese Prinzipien sind nicht auf die amerikanische Geschäftswelt beschränkt. Es gibt überall auf der Welt Menschen, die eine ähnliche Auffassung von Unternehmensführung haben. Wir leben doch immer mehr in einer riesigen vernetzten Gesellschaft ohne Grenzen, und bald spielt es kaum noch eine Rolle, wo man geboren wurde oder wo man lebt. Weltweite Joint Ventures werden zum Normalfall. Vielleicht dauert es eine Weile, weil die Erinnerung an Blutvergießen und Protektionismus vielerorts noch einen starken Einfluß hat. Aber gleichzeitig kommen auch überall auf der Welt viele Leute aus ihren nationalistischen Gräben heraus und stellen sich der Realität.

Für die vorliegende internationale Ausgabe habe ich Interviews mit Stan Shih, Masayoshi Son und Shiv Nadar geführt, um zu erfahren, wie die Grundsätze der Digitalen Elite außerhalb der Vereinigten Staaten angewandt werden. Ich habe auch einige Zitate von Y. S. Kim eingefügt, dem neuen CEO von AST Research, der bisher Leiter des PC-Geschäftsbereichs beim koreanischen Marktführer Samsung war. Daraus ist – so hoffe ich – eine internationale Ausgabe entstanden, in der die besten High-Tech-Führungstechniken dargestellt werden, die es weltweit gibt.

Anhang

A Die 6 Paradigmen der neuen Unternehmenskultur

1. Das Geschäftsleben ist ein Ökosystem, kein Kriegsschauplatz

Traditionell:	Digitale Elite:
Geschäftsleben = Krieg	**Geschäftsleben = Ökosystem**
Das Geschäftsleben besteht aus einer Reihe von Konflikten zwischen den Unternehmen innerhalb eines Markts, zwischen den Abteilungen innerhalb eines Unternehmens, zwischen den Gruppen innerhalb einer Organisation, zwischen den einzelnen in einer Gruppe und (folglich) auch zwischen Kunden und Anbietern.	Die Geschäftswelt besteht aus symbiotischen Beziehungen, die geknüpft werden, um Marktnischen zu nutzen. Das Unternehmen, in dem die größte Vielfalt herrscht, wird mit der höchsten Wahrscheinlichkeit wachsen und gedeihen.

2. Das Unternehmen ist eine Gemeinschaft, keine Maschine

Traditionell:	Digitale Elite:
Unternehmen = Maschine	**Unternehmen = Gemeinschaft**
Ein Unternehmen ist ein System, in dem die Mitarbeiter nur namenlose Rädchen im Getriebe sind. Jeder ist schnell und leicht ersetzbar. Die Initiativen, Ziele und Wünsche einzelner Beschäftigter haben gegenüber den Anforderungen der Unternehmensmaschine völlig untergeordnete Bedeutung.	Ein Unternehmen besteht aus einzelnen Menschen mit individuellen Hoffnungen und Träumen, die sich den Unternehmenszielen verschrieben haben.

3. Management bedeutet Service, nicht Kontrolle

Traditionell:	Digitale Elite:
Management = Kontrolle	**Management = Service**
Die eigentliche Aufgabe des Managers besteht darin, das Verhalten der Mitarbeiter zu kontrollieren, damit sie genau das tun, was das Management von ihnen erwartet. Mitarbeiter, die ihren Vorgesetzten gegenüber eine andere Meinung vertreten oder sich gar Anweisungen widersetzen, sind «ungehorsam» und folglich gefährlich.	Die Aufgabe der Führungskräfte lautet, eine Richtung vorzugeben und die Ressourcen zu beschaffen, die ihre Mitarbeiter benötigen, um ihre Arbeit zu tun. Das Management möchte das Unternehmen eher «führen» als «betreiben». Meinungsverschiedenheiten werden gefördert, solange sie die Kreativität anregen.

4. Mitarbeiter sind Partner, keine Kinder

Traditionell:	Digitale Elite:
Mitarbeiter = Kinder	**Mitarbeiter = Partner**
Die Mitarbeiter sind zu unreif und unwissend, um wirkliche Verantwortung übertragen zu bekommen, zumal man ihnen nicht trauen kann. Gibt man ihnen kein komplexes System von Regeln und Vorschriften vor, dann hintergehen sie das Unternehmen nach Strich und Faden.	Jeder Mitarbeiter wird – unabhängig von seiner Position – so behandelt, als wäre er die wichtigste Person im ganzen Unternehmen. Man erwartet überall Spitzenleistungen – von der Verladerampe bis zum Konferenzraum – und fördert diese, wo es nur geht.

5. Mit Vision motivieren, nicht mit Angst

Traditionell:	Digitale Elite:
Motivation = Angst	**Motivation = Vision**
Mitarbeiter arbeiten letztlich nur deshalb, weil sie Angst haben, sonst gefeuert zu werden. Daher steht den Managern nur das Mittel der Angst zur Verfügung, wenn sie motivieren wollen – Angst vor der Entlassung, Angst, lächerlich gemacht zu werden, Angst, Privilegien zu verlieren.	Die Menschen wissen, wohin sie gehen und sie werden reichlich belohnt, wenn sie ihre Ziele erreichen. Sie gehen ihrer Arbeit mit sehr viel Energie, Begeisterung und Humor nach.

6. Veränderung bedeutet Wachstum, nicht Gefahr

Traditionell:	Digitale Elite:
Veränderung = Gefahr	**Veränderung = Wachstum**
Jede Veränderung wird per se als kompliziert und schwierig betrachtet. Veränderungen kommen höchstens dann in Frage, wenn ein Unternehmen gar keine andere Wahl mehr hat.	Veränderungen sind wünschenswert, weil sie Teil des Anpassungsprozesses an neue Marktbedingungen sind und neue Erfolgschancen eröffnen.

B *Der Aufbau einer Unternehmenskultur nach dem Vorbild der Digitalen Elite*

Erstes Stadium:
Definition einer neuen Unternehmenskultur

In diesem Stadium legen Sie fest, welche Art von Kultur Ihr Unternehmen braucht, um seine Ziele zu erreichen. Dazu müssen Sie die derzeitige Kultur untersuchen, Rollenmodelle für die neue Kultur finden, Brainstorming-Sitzungen über die Gestalt der neuen Kultur durchführen, und die Beteiligung aller Unternehmensangehörigen einfordern.

Zweites Stadium:
Die Fesseln der alten Kultur sprengen

In diesem Stadium beseitigen Sie die Hindernisse, die Ihr Unternehmen davon abhalten, die ideale Kultur zu verwirklichen, die Sie sich zum Vorbild genommen haben. Dazu sprechen Sie jede Opposition an, die sich vielleicht gegen die Erneuerung gebildet hat, führen mit drastischen Maßnahmen die Merkmale der neuen Kultur vor, entwickeln ein neues Vokabular, und – dies ist der wichtigste Punkt – Sie setzen Prozesse und Verfahren um, die der neuen Kultur entsprechen.

Drittes Stadium:
Elektronische Post

In diesem Stadium richten Sie entweder ein E-Mail-System ein, oder Sie überprüfen das bestehende System, um sicherzustellen, daß es Ihre neue Kultur tatsächlich unterstützt. Die E-Mail sollte das Gemeinschaftsgefühl stärken, und die Nutzungsmodalitäten dürfen nicht dazu führen, daß die elektronische Post die Produktivität beeinträchtigt. Das unvermeidliche Mehr an Informationen muß die Effektivität verbessern.

Viertes Stadium:
Die richtige Balance

In diesem Stadium treffen Sie Vorkehrungen dafür, daß Ihre motivierten und produktiven Mitarbeiter und Mitarbeiterinnen sich nicht bis zur Selbstaufgabe für den Beruf aufopfern. Sie richten formelle und informelle Mechanismen ein, um zu gewährleisten, daß die Beschäftigten sich entspannen und zurückziehen können, um neue Energie zu tanken. Am wichtigsten ist es, dafür zu sorgen, daß den Beschäftigten die Arbeit wirklich Spaß macht.

C Management-Strategien der Digitalen Elite

Strategie 1: Förderung der Vielfalt

Schaffen Sie ein Unternehmen, in dem eine echte Meinungsvielfalt herrscht, in dem die unterschiedlichsten Menschen arbeiten und in dem mit verschiedenen Methoden experimentiert wird. Je vielfältiger ein Unternehmen ist, desto besser kann es sich veränderten Marktbedingungen anpassen.

Strategie 2: Entwicklung neuer Produktgenerationen

Klammern Sie sich nicht blind an Produkte und Dienstleistungen, die im Augenblick noch erfolgreich sind. Seien Sie stets auf der Suche nach neuen Produkten und Dienstleistungen, die Ihre aktuellen Verkaufsschlager überflüssig machen. Damit sichern Sie sich eine dauerhafte Position an der Branchenspitze.

Strategie 3: Aufbau symbiotischer Beziehungen

Bauen Sie Geschäftskontakte auf, von denen alle Seiten profitieren. Wenn Geschäfte als Nullsummenspiel betrachtet werden, bei dem es nur Gewinner oder Verlierer gibt, dann verliert letztlich sogar der sogenannte Gewinner. Wenn das Geschäftsleben dagegen als Symbiose betrachtet wird, dann eröffnen sich immer neue profitable Märkte und Chancen.

Strategie 4: Direkte Kommunikation

Fördern Sie den regelmäßigen Kontakt zwischen Führungskräften und Mitarbeitern und Mitarbeiterinnen, so daß alle Mitglieder des Unternehmens – bis hin zu den Gabelstaplerfahrern – das Gefühl haben, eng mit den Zielen und der Entwicklung des Unternehmens verbunden zu sein.

Strategie 5: Soziale Interaktion

Fördern Sie Zusammenkünfte, bei denen sich die Angehörigen aller Ebenen möglichst zwanglos mischen. Besonders wichtig ist es, daß auch das Topmanagement teilnimmt, damit es in das Beziehungsgeflecht eingebunden wird.

Strategie 6: Spaß an der Arbeit

Verbreiten Sie gute Laune, und sorgen Sie dafür, daß die Arbeit Spaß macht. Die Menschen verbringen ihre Zeit am liebsten dort, wo sie Spaß haben. Wenn ihnen die Arbeit Vergnügen bereitet, dann steigt die Produktivität, die Fehlzeiten sinken, und insgesamt entsteht ein positiver sozialer Effekt.

Strategie 7: Stärkung durch Verteilung der Macht

Je mehr Macht und Entscheidungsbefugnisse nach unten verteilt werden, desto stärker und flexibler wird ein Unternehmen.

Strategie 8: Anregung zum kreativen Dissens

Die Kombination aus Meinungsvielfalt und Machtverteilung erzeugt automatisch eine Atmosphäre, in der die Menschen unterschiedlicher Meinung über die Maßnahmen und Methoden sind. Diese Meinungsverschiedenheiten sollten offen ausgetragen werden, weil sie ein unverzichtbarer Bestandteil der neuen Werte und Einstellungen sind.

Strategie 9: Bildung autonomer Teams

Verzichten Sie auf die Funktionalorganisation, und bilden Sie statt dessen Teams, die für einzelne Produkte und Dienstleistungen zuständig und verantwortlich sind. Achten Sie darauf, daß die Teams auch über die notwendigen Entscheidungskompetenzen verfügen.

Strategie 10: Einstellung motivierter Mitarbeiter

Bei der Einstellung oder Beförderung von Mitarbeitern und Mitarbeiterinnen sollten Sie nach Menschen Ausschau halten, die keine Anweisungen benötigen und noch nicht von den Gewohnheiten des Industriezeitalters «verdorben» sind, denn sie können andere Beschäftigte im Unternehmen zu mehr Eigenständigkeit anregen.

Strategie 11: Abschaffung von Managementprivilegien

Vermeiden Sie alle Privilegien, die eine Distanz zu den Führungsebenen schaffen. Integrieren Sie die Manager in die Basis der Mitarbeiter, damit alle das Gefühl haben, zu einer Gemeinschaft zu gehören.

Strategie 12: Förderung der informellen Merkmale der Kultur

Führen Sie ein, daß alle sich beim Vornamen ansprechen und jeder Tag zum «Jeans-Tag» wird. Schaffen Sie eine Umgebung, in der sich die Mitarbeiter und Mitarbeiterinnen wie unter guten Freunden fühlen – letztlich zeichnet sich eine Gemeinschaft genau dadurch aus.

Strategie 13: Vertrauen schaffen

Nutzen Sie jede Chance, um das Vertrauen zwischen einzelnen Beschäftigten, Teams und Organisationen zu stärken. Handeln Sie immer so, daß es mit dem positiven Ideal der Unternehmenskultur vereinbar ist.

Strategie 14: Ziele vermitteln

Sorgen Sie dafür, daß es eine gemeinsame Vision gibt, die im ganzen Unternehmen geteilt wird. Stellen Sie sicher, daß jeder einzelne Beschäftigte weiß, welche Mission er verfolgt.

Strategie 15: Erfolge belohnen

Belohnen Sie Ihr Team im Rahmen der Unternehmensvision für den erfolgreichen Abschluß von Projekten. Der Erfolg des Unternehmens muß zum Erfolg der einzelnen Mitarbeiter und Mitarbeiterinnen werden.

Strategie 16: Langfristige Vision und kurzfristige Pläne

Blicken Sie in die Zukunft, um die Richtung festzulegen, aber verschwenden Sie keine Zeit damit, detaillierte Pläne zu entwickeln. Konzentrieren Sie sich immer darauf, was als Nächstes getan werden muß, damit Sie Ihrem Ziel näherkommen.

Strategie 17: Flexible Aufgabengestaltung am Arbeitsplatz

Sparen Sie sich die Mühe, detaillierte Tätigkeitsbeschreibungen zu erstellen. Viel besser ist, die einzelnen Mitarbeiter und Mitarbeiterinnen und Teams selbst bestimmen zu lassen, wie sie die anstehende Arbeit erledigen wollen.

Strategie 18: Schnelle Entscheidungsfindung am richtigen Ort

Schaffen Sie die Voraussetzungen dafür, daß wichtige Entscheidungen auf allen Unternehmensebenen diskutiert werden. Achten Sie aber auch auf eine zügige Entscheidungsfindung.

Strategie 19: Auf das Beste hoffen, mit dem Schlimmsten rechnen

Machen Sie im Unternehmen stets deutlich, daß Entlassungen zum Leben dazugehören. Sorgen Sie dafür, daß Krisenpläne für den schlimmsten Fall vorbereitet werden.

Strategie 20: Bewertung der vorhandenen Unternehmenskultur

Überprüfen Sie ständig Ihre aktuelle Kultur, um zu sehen, ob sie den Zielen noch entspricht, die sich Ihr Unternehmen gesetzt hat.

Strategie 21: Kulturelle Vorbilder finden

Vergleichen Sie sich mit den besten Unternehmen innerhalb und außerhalb Ihrer Branche, um erfolgversprechende kulturelle Merkmale zu finden und an die eigenen Bedingungen anzupassen.

Strategie 22: Der Vorstellungskraft freien Lauf lassen

Malen Sie sich immer wieder aus, wie Sie Ihren Arbeitsplatz produktiver, humaner und flexibler gestalten könnten, und wie er Ihnen mehr Spaß machen könnte.

Strategie 23: Andere in die Vision einbeziehen

Greifen Sie Ideen der Beschäftigten auf und suchen Sie ihre Unterstützung, um die Vision einer neuen Kultur in den Alltag zu transponieren.

Strategie 24: Direkte Konfrontation

Vergessen Sie nie, daß es nur menschlich ist, unangenehmen Tatsachen nicht ins Auge sehen zu wollen. Sorgen Sie dafür, daß die Fehler der alten Kultur offen angesprochen werden. Erinnern Sie daran, welche Konsequenzen es hat, wenn man sich an alte, nicht mehr angemessene Verhaltensweisen klammert.

Strategie 25: Heilige Kühe opfern

Führen Sie auf eindrucksvolle Weise vor, wie notwendig es ist, alte Gewohnheiten über Bord zu werfen und gleichzeitig eine starke emotionale Bindung an die neue Kultur zu entwickeln.

Strategie 26: Erneuerung des Vokabulars

Erstellen Sie eine Vokabelliste mit Begriffen, die die alte Kultur verstärken, und ersetzen Sie diese durch eine neue Liste, die für die neue Kultur steht. Üben Sie die Begriffe ein. Achten Sie jedoch auch darauf, daß die neue Terminologie die neue Realität tatsächlich wiedergibt.

Strategie 27: Stärkung der neuen Kultur

Stellen Sie sicher, daß die neue Kultur auch im Unternehmensalltag verstärkt wird. Belohnen Sie die Menschen dafür, daß sie nach der neuen Kultur handeln, und widersetzen Sie sich Verhaltensweisen, die alte Gewohnheiten reflektieren.

Strategie 28: Aufbau einer digitalen Gemeinschaft

Nutzen Sie die Möglichkeiten der E-Mail, um die Beschäftigten an entfernten Orten mit den Zielen und dem sozialen Geflecht der Unternehmensgemeinschaft verbunden zu halten.

Strategie 29: Sorgfältiger Umgang mit der E-Mail

Achten Sie darauf, daß Ihr Umgang mit der E-Mail nicht neue Kommunikationsprobleme schafft.

Strategie 30: Nachrichten kurz und einfach halten

Schreiben Sie wie ein Journalist, damit Ihre Ideen möglichst schnell verstanden und umgesetzt werden.

Strategie 31: Gnadenlos Prioritäten setzen

Lassen Sie sich von der steigenden Zahl der Informationen nicht überfluten. Machen Sie sich immer wieder klar, in welche Richtung Sie gehen, und stellen Sie sicher, daß Sie die für Ihre Ziele notwendigen Informationen haben.

Strategie 32: Neue Herausforderungen suchen

Hüten Sie sich davor, sich von Ihrer Arbeit völlig auslaugen zu lassen. Das beste Mittel, um sich davor zu schützen, sind interessante und spannende Aufgaben.

Strategie 33: Abschalten lernen

Schaffen Sie sich einen Ort, an dem Sie den täglichen Anforderungen der Arbeit entfliehen können. Lernen Sie abzuschalten, wenn Sie eine Pause brauchen.

Strategie 34: Häufig Auszeiten nehmen

Es gibt immer wieder Stoßzeiten, in denen Sie viele Überstunden machen müssen. Gönnen Sie sich danach jedoch auch Zeit, um «wieder aufzutanken». Eine längere Beurlaubung kann dazu beitragen, das Gleichgewicht zu finden, das zu dauerhaftem Erfolg führt.

Literaturempfehlungen

Die folgende Liste enthält Angaben über Werke, die bei den Recherchen zum vorliegenden Buch eine wichtige Rolle gespielt haben. Einige Bücher halfen mir, die Ideen und Konzepte der Digitalen Elite besser zu verstehen, während ich aus anderen etwas über die entgegengesetzte Perspektive erfuhr. Den aufgeführten Titeln ist jedoch gemeinsam, daß sie für alle Leser und Leserinnen, die sich für die Digitale Elite und die Entwicklung von Unternehmenskulturen interessieren, von großem Wert sein können.

Scott Adams. *Besser leben durch Bürodiebstähle.* München: Heyne, 1997. In treffenden Cartoons zeigt Adams unbarmherzige Schnappschüsse der Geschäftswelt im Industriezeitalter. Das besondere Verdienst des Buches liegt darin, daß es die Selbstgefälligkeit und Selbstüberschätzung anprangert, die heute so fehl am Platz ist. Jeder Cartoon ist eine Quelle der Erkenntnis.

Gil Amelio. *Profit from Experience: The National Semiconductor Story of Transformation Management.* New York: Van Nostrand Reinhold, 1996. Ein exzellentes und detailliertes Buch darüber, wie eine Unternehmenskultur durch starke Wertmaßstäbe und eine starke Führung revolutioniert werden kann.

Stanley Bing. *Crazy Bosses: Spotting Them, Serving Them, Surviving Them.* New York: Pocket Books, 1992. Ein Abstieg in die danteske Hölle des paranoiden und psychotischen Managements. Wenn Sie nach der Lektüre dieses Buches nicht überzeugt sind, daß mit der alten Industriekultur etwas nicht stimmt, dann werden Sie es nie sein. Hier werden Fälle beschrieben, in denen Mitarbeiter am Arbeitsplatz völlig fertiggemacht wurden, bis sie sich mit Selbstmordgedanken trugen.

James Chposky und Ted Leonsis: *Blue Magic: The People, Power and Politics behind the IBM Personal Computer.* New York: Facts on File, 1988. In diesem Buch wird detailliert beschrieben, wie sich Big Blue seine größte Zukunftschance selbst zerstörte. Anstatt den Personalcomputer als Chance zu begrüßen, stellte sich ihm die alte Garde im IBM-Management entgegen, als handelte es sich um Frankensteins Monster. Es ist ein Fall wie aus dem Lehrbuch, der zeigt, wie unangemessen die Führungstechniken des Industriezeitalters sind, wenn es darum geht, die schnellen Märkte des Informationszeitalters zu erschließen.

Robert X. Cringely. *Die Jungs vom Silicon Valley: Wie die Jungs vom Silicon Valley die Milliarden scheffeln, die Konkurrenz bekriegen und trotzdem keine Frau bekommen.* Düsseldorf: Econ, 1993. Eine unterhaltsame und gut lesbare Geschichte der Computerindustrie. Der Schwerpunkt liegt dabei mehr auf den exzentrischen Eigenheiten der Digitalen Elite als auf ihren exzellenten Fähigkeiten. Nach der Lektüre hat man den Eindruck, daß ein Haufen von Computerfreaks zufällig viel Geld verdient hat. Dabei fällt aber unter den Tisch, welche immensen Beiträge die Digitale Elite zur Entwicklung der amerikanischen Unternehmen geleistet hat.

Terrence E. Deal und Allan A. Kennedy. *Corporate Cultures: The Rites and Rituals of Corporate Life.* Reading, MA: Addison-Wesley, 1982. Dies ist eines der ersten Bücher, in denen das Verhalten von Unternehmen als kulturelles Phänomen verstanden wurde. Die Autoren führen überzeugend vor, wie stark die Kultur das Verhalten beeinflußt. Viele der beschriebenen Unternehmen haben eine für das Industriezeitalter typische Kultur; einige, darunter IBM und Tandem, hatten seit Erscheinen dieses Buches mit enormen Problemen zu kämpfen.

Bill Gates. *Der Weg nach vorn: Die Zukunft der Informationsgesellschaft.* Hamburg: Hoffmann und Campe, 1995. Bill Gates beschreibt, wie er (und damit Microsoft) sich die Zukunft vorstellt. Er geht zwar nicht im einzelnen auf die kulturellen Veränderungen ein, die mit der Verwirklichung seiner Vision unweigerlich verknüpft sind, aber er weist eindringlich darauf hin, daß das Tempo der Veränderungen sich unaufhörlich beschleunigt. Daraus leitet er die Forderung nach einer kritischen Überprüfung unserer Arbeits- und Lebensmodelle ab.

Michael Hammer und James Champy. *Business Reengineering: Die Radikalkur für das Unternehmen.* Frankfurt: Campus, 1994. Die Autoren fordern in diesem weithin beachteten Buch massive Veränderungen der Unternehmensprozesse und -strukturen. Ihre Vorschläge sind sehr sinnvoll, allerdings nur unter der Voraussetzung, daß die vorgeschlagenen Strategien mit der jeweiligen Unternehmenskultur vereinbar sind. Das Buch führt den Beweis, daß Umstrukturierungen und andere nur an der Oberfläche vorgenommenen Veränderungen die Wettbewerbsfähigkeit eines Unternehmens nicht steigern. Es empfiehlt sich, als Ergänzung auch das später von James Champy geschriebene Buch *Reengineering im Management: Die Radikalkur für die Unternehmensführung* (Frankfurt: Campus, 1995) zu lesen.

Dennis Hayes. *Behind the Silicon Curtain: The Seductions of Work in a Lonely Era.* Boston: South End Press, 1989. Hayes beschäftigt sich mit dem Lebensstil der Mitglieder der Digitalen Elite und kommt zum Ergebnis, daß es ihnen an Tiefgang mangele. Er konzentriert sich auf einige negative Aspekte der Computerindustrie und interpretiert diese als Beweise für die Ausbeutung der Beschäftigten.

Guy Kawasaki. *Selling the Dream: Die Kunst aus Kunden Fans zu machen.* Wien: Signum, 1997. Dieses Buch spricht sich uneingeschränkt dafür aus, daß Produktmanager wie religiöse Fanatiker handeln sollten. Die Lektüre ist besonders interessant vor dem Hintergrund, daß Apple Computer – offensichtlich das Mekka des Produktevangelismus – seit Erscheinen der Originalausgabe dieses Buches im Jahr 1991 Marktanteile eingebüßt hat.

Thomas Koulopoulos und Carl Frappaolo. *EDMS: A Portable Consultant.* New York: McGraw Hill, 1995. Ein erfrischender und praxisnaher Blick auf die Schnittstelle zwischen technologischem Wandel und dem Reengineerung der Unternehmensprozesse. In den Fallstudien und Analysen wird die besondere Bedeutung der Unternehmenskultur für das Management von schrittweisen sowie radikalen Veränderungen beschrieben.

Sandra Kurtzig und Tom Parker. *Die Chefin: Wie ich ein 400-Millionen-Dollar-Unternehmen aufbaute.* Frankfurt: Campus, 1992. Die Autorin beschreibt mit interessanter Detailgenauigkeit, wie sie aus einer Wohnzimmerfirma den Konzern Ask Computer machte. Das Buch endet zu dem Zeitpunkt, als sie versucht, Ask zurückzukaufen, nachdem sie das Unternehmen einige Jahre zuvor verlassen hatte. Die Lektüre vermittelt gute Insider-Einblicke über das Wachstum eines Softwareunternehmens.

Stephen Manes und Paul Andrews. *Gates: Wie der Microsoft Chef zum reichsten Mann Amerikas wurde.* Bonn: Addison-Wesley, 1993. Eine interessante Studie über den Chef von Microsoft, William H. Gates. Die Autoren beschreiben, wie spannend es ist, in einem High-Tech-Unternehmen zu arbeiten, heben den Aufstieg von Microsoft und Gates aber in geradezu mythische Dimensionen. Eine faszinierende Lektüre für diejenigen, die sich für das Wachstum der Softwaremärkte in den vergangenen 15 Jahren interessieren.

David Packard. *Die Hewlett-Packard-Story: Wie Bill Hewlett und ich unser Unternehmen aufbauten.* Frankfurt: Campus, 1996. In diesem interessanten Buch wird beschrieben, wie HP seine heutige Position als Branchenführer erreichte. Das Buch enthält zahlreiche Anekdoten, die die Entwicklung einer neuen Managementform illustrieren.

Tom Peters. *Jenseits der Hierarchien: Liberation Management.* Düsseldorf: Econ, 1992. In seinem Buch über die Desorganisation der modernen Welt zwingt Peters die Leser und Leserinnen, ihre Ansichten über fast jeden Aspekt des Geschäftslebens zu revidieren.

Tom Peters. *Kreatives Chaos: Die neue Management-Praxis.* Hamburg: Hoffmann und Campe, 1988. Ein umfangreiches, erstaunliches Werk, in dem beinahe alle Grundzüge der Unternehmensführung im Industriezeitalter in Grund und Boden verdammt werden. Das Buch enthält auch zahlreiche Vorschläge, wie man möglichst schnell Verbesserungen erzielt. Leser und Leserinnen werden mit wertvollen Ideen und praktischen Methoden zu ihrer Umsetzung geradezu überflutet.

Glenn Rifkin und George Harrar. *The Ultimate Entrepreneur: The Story of Ken Olsen and Digital Equipment Corporation.* New York: Contemporary Books, 1988. Als dieses Buch geschrieben wurde, befand sich Digital auf der Höhe des Erfolgs, doch zeichnete sich schon ab, daß dem Unternehmen die Luft ausging. Die Analyse des Charakters des Digital-Gründers Ken Olsen zeigt, daß sich die Merkmale eines großen Führers des Industriezeitalters im Informationszeitalter verhängnisvoll auswirken können.

Anthony Robbins. *Das Powerprinzip – Grenzenlose Energie. Wie Sie Ihre persönlichen Schwächen in positive Energie verwandeln. Das NLP-Handbuch für Führungskräfte.* München: Heyne, 1995. In diesem Buch geht es zwar hauptsächlich über die Persönlichkeitsentwicklung, aber es wird auch beschrieben, welche Auswirkungen der Glaube auf das Verhalten hat. Der Einfluß der Paradigmen auf die Unternehmensentwicklung kann mit dem Einfluß der Einstellungen auf das individuelle Schicksal verglichen werden, da die Unternehmenskulturen sich aus Individuen zusammensetzen.

Theodore Roszak. *Das Ende der Computer oder Wanzen im Hirn.* Reinbek: Rowohlt, 1986. Roszak räumt erbarmungslos mit überbewerteten technologischen «Durchbrüchen» wie der künstlichen Intelligenz und dem gesamten Konzept der «geistigen Fähigkeiten des Computers» auf. Dieses Buch stellte alles in Frage, was ich einmal über die Computertechnologie zu wissen glaubte.

Michael Rothschild. *Bionomics: Economy as Ecosystem.* New York: John Macrae, 1990. Ein erstaunliches Buch, das zum ersten Mal seit 100 Jahren ein radikales Umdenken in der Wirtschaftstheorie präsentiert. Rothschild geht über die Annahmen der traditionellen Wirtschaftsforscher hinaus, indem er auf die engen Parallelen zwischen wirtschaftlicher und biologischer Entwicklung hinweist. Ein befruchtendes Werk, das eine ganze Generation von Denkern in unterschiedlichen Bereichen beeinflußt. Es ist auch bei der Digitalen Elite sehr beliebt.

Anne Wilson Schaef und Diane Fassel. *Suchtsystem Arbeitsplatz: Neue Wege in Berufsalltag und Management.* München: dtv, 1994. Die Autorinnen wenden die weit verbreitete Suchtdefinition auf die gewohnheitsmäßigen Verhaltensweisen an, die innerhalb von Organisationen zu finden sind. Sie verordnen dann eine Heilungsmethode, die auf dem 12-Punkte-Programm der Anonymen Alkoholiker basiert.

Alvin Toffler. *Machtbeben: Der globale Vorstoß der Informationseliten.* Düsseldorf: Econ, 1993. Die Prognosen der Zukunftsforscher lassen sich im Nachhinein immer am besten bewerten. Tofflers Voraussagen über die sozialen Auswirkungen unserer Computerwelt erwiesen sich auf geradezu unheimliche Weise als zutreffend.

Shoshana Zuboff. *In the Age of the Smart Machine: The Future of Work and Power.* New York: Basic Books 1988. Eine faszinierende Studie über die Auswirkungen der Computerisierung in mehreren Unternehmen. Zuboff untersucht in diesem Buch, wie sich die Arbeitsplätze und die Beschäftigten gleichermaßen ändern mußten, um sich an die Computertechnologie anzupassen. Ihre Arbeit illustriert die schädlichen Folgen einer Kombination aus dem Management à la Industriezeitalter und den Technologien des Informationszeitalters.

Index